영어번역의
원리와 적용

한규만 지음

UUP.

영어번역의 원리와 적용

■

- 2019년 9월 04일 1판 2쇄 발행
- 2014년 2월 27일 1판 1쇄 발행

- 지은이 한규만
- 펴낸이 이철
- 펴낸곳 **UUP.**(울산대학교출판부) 680-749 울산광역시 남구 대학로 93(무거동) 울산대학교 출판부
- 전화 (052)259-2488 팩스 (052)277-3011 ▪ 홈페이지 http://uup.ulsan.ac.kr
- 출판등록 제370-1996-000001호(1996.3.13)
- ₩ 18,000

■

ISBN 978.89.7868.338.8 (93740)

머리말

지금 세계인은 글로컬(glocal) 시대에 살고 있다. 교통과 통신수단 등의 발달로 사람들의 생활권이 국가의 틀을 넘어서 지구 규모로 확대되는 글로벌리즘의 시대에 살고 있다. 한편, 지역의 독자성이 중시되고 지역의 특수성이 자산이 되는 로컬리즘의 시대에 살고 있기도 하다. 이러한 움직임을 '글로벌 지역주의' 또는 '글로컬주의'라고 한다.

문화면에서 한국은 서양문화와 미국문화가 범람하는 시대에 살고 있는 한편 한국지역의 독특한 한류(韓流; Hallyu)라는 문화흐름을 동남아시아를 넘어서 미국과 유럽으로 퍼뜨리고 있다. 외국에서 한국 내부로 영어어휘와 메시지들이 쏟아져 들어오고, 한국고유의 문화와 역사를 외국인에게 알리고 홍보해야 하는 시대에 살고 있다. 길거리의 표지판, 음식점 메뉴표기를 비롯하여 관공서와 기업의 영어홈페이지, 각 지역의 문화재 홍보, 새로운 상품의 설명서와 사용법 작성 등 세상에는 번역가가 할 일이 넘친다.

번역이 작문과 다른 점은 점수를 목표로 하는 교실에 국한된 학습활동이 아니라, 현실에 기반하여 구체적 목적과 동기를 가진 프로젝트 수행이라는 점이다. 영어작문수업이 문법에 따라 쓰기 또는 다소 추상적인 토픽을 다루는 반면, 번역은 구체적이고 현실적인 문제를 다루면서 인문학적 감각과 상상력을 동원하여 이를 해결해 나가는 과정이다. 학습자들은 현장실무 감각을 기르면서 강한 학습동기를 가지고 번역수업에 임할 수 있다. 예를 들면 현대중공업에 근무하는 외국인 가족을 위한 『플릭』(FLiK)이라는 잡지에 학습자가 한국관광지나 음식에 관한 글을 기고하는 일이다. 일종의 과제기반 교수법이 적용된다.

이 책은 위와 같은 인식의 바탕 위에서 다음의 제한에 따라 쓰였다. 첫째, 영한 번역과 한영 번역에 골고루 비중을 두었다. 둘째, 번역의 기초이론 중에서 비네이와 다르벨네의 "비교문체론"과 뉴마크 교수의 『번역교과서』에 나오는 번역전략과 원리 등을 소개하였다. 셋째, 위 이론과 원리를 바탕으로 영화제목번역, 관광지 안내문 번역 등을 분석한 논문을 심도있게 검토하였다. 넷째, 번역의 원리학습과 적용연습을 마친 이들에게 스스로 글쓰기과정으로서 번역과제를 부여하였다.

아무쪼록 이 책을 통하여 번역의 기초이론과 원리를 터득하고, 실제 번역작업을 수행할 수 있는 번역능력을 함양할 수 있기를 기대해본다.

2014년 2월
한규만 저

목 차

1장. 들어가며

1.1 번역과 번역가

번역은 누가 하는가? 요즘 기계번역이 있기는 하지만 기본적으로 번역은 사람이 한다. 영어수업을 위해서 학생이 하기도 하고, 도서출판을 위하여 번역가가 하기도 한다. 학생은 영어지식을 습득하고 영어시험에서 고득점을 받기 위해 교육적 번역을 하며, 전문번역가는 수입을 얻기 위하여 생업으로 전문번역을 한다. 엄밀히 말하면 전자는 해석, 작문이고 후자는 영한번역, 한영번역이다. 이들 외에도 교사나 교수는 의미를 전달하고자 수업시간에 번역을 하며, 수강생의 영어실력을 평가하기 위하여 번역을 시키고 채점을 한다.

영어공부의 상당부분이 번역과정과 관련이 있으며 번역 실력이 진정한 영어실력이다. 영어수업의 대부분이 번역과 그 과정을 통하여 이루어지고, 번역을 통하여 영어실력이 평가된다. 외국인과 대화할 때도 우리는 번역의 과정을 거쳐서 외국인과 의사소통을 한다. 심지어 미국에 있는 유학생도 수업시간에 영미 문학작품을 읽어야 할 때, 한국에서 미리 번역판을 구하여 읽곤 한다. 따라서 선다형 토익 점수보다는 서술형 영한 및 한영 번역 실력이 그 사람의 진정한 영어실력이다. 토익공부가 지겨워도 하는 것이라면, 번역공부는 힘들어도 재미있게 할 수 있다.

번역은 서로 다른 언어와 문화 간의 가교역할을 하며 온 세상을 소통하게 만든다. 긴 세계역사를 볼 때, 나라간 번역이 활발하고 소통이 잘 이루지는 시대에는 나라가 융성하였고, 국가언어·계층 간 소통이 잘되지 않을 때 그 나라는 정체에 빠졌다. 문학의 예를 들어 설명해보자. 서양의 문학이 이만큼 발전한 것은 각국의 문학이 독자적으로만 발전해서 이루어진 것이 아니다. 언어와 문화가 달랐지만, 번역물을 통하여 서로 소통하면서 배우고 발전을 거듭하여 미국의 포크너 소설도 생겨나고 콜롬비아의 마르케스 문학이 탄생한 것이다.

미국의 번역가인 이디스 그로스먼(Edith Grossman)의 『번역예찬』(*Why Translation Matters*)의 주장을 살펴보자. 스페인의 세르반테스가 미국의 포크너에게 영향을 미치고, 미국의 포크너가 콜롬비아의 마르케스에 영향을 끼쳐 서양의 현대소설을 형성하였는데, 이는 '번역'이라는 매개물이 있었기에 가능했다는 그로스먼의 주장을 <연합뉴스>는 이렇게 전하고 있다.

'백 년 동안의 고독'을 쓴 콜롬비아 작가 가브리엘 가르시아 마르케스를 거론하지 않고서는 지금의 현대소설을 상상하기 어렵다. 그만큼 마르케스의 문체가 신세대 소설가들에게 미친 영향은 지대했다. 마르케스의 뒤에는 '소리와 분노'로 유명한 미국 소설가 윌리엄 포크너가 있다. "포크너는 나를 가르치는 가장 충실한 수호천사"였다고 말할 정도로 마르케스는 자신의 예술적 스승으로 포크너를 첫손에 꼽는다. 스페인어와 영어라는 서로 다른 언어를 사용하는 이 두 작가 사이에 가교를 놓은 것은 물론 번역이다. 더 거슬러 올라가면 포크너에게서는 '돈키호테'의 저자 세르반테스의 만연체적 특징이 엿보인다. 세르반테스가 포크너에게 영향을 미치고 다시 마르케스가 포크너에게서 소설 구성과 기법을 배우고 현대 소설가들에게 마르케스가 전범이 되는 연속적인 과정은 번역 없이는 생각할 수 없다.[1]

그로스먼은 『번역예찬』(20쪽)에서 다음과 같은 이론을 말하고 있다. "번역가의 목적은 원작에 담긴 모든 특징, 예측할 수 없는 변화, 작가 특유의 표현, 문체상의 특색 등을 이질적인 언어 체계 안에서 최대한 재현(re-create)하는 것이다. 번역가는 유추를 통해 그 작업을 합니다. 즉 원작 언어에 꼭 들어맞지는 않더라도 그에 걸맞은 특징과 예측할 수 없는 변화, 작가 특유의 표현, 문체상의 특색 등을 번역된 언어(제2의 언어)에서 '찾는' 것이다."[2] 이 이론에 따르자면 번역가는 하나의 작가인 것이다. 그로스먼은 1980년대 후반 마르케스의 『콜레라 시대의 사랑』을 번역해 주목받았는데, 마르케스는 그로스먼의 번역본이 자신의 원작보다 낫다는 찬사를 보내기도 했다.

1.2 번역가의 활동무대: 번역시장

번역가는 크게 번역센터에서 일하거나 도서출판 분야에서 일하
는 경우가 대부분이다. 번역시장은 번역문서의 종류와 관련이 있
다. 번역문서는 크게는 문학과 예술분야, 경제 - 경영 - 무역 분야,
과학-기술 분야로 나누기도 하고, 문예 분야, 비문예 분야, 실무번
역분야로 나누기도 한다. 또는 출판번역과 영상-미디어 번역, 산업
번역으로 나눌 수도 있다.

번역가의 일터인 번역시장은 얼마나 클까? 정확한 데이터를 구
하기는 어려우나 「한경매거진」(제 804호, 2011년 05월 04일)의 특집
기사와 「카먼센스 어드바이저리」의 자료를 보면 번역시장의 규모
가 상당한 정도임을 짐작해볼 수 있다. 우선, 세계 번역시장은 날
로 규모가 커지고 있고, 매년 높은 성장률을 보이고 있다. 미국의
전문 조사 업체인 「카먼센스 어드바이저리」에 따르면 2008년 세
계 번역 서비스 시장 규모는 142억5000만 달러를 기록하였고 2013
년에는 347억 달러를 넘어섰다. 이는 연 10퍼센트가 훨씬 넘는 비
교적 고성장에 속하는 산업으로 보인다.3)

순위	기업명	본사	매출(달러)	직원 수(명)
1	글로벌링귀스트솔루션즈	미국	6억9100만	6500
2	라이온브리지테크놀로지스	미국	4억6100만	4500
3	L-3 커뮤니케이션즈(LOTS)	미국	4억3459만	1049
4	SDL인터네셔널	영국	2억9454만	1981
5	랭귀지라인홀딩스	미국	2억1264만	4719

세계 번역 서비스 업체 순위

Common Sense Advisory

자료 : 커먼센스어드바이저리, 2008년 기준

2008년 현재, 세계 번역시장 1위는 미군에게 언어 서비스를 제공하는 글로벌 링귀스트 솔루션즈(6억9100만 달러)가 차지했다. 이어 전통적 강자인 라이온브리지테크놀로지스와 L-3커뮤니케이션즈, SDL인터내셔널 등이 뒤를 이었다. 2008년 조사에서 눈에 띄는 것은 아시아 업체들의 약진이다. 일본의 혼야쿠센터(21위)와 크레스텍(26위), 중국의 하이소프트테크놀로지(23)가 톱30에 이름을 올렸다."(한경매거진) 4)

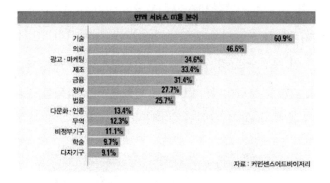

2008년 세계번역시장을 분석한 「한경매거진」에 따르면, 세계 번역 시장의 성장 축은 전통적인 학술, 무역, 법률, 정부 분야보다는 산업 번역 분야이다. 이는 기술, 의료 분야를 포함하며 이 뒤를 따르는 것은 광고-마케팅, 제조, 금융 분야 순이다. 기업들의 해외 진출이 늘어나면서 번역 수요가 폭발적으로 증가하고 있다. 글로벌 기업들은 자사 제품 판매를 위해 매년 번역 서비스에 엄청난 돈을 쏟아 붓고 있다. 노재훈 SDL코리아 사장은 마이크로소프트는 윈도 제품을 세계 100개 이상 언어로 동시에 론칭한다며 마이크로소프트의 전체 연구·개발(R&D) 예산의 20%를 제품 현지화에 투자한다고 말했다. HP나 시스코시스템즈도 매년 100억 원 이상을 번역 서비스에 쓰고 있다.

대조적으로, 한국의 번역시장은 잠재력은 크나 현실적으로 조직화되어 있지 않은 것이 현실이다. 2011년 대한민국은 번역에 있어서 두 개의 큰 사건을 만났다. 하나는 신경숙 작가의 『엄마를 부탁해』(*Please Look After Mom*)가 번역가 김지영 씨에 의하여 영어로 번역되어 미국시장에 진출한 기쁜 일이며, 또 다른 하나는 정부 외교통상부의 한국·유럽연합(EU) 자유무역협정(FTA) 협정문에서 엉터리 번역 오류가 무더기로 발견돼 한국 외교가 국제적 망신을 당한 일이다. 이 사건으로 김○○ 통상교섭본부장이 국민 앞에 고개를 숙였다. 1279쪽 분량의 한·EU FTA 번역본을 재검독한 결과 무더기 번역 오류가 공식 확인됐기 때문이다.

세계 10위 경제 대국, 세계 15위 번역시장 규모의 나라에서 왜 이렇게 황당한 사건이 일어났는지를 「한경매거진」은 속속들이 밝히고 있다. 번역을 공부하는 이들은 반드시 이 사건에서 교훈을 얻어야 한다.

1) 애초 외교통상부 직원들은 1300쪽에 달하는 협정문을 외부 전문 번역사에게 맡기자고 건의했다고 한다.

2) 장당 20만 원씩 총 2억6000만 원이 든다는 계산이 나왔다. 김 본부장은 예산 문제로 난색을 표하며 법률적인 조항이 들어 있는 특정 부분만 2500만 원에 전문 법률 회사에 맡기는 쪽으로 결정하였다.

3) 번역의 아마추어인 외교통상부 직원과 무급 인턴들이 번역을 하였다.

4) 2억 원 남짓의 번역료를 아끼려다 국제적인 망신을 자초하고 국민들 앞에 사과하였다.

한국·EU FTA 협정문 번역에서 한국과 EU가 보여준 태도는 정반대이다. EU는 22개 회원국의 언어로 협정문을 번역하는 데 꼬박 1년 이상을 투자했다. 반면 한국은 외교통상부 직원과 무급 인턴들이 불과 4개월 만에 뚝딱 해치우고 말았다. 한국은 2억 원의 번역료를 아끼려다 망신을 자초했지만 EU는 회원국들을 위해 협정과 조약을 번역하는 데 한 해 13억 달러를 쓰면서 새로운 번역 시장을 창출해 내었다.

FTA 번역 오류 파동은 열악한 국내 번역 산업의 현주소를 보여준다. 수년 전 '21세기 유망 직업'으로 번역사가 빠지지 않고 선정되기도 했지만 현실은 크게 나아지지 않았다. 현재 국내 8개 통번역대학원에서 매년 500명가량의 졸업생이 쏟아져 나온다. 마땅한 일자리를 구하지 못한 고학력 실업자들도 번역 시장을 넘본다. 민간이 시행하는 번역사 시험이 있고 그 시험을 준비하는 학원도 인기를 끌고 있다. 하지만 번역만으로 생계를 유지하는 것은 여전히 현실적으로 힘든 일이다.

현재 번역 업계에는 영세 업체들이 대부분이다. 정운화 브릿지 글로벌 사장은 온라인에서 확인되는 1500개 번역 업체 중 활동이 활발한 곳은 380개 정도이며 그 가운데 법인 형태를 갖춘 곳은 15개 미만이라고 말했다. 번역 산업에 대한 정확한 통계를 찾기 어려우나, 전문가에 따라 전체 번역 시장 규모를 수천억 원에서 수조 원까지로 제각각 추정한다. 번역 시장은 크게 출판 번역과 영상 미디어 번역, 산업 번역으로 나눌 수 있다. 이 중 출판 번역 시장은 어느 정도 규모 추산이 가능하다.

1.3 번역가의 주 무대: 한국의 출판번역

대한출판문화협회(인용문 상의 출협)의 「2012년도 출판 통계」에 따르면 2012년 (2012.1.1 ~ 12.31) 1년 동안 협회를 통해 납본된 신간 도서(2012년 발행일 기준, 정기간행물 및 교과서 등은 제외)의 발행 현황이 다음과 같이 나타났다.

■ **2012년 신간 발행 현황**
2012년 1년 동안 출협을 통해 납본된 자료를 집계한 결과, 신간 도서의 발행 종수는 총 3만 9767종(만화 포함)이며, 발행 부수는 8천 690만 6643부로 나타났다. 전년도와 비교해볼 때 발행 종수는 9.7% 감소하였고, 발행 부수는 20.7% 감소한 수치이다. 이는 국내외 경제상황 악화 및 독서인구의 감소, 제작비 상승 등에 따른 것으로 여겨진다.

종당 평균 발행 부수는 2185부로 전년(2488부) 대비 12.2% 감소하였고, 권당 평균 정가는 1만 3885원으로 전년(1만 3010원) 대비 6.7% 증가하였으며, 평균 면수는 273쪽으로 전년(260쪽)보다 5.0% 늘었다.

■ 외국도서 번역 출판 현황

2012년도 전체 발행 종수(3만 9767종) 가운데 번역서가 차지하는 비중은 25.7%(1만 224종)로 전년도 26.5%(1만 1648종)에 비해 소폭 감소하였다. 학습참고서 등 일부 분야를 제외하고는 출판 콘텐츠의 자급자족률이 매우 취약했으며, 특히 일본과 미국 등 일부 국가에 편중된 번역서 비중을 보이고 있었다. 분야별로는 문학(2169종), 아동(2002종), 사회과학(1213종) 순이었으며, 국가별로는 일본(3948종), 미국(3107종), 영국(914종), 프랑스(561종), 독일(387종), 중국(364종)순으로 번역됐다.[5]

위의 보고서에서 알 수 있듯이, 2012년 신간도서수가 전년도와 비교하여 발행 종수와 발행 부수가 감소하고 있는 것은 국내외 경제상황 악화 및 독서인구의 감소, 제작비 상승 등이 원인이다. 일부 분야를 제외하고는 출판 콘텐츠가 자급자족되지 않고 있는 반면, 번역도서의 점유율은 전체 신간도서의 25%에 이른다. 또한 번역서의 발행은 주로 일본, 미국, 영국, 프랑스, 독일, 중국 등의 책이 한국어로 번역되고 있는 바, 동일 언어권으로 미국과 영국을 합치면 영어권의 도서가 가장 많이 번역되고 있는 상황이다. 특이점은 중국과는 교역양이 대폭 증가하였지만 도서번역은 상당히 저조함을 알 수 있다. 이는 한국인의 지식과 교양이 주로 영미권과 일본의 영향을 받고 있음을 보여주고 있다.

〈표1-1〉 2012년 출판 현황 집계

(단위: 종, 부, 원, 면, %) (기간: 2012.1.2.~12.31)

구분	신간 발행 종수				신간 발행 부수			
	2011년	2012년	증감률	점유율	2011년	2012년	증감률	점유율
총류	715	613	−14.3	1.5	1,336,156	1,189,737	−11.0	1.4
철학	1,152	1,237	7.4	3.1	2,153,299	2,162,466	0.4	2.5
종교	1,925	1,889	−1.9	4.8	3,997,136	3,328,421	−16.7	3.8
사회과학	5,919	6,089	2.9	15.3	9,363,704	9,774,026	4.4	11.3
순수과학	647	521	−19.5	1.3	1,113,374	675,499	−39.3	0.8
기술과학	3,628	3,552	−2.1	8.9	4,976,884	4,633,667	−6.9	5.3
예술	1,354	1,329	−1.8	3.3	2,150,832	2,006,525	−6.7	2.3
어학	1,385	1,192	−13.9	3.0	2,720,431	1,871,479	−31.2	2.2
문학	8,184	7,963	−2.7	20.0	15,836,935	14,796,437	−6.6	17.0
역사	989	1,083	9.5	2.7	1,816,338	1,866,219	−2.7	2.2
학습참고	2,159	1,379	−36.1	3.5	17,216,632	10,546,642	−38.7	12.1
아동	9,546	7,495	−21.5	18.9	37,705,148	26,537,234	−29.6	30.5
계	37,603	34,342	−8.7		100,386,869	79,388,352	−20.9	
만화	6,433	5,425	−15.7	13.7	9,163,358	7,518,291	−18.0	8.6
총계	44,036	39,767	−9.7	100.0	109,550,227	86,906,643	−20.7	100.00

한편, <표1-1> 2012년도 출판 현황 집계에 따르면, 신간 발행 종수에서 선두를 차지하는 분야는 문학 20%, 아동 18.9%, 사회과학 15.3%, 만화 13.7%순이며, 신간 발행 부수로는 아동 30.6%, 문학 17.0%, 사회과학 11.3%, 만화 8.6% 순이다.

<표1-2> 분야별 번역종수 추이(2008~2012)

구분	번역종수					점유율(%)				
	2008	2009	2010	2011	2012	2008	2009	2010	2011	2012
총류	126	122	118	117	70	0.9	1.0	1.1	1.0	0..7
철학	569	512	547	654	618	4.2	4.3	5.1	5.6	6.0
종교	889	859	683	724	622	6.6	7.4	6.3	6.2	6.1
사회과학	1646	1528	1274	1246	1213	12.2	13.0	11.8	10.7	11.9
순수과학	236	202	216	272	205	1.7	1.7	2.0	2.3	2.0
기술과학	549	550	578	740	705	4.0	4.8	5.4	6.4	6.9
예술	383	345	340	321	321	2.8	2.9	3.2	2.8	3.1
어학	102	125	103	82	60	0.7	1.0	1.0	0.7	0.6
문학	2478	2425	2324	2415	2169	18.5	20.8	21.6	20.7	21.2
역사	347	283	202	237	228	2.6	2.5	1.9	2.0	2.2
학습참고	8	2	1	0	0	0.0	0.0	0.0	0.0	0.0
아동	3586	2330	2137	2545	2002	26.7	20.0	19.8	21.9	19.6
만화	2472	2398	2248	2295	2011	18.5	20.6	20.9	19.7	19.7
계	13,391	11,681	10,771	11,648	10,224	100.0	100.0	100.0	100.0	100.0

다음으로 <표1-2> 번역 출판현황의 2012년 통계자료에 따르면, 번역종수로는 문학 2169종, 만화 2011종, 아동 2002종, 사회과학 1213종 순이며, 점유율로는 문학 21.2%, 만화 19.7%, 아동 19.6%, 사회과학 11.9% 순이다. 따라서 도서출판을 염두에 두고 있는 번역가라면 주로 문학, 만화, 아동, 사회과학 분야 도서에 관심을 가지고 번역을 하면 수익성이 있을 것으로 보인다. 여러분은 이 중에서 우선 아동문학이나 아동물에 관심을 가져보는 것도 좋을 것이다. 통계자료가 번역의 방향 즉 외국 서적이 한국어로 출판된 것인지, 한국 서적이 외국어로 출판된 것인지 구분이 되어 있지 않아

정확한 내용은 알 수 없으나 외국 서적을 한국어로 번역하여 출판한 것을 지칭하는 것으로 보인다.

이와는 반대로 한국의 문화와 역사 그리고 문학작품을 번역하여 외국에 수출하는 경우이다. 우리는 이를 한영번역이라고 말한다. 실제 이 번역이 매우 중요한 부분인데 한국의 문화와 역사 그리고 문학을 알리기 위하여 국가 및 단체가 여러모로 후원하고 있다. 관련 단체에는 <국립국어원>, <해외문화홍보원>, <한국관광공사>, <한국국제교류재단>, <한국문학번역원>, <대산문화재단> 등이 있다. 아래는 각각의 웹사이트 주소이다. 한번 접속해서 살펴보면 번역공부를 하는 이들에게 매우 자극이 되는 유용한 정보가 있을 것이다.

http://www.korean.go.kr/
http://www.kocis.go.kr/main.do
http://english.visitkorea.or.kr/enu/index.kto
http://www.kf.or.kr/
http://www.klti.or.kr/main.do
http://www.daesan.or.kr/

위 기관 중에서 <한국문학번역원>은 한국문학작품을 외국어로 번역하기 위하여 설립되었으며, '한국문학번역원 번역지원대상도서'를 매년 발표하고 있다. 또한 한국문학번역에 관심이 있는 사람들을 위하여 '번역아카데미'를 운영하고, 한국문학을 외국어로 번역하는 실습을 위주로 한 번역교육을 중심으로 하고 있다. 그리고 한국문학/문화에 관한 수업과 번역이론 수업 등을 하고, 작가와의

만남, 문학 기행 등의 부대 행사를 열고 있다. 한국문학 번역에 관심 있는 내외국인이면 누구든지 지원할 수 있다. 단 소정의 서류 심사와 필기 및 면접시험을 통해 대상자를 선발하며, 선발기준은 한국어와 해당 외국어 능력, 한국문학/문화에 대한 소양, 지원 동기 등이다.

〈표1-3〉 번역지원대상도서목록

181	아동 청소년	한가을		보물선 메릴 호	2008	2010	기 번역 언어 없음
182	아동 청소년	한윤섭	김진화	봉주르, 뚜르	2010	2011	기 번역 언어 없음
183	아동 청소년	한윤섭	박대승	서찰을 전하는 아이	2011	2012	확인중
184	아동 청소년	한윤섭		우리동네 전설은	2012	2013	기 번역 언어 없음
185	아동 청소년	한윤섭	서영아	헤리엇	2011	2012	베트남어
186	아동 청소년	황선미	김환영	과수원을 점령하라	2003	2011	중어
187	아동 청소년	황선미	윤봉선	바다로 가는 은빛 그물	2011	2012	기 번역 언어 없음
188	아동 청소년	황선미		사라진 조각	2011	2013	기 번역 언어 없음
189	아동 청소년	황선미		해오름 골짜기 친구들	2009	2013	중어
190	아동 청소년	황선미	권사우	나쁜 어린이표	2007	2010	영어, 불어, 독어, 스페인어, 중어, 크메르어, 힌디어
191	아동 청소년	황선미	김환영	마당을 나온 암탉	2002	2010	영어, 불어, 독어, 중어, 일어, 러시아어, 베트남어, 불가리아어, 아랍어, 인도네시아어, 이란어, 포르투갈어

<한국문학번역원>에서 2014년 현재 발표한 '번역지원대상도서' 목록을 보면, 소설과 시를 중심으로 한국문학작품 485종, 인문사회도서 213종, 동화를 중심으로 아동물 191종이 수록되어 있다. <표 1-3>은 아동물 191종 중 몇 편을 소개하고 있다.

⟨표1-4⟩ 2011년도 출판 현황

자료: 대한출판문화협회

구분	신간 발행 종수			
	2010	2011	증가률	점유율
총류	703	715	1.7%	1.62%
철학	1,055	1,152	9.2%	2.62%
종교	1,899	1,925	1.4%	4.37%
사회과학	6,017	5,919	−1.6%	13.44%
순수과학	541	647	19.6%	1.47%
기술과학	3,206	3,628	13.2%	8.24%
예술	1,382	1,354	−2.0%	3.07%
어학	1,625	1,385	−14.8%	3.15%
문학	8,192	8,184	−0.1%	18.58%
역사	1,031	989	−4.1%	2.25%
학습참고	2,512	2,159	−14.1%	4.90%
아동	7,352	9,546	29.8%	21.68%
계	35,515	37,603	5.9%	
만화	4,776	6,433	34.7%	14.61%
총계	40,291	44,036	9.3%	100.00%

내일신문(2012년 2월 16일자)에 따르면 대한출판문화협회가 발표한 2011년 한 해 동안 국내에서 출판된 서적은 4만4036종이며, 발행부수로는 1억955만부로 나타났다. 분야별 발행종수를 보면 아동서적이 9546종으로 가장 많았다. 그리고 문학 8184종, 만화 6433종, 사회과학 5919종 순이다. 증가율로는 만화(34.7%), 아동(29.8%)이

큰 폭으로 증가했다. 협회는 "크게 대형기획물(전집)과 단행본으로 나뉘는 아동물 중 전집류를 선호하는 학부모의 성향에 따라 대형기획물의 발행이 늘어난 이유 때문인 것으로 풀이 된다"[6]고 분석했다.

다음으로 순수과학(19.6%), 기술과학(13.2%), 철학(9.2%), 총류(1.7%), 종교(1.4%), 문학(0.1%)이 증가하였고 다른 분야는 모두 감소했다. 가장 많이 감소한 분야는 어학분야(14.8%)과 학습참고서(14.1%)다. 이는 EBS 수능연계 정책이 학습출판시장에 직접적 타격을 가하고 있음을 증명하는 것으로 해석된다. 이밖에 역사(4.1%), 예술(2.0%), 사회과학(1.6%) 순으로 감소했다.

4만4036종 가운데 번역서는 1만1648종으로 26.5%를 차지했고 일본과 미국 등 일부 국가에 편중된 번역서 비중이 두드러지고 있다. 분야별로는 아동(2545종), 문학(2415종), 만화(2295종), 사회과학(1246종) 순이다. 언어권별로는 일본(4552종), 미국(3396종), 영국(1098종), 독일(560종), 프랑스(523종), 중국(434종), 동유럽(185종), 이탈리아(130종), 북중미(119종) 순으로 번역됐다. 이를 다시 미국과 영국을 동일한 영어권이라고 묶고 번역물의 종류를 자세히 살펴보면, 영어권 번역서 수와 일본어 번역서 수가 비슷해진다. 이 둘을 비교해보면, 영어권 번역서는 문학과 학술성격이 강한 반면 일본어 번역서는 만화와 추리소설 중심의 오락성이 강하다.

다음으로 『2010년 한국출판연감』에 따르면 지역별 도서수출입 현황을 알 수 있다. 한국도서의 수출비중은 동남아권 41%과 북미권 24%이다. 일본과 중국은 각각 8%와 6%로 상당히 낮은 편이다. 반면에 한국도서의 수입비중은 북미권이 35%로 가장 높고, 일본

20% 유럽 19% 중국 15% 순이다. 이를 영어권번역서 입장에서 정리하자면, 한국은 영어권 지식을 대개 번역서를 통하여 수입하는 나라라는 것이다. 이는 예비번역가에게 매우 시사적이다.

〈표1-5〉 2010년 한국출판연감

(단위: 천 달러%)

구분	수출					
	2008	2009	2010	비중(%)	전년대비 증감률(%)	연평균 증감률(%)
중국	19,373	37,356	23,790	6.6	-36.3	10.8
일본	25,147	31,362	30,204	8.4	-3.7	9.6
동남아	69,173	47,634	149,984	41.9	214.9	47.2
북미	93,798	82,068	88,009	24.6	7.2	-3.1
유럽	21,147	22,639	20,976	5.9	-7.3	-0.4
기타	31,372	29,705	44,918	12.6	51.2	19.7
전체	260,010	250,764	357,881	100.0	42.7	17.3

구분	수입					
	2008	2009	2010	비중(%)	전년대비 증감률(%)	연평균 증감률(%)
중국	50,360	46,001	51,452	15.1	11.8	1.1
일본	76,445	64,103	69,137	20.3	7.9	-4.9
동남아	22,029	21,410	24,171	7.1	12.9	4.7
북미	133,242	134,090	120,197	35.4	-10.4	-5.0
유럽	81,034	76,527	66,653	19.6	-12.9	-9.3
기타	5,426	6,205	8,209	2.4	32.3	23
전체	368,536	348,336	339,819	100.0	-2.4	-4.0

1.4 번역, 해석 그리고 작문

우리는 번역, 해석 그리고 작문이라는 용어를 흔히 쓰면서도 정확히 구분하지 않고 사용하고 있다. 번역이라는 말과 해석은 어떤 차이가 있을까? 그리고 번역과 작문은 무엇이 다를까? 한번쯤 정리하고 넘어갈 필요가 있다.

이향(2008, 18)은 이에 대하여 'He is too young to go to school.'이라는 문장을 가지고 그 차이를 설명한다. 학교에서는 이 문장을 대개 '그는 너무 어려서 학교에 갈 수 없다'로 해석한다. 영어의 too ~to~ 용법은 일반적으로 '너무 ~하여 ~할 수 없다'로 해석해야 한다고 배우기 때문이다. 따라서 위 문제의 정답은 <그는 너무 어려 학교에 갈 수 없다.>이다. 언어학습의 과정에서 주로 사용되는 이러한 작업에서는 번역이 '언어학습의 도구'로 활용된다. 이는 학습번역 혹은 교육적 번역(pedagogic translation)이라 부르는 것으로, 번역 대신 '독해'라는 말과 교차 사용되기도 한다.7)

일반적으로 한국어를 외국어로 옮겨 쓰는 작업을 '작문'이라 하며, 외국어를 한국어로 옮기는 작업을 '독해'라 한다. '영작문 수업'이라고 하면 한국어로 된 간단한 문장이나 텍스트를 영어로 옮기는 것을 칭한다. 그러나 이러한 규칙은 늘 지켜지는 것은 아니어서, 종종 이러한 작업 역시 '번역'이라는 명칭으로 불리기도 한다. 여기서 짚고 넘어가야 할 것은, 작문과 독해는 우리가 연구하고자 하는 '번역'과 여러 차원에서 차이가 있다는 것이다.

첫째, 번역과 작문·독해는 작업의 목적 자체가 다르다. 작문·독해의 경우 일반적으로 언어학습자의 언어능력을 제고하는 데에 그 목적이 있다. 반면 번역의 목적은 서로 다른 언어 간의 소통에 있다. 따라서 해당 문장의 이해 단계에서 멈추지 않고 그것을 적절한 방식으로 '표현'해 내는 것이 관건이다.

둘째, 번역과 작문·독해를 구분 짓는 또 하나의 차이점은 바로 대상독자(addressee)가 다르다는 데에 있다. 위의 지문을 다시 예로 들어 설명해 보자면, 작문·독해의 경우에는 한국어와 영어를 모두 이해하는 사람(대부분의 경우 해당 언어를 가르치는 교사)이 언어 능력의 평가를 목적으로 결과물을 읽게 된다. 반면, 번역의 경우 대부분 원문을 모르는 사람을 대상으로 하는 작업이다. 따라서 번역된 텍스트는 그 자체로서 독립적이고 완결성 있는 텍스트여야 한다.

셋째, 작문·독해와 번역은 맥락이 주어지는가 여부에 따라 구분할 수 있다. 위에서 예로 든 영어 문장 'He is too young to go to school.'을 전문번역가는 다음과 같은 다양한 방식으로 번역할 수 있을 것이다.

1) 그 아이는 학교 가기는 아직 일러.
2) 톰은 아직 학교 갈 나이는 아니야.
3) 우리 아들은 나이에 비해 아직 학교 갈 만큼 성숙하지 못해.

번역사는 이렇게 다양한 번역문 중 어느 하나를 최종적인 번역문으로 선택하게 된다. 그렇다면 이러한 선택의 기준이 되는 것은 무엇일까? 그것은 바로 맥락(context)이다. 이처럼 번역·작문·독해는 목적의 차이, 대상독자의 차이, 맥락의 유무 등 세 가지 요소를 통하여 설명될 수 있다.

다른 각도에서 '번역' '해석' '작문'의 공통점과 차이점에 관하여 이야기해보자. 첫째, '영어번역'과 '영어해석'은 모두 영어를 한국어로 바꾸는 작업이다. 엄밀히 말하면, 전자는 '영어텍스트'를 '한국어텍스트'로 바꾸는 작업이다. '영어해석'은 말로 중요한 단어와 문법을 중심으로 순수 언어지식으로 요지를 파악해 내면 된다. 그런데 이를 글로 적어내는 작업은 사뭇 다르다. 예를 들어 'Good morning!' 'Good morning!'을 영어로 해석한다면 정답은 '안녕!' '안녕!'이다. 그런데 누가 누구와 대화를 하고 있느냐에 따라 똑같은 'Good morning!'이라 할지라도, 번역은 달라진다. 친구끼리의 대화이었다면 위 정답이 가능하지만, 할아버지와 손주와 또는 모든 선생님과 학생의 대화를 영어로 쓴 것이라면 상하개념이 강한 나라 입장에서 '안녕!' '안녕!'으로 번역할 수 없기 때문이다. 이런 상황이라면 '잘 잤느냐?' '네, 할아버지.'일 수 있는 것이다. 남녀친구의 부모님이 만나는 상견례자리라면 이 대화는 '안녕하십니까?' '네, 안녕하시지요?'가 될 수도 있다. 따라서 해석이 교실에서 지식으로 배우는 뜻풀이라면, 번역은 상황과 문맥과 현장을 고려한 뜻풀이가 된다.

경우에 따라서는 번역은 언어와 문장구조를 넘어서기도 한다. '해석'과 '번역'의 차이를 설명하기 위하여 안정효 선생이 『오역사전』에 수록한 예를 하나 들어보겠다. 영화 '삼손과 드릴라'에서 "왜 그렇게 고집을 부리느냐"고 꾸짖는 어머니에게 주인공 빅터 머튜어는 "I'm your son."이라고 말한다. 쉽게 해석하자면 "난 어머니의 아들이잖아요."이지만 안정효 선생은 이는 올바른 번역이 아니라고 지적한다. 그는 "얼핏 보기에는 완전한 번역 같지만, 영어

단어와 같은 뜻의 우리말 단어를 하나씩 바꿔 놓기만 한 듯한 인상을 준다"면서 단어를 단어로 바꿔 놓지만 말고 의미까지 번역하면 "어머니를 닮아서 그래요"가 된다고 설명하고 있다.8)

이 번역은 문장구조를 변경하고 있다. 언어구조에 갇혀있기 보다는 진정한 의미전달을 위하여 이를 뛰어넘고 있는 것이다. 즉 번역은 해석처럼 글자풀이를 하는 것이 아니고 핵심의미를 전달하기 위하여 문장구조나 언어구조를 파괴하기도 한다.

좀 더 과감한 번역이 필요할 때도 있다. 여러분이 이누이트족(에스키모인)을 위하여 기독교에서 예수와 관련된 핵심 상징인 '신의 어린양'(the Lamb of God)를 번역해야 한다고 가정해보자. 여러분은 '양'과 '신'을 이누이트족이 뭐라 하는지 단어를 찾을 것이다. 그리고 '어린'에 맞는 단어를 찾고 다음에는 이것을 문법적으로 결합할 것이다. 그리고 번역이 다 되었다고 할 것이다. 그런데 어느 미국인 성경학자가 다른 학자들과 함께 이를 오랫동안 고민하였다. 최종적으로 이누이트 언어로 'the Seal of God'로 번역한 유진 나이다(Eugene Nida)라는 분이 있다. 아마 학교에서 학생이 이렇게 번역했다면 당연히 틀렸다고 야단을 맞았을 것이다. 그러나 이 생각은 학술적으로 체계화되어 '역동적 등가'(Dynamic Equivalence)라는 번역개념을 만들어 내었고 현대 번역학에 있어 중요한 개념이 되었다. 이 분의 생각을 다음과 같이 설명할 수 있다. '서양인들에게 '양'은 '순수'(innocence)를 상징한다. → 하지만 양을 본적도 없는 이누이트족에게 양은 아무런 정서적 효과가 없다. → 이누이트족에게 동일한 정서적 효과를 줄 수 있는 동물은 '물개'(Seal)이다. 물개는 이누이트족에게 귀엽고 순수하고 공격적이지 않고 그러면서 인간에게 고기와 가죽을 남겨 이로운 동물이기 때문이다.' 따라서 번역을 할 때, 언어를 형식적으로 번역했다고 온전한 번역을 한 것은 아니다. 역동적으로 번역을 해야 한다. 이와 같이 고민을 거듭하면서 영어번역을 해야 하는 것이지 교실에서 해석하는 것처럼 영어를 공부하면 항상 겉핥기 식이 되고 만다. 이런 고민이 필요하기에 번역이 어렵다고 느낄 수도 있으나, 모든 표현의 번역에서 이렇게 심혈을 기울여야 하는 것은 아니다. 일반적으로 번역할 텍스트 내용의 70~80%는 직역을 잘하면 해결되는데 위와 같은 20~30%의 번역난제가 항상 기다리고 있다는 사실을 명심해야 한다.

인명이나 인종 이름을 번역할 때에도 우리는 조심하여야 한다. 겉으로는 같은 뜻이거나 비슷한 뜻인 것 같지만 경우에 따라서 그 이름이 부정적 이미지를 가질 수도 있고 긍정적 이미지를 가질 수도 있기 때문이다. 예를 들면 일본인이 한국인을 '조센징' '강고꾸징' '항구긴' 세 가지로 발음할 수 있다. 여기에는 부정 - 중립 - 긍정의 효과와 이미지를 줄 것이다. 최근의 번역이론들은 대부분 좋은 번역의 성패는 최종적으로 읽고 듣게 되는 목표어 독자나 청자가 듣고 반응하는 의미와 정서적 효과에서 갈린다고 주장한다. 따라서 번역가는 한 단어가 갖는 다양한 의미뿐만 아니라 자신의 번역문이 청자에게 어떤 정서를 불러일으킬 지에 대한 관심을 가져야 한다.

위에서 유진 나이다가 '신의 물개'로 번역했던 언어를 사용하는 종족을 여러분은 무엇이라 칭하는가? 우리는 이들을 소위 '에스키모'(Eskimo)인이라고 부르는 경우가 많으나, 본인들이 스스로를 부르는 이름은 이누이트(Innuit: 캐나다), 이누피아크(Inupiat: 북알래스카), 유피크(Yupik: 서남알래스카) 등이다. 따라서 우리는 이들을 '에스키모'로 부르지 말고 '이누이트'로 불러야 한다. 왜냐하면 번역에서 고유명사는 해당 언어의 발음을 최대한 존중해야 하는데, 이는 외래어는 '원지음'(原地音)에 따라 표기한다는 원칙을 기억해야 한다. 다음 사진에서 이누이트 청소년의 모습을 보면, 동아시아인과 같은 핏줄임을 금방 알 수 있는데, 한국인마저 서양인이 붙인 이름으로 이들을 부른다면 매우 섭섭해 할 것이다. 이누이트는 몽골계 종족으로 중간정도의 키에 단단한 체구, 비교적 큰 머리와 넓고 평평한 얼굴을 가지고 있다.

<Online Etymology Dictionary>에 따르면 'Eskimo'는 덴마크나 프랑스어 어원으로 문자번역을 하자면 '날고기를 먹는 사람들'(eaters of raw meat)이며, 'Inuit'는 '인간/ 사람들'(people, plural of inuk "man, person")이라는 뜻이다.9) 별 차이가 없어 보일 수도 있으나 앞의 말은 부정적 의미가 들어있고 뒤의 말은 중립적 또는 긍정적의미를 가지고 있다. 여러분이 번역을 하다가 위의 오른쪽 그림에서처럼 'this man'이라는 표현을 만났다고 하자. 무조건 '이 사람'일까? '이 사람'이외에도 상황에 따라 '이 성인남자', '이 남성', '이 남자', '이 인간', '이 사나이', '이 대장부', '이 자(者)' 등의 표현이 가능할

것이며, 이 중에서 가장 적합한 표현을 골라야 한다.

둘째, '번역', '해석', '작문'의 공통점과 차이점은 '번역'과 '작문'에 관한 것이다. '한영번역'과 '영어작문'이 둘 다 한국어텍스트를 영어텍스트로 쓴다는 면에서 문자(written) 언어 교육이라는 공통점을 가진다. 영어에서 출발하여 영어로 작업하는 영어글쓰기(writing) 개념도 있다. 글쓰기는 영어로 생각하여 영어쓰기로서 영어-영어간의 작업으로서 최대한 한국어의 간섭을 배제하자는 주장 이 있다. 외국인 교수의 영작수업이나 영어글쓰기 수업이 이에 해당된다. 우선 번역과 작문을 비교하자면 한영번역은 실무중심 작업이며 원리, 방법, 이론이 있는 반면, 영작문은 단어와 문법중심의 기능에서 출발하여 영어로 한 페이지를 구성해내는 기능이다. 대체로 보면 영작문은 학원, 대학에서 가르치지만 한영번역은 대학과 대학원에서 가르친다.

일반적으로 <영작문수업>은 다음과 같이 구성된다. 초급 단계의 영작문과목에서는 <영문법과 작문>을 동시에 진행하면서 문장단위 구성을 가르친다. 이때에는 영어 단어와 문법이 중요하다. 중급 영작문 수업은 문단(paragraph)단위의 글 구성과 쓰기를 가르치며 처음부터 영어로 쓰는 경향이 있다. 고급 영작문 수업 단계가되면 소위 <free writing>을 주로 한다. 이때에 주제와 소재는 다소일반적이고 추상적인 경우가 많다. 예를 들면 'the saddest thing in the world' 'on global warming' 'on friendship' 'your vacation plan' 등이 주요제목이 된다. 주로 외국인이 담당하면서 문법 - 철자 등을 첨삭한다. 이는 교실에서 이루어지는 특징이 있다.

이에 비하여 <번역>은 사회적 필요에 근거한 작업을 한다. 난이도가 높은 경우가 많아 번역료를 내고 번역을 의뢰하고 작업을 한다. 그 예는 외국동화 번역출판, 제품 매뉴얼 번역, 회사 정관 및 계약서 번역, 각종 기관의 홈페이지 번역, 관광 - 문화재 안내문 번역 등이다. 주로 문장이나 문단단위보다는 완성된 글, 메시지가 있는 글을 대상으로 한다. 그리고 인간의 산업 - 기술 - 경제 - 통상 - 문학출판 등의 경제활동과 직접 연결되어 있다.

또한 번역은 가장 좋은 영어학습법이며 매우 훌륭한 평가방법이기도 하다. 한 가지 기능에 치우쳐있는 대부분의 다른 영어 학습방법과 다르게, 번역은 종합 영어학습법으로서 매우 좋은 방법이고 자신의 관심분야에 따라 즐기면서 학습할 수 있다. 번역은 가장 간편하면서 정확한 영어능력테스트방법이기도 하다. 영어를 가장 많이 공부하는 대학 영어영문학 전공이나 이공계 원서강독에서 테스트를 하게 되면 80 - 90%가 영어로 배운 내용을 영어에서 한국어로 전환하는 <번역>을 하라는 문항이 출제되는데 이때 여러분의 영어번역능력이 필요하다.

영어번역능력과 관련하여 조기유학생의 영어능력을 비교해볼 필요가 있다. 동일한 시간동안 공부했다고 가정했을 때, 조기유학을 간 학생은 영어를 많이 쓰고 한국어를 적게 썼을 것이다. 반면 한국에서 공부한 학생은 한국어를 많이 쓰고 영어를 적게 썼을 것이다. 전자는 알게 모르게 <영작능력>이 생기고 후자는 <번역능력>이 생기게 된다. 문제는 유학을 갔던 한국인이 다시 한국에 돌아와 대학진학을 하거나 직장을 구하게 된다는 것이다. 중간 정도의 학력을 가진 한국인 학생이 조기유학을 갔다가 한국에 돌아와서 성공하는 경우는 20% 내외이고, 제대로 적응을 하지 못해 어중

간해지는 경우가 80% 정도이다. <번역능력>이 있는 우수한 학생들은 한국에서 의대-법대-경영대 등을 갈 것이고, <영작능력>이 좋은 유학파 학생들은 미국에서 많은 유학비용을 쓴 후 한국에 돌아와서 외국계 기업에서 직장을 잡게 될 것이다. 둘 다 성공의 길이겠지만 그 가능성이 어느 정도인지 가늠해볼 필요가 있다. 초-중학교에서 원어민을 활용하여 10년 이상 영어교육을 하였지만 영어실력증진에 큰 효과가 없는 상황으로 인해 서울시나 울산시 교육청 등 대부분 교육청에서 원어민 고용을 중단-축소하고 있다.

영어번역에서는 양 언어를 일정수준 이상 잘 해야 하는 반면, 영작문은 영어만 잘 해도 가능하다. 사람을 대상으로 이야기하자면, 영한번역자는 미국인보다는 한국인의 시점에서 바라보고 한영번역자는 한국인보다는 미국인의 시점에서 바라보게 된다. 영작문에서는 오로지 미국인의 시점에서 바라보고 영어 글을 쓰게 된다.

1.5 영어 학습과 번역 이해하기

1.5.1 영어 학습과 번역

영어학습의 궁극적인 목표가 학습자의 종합적이고 실천적인 영어능력 향상이라면, 교실에서 가장 자주 활용되는 교수방법이지만 가장 덜 연구된 영어번역방법이 매우 효과적인 교수-학습방법이 될 것이라고 말하고 싶다. 그동안 문법번역식 교수법이 오랫동안 지속되다가 최근 교육과정에서 '의사소통중심 교수법'에 밀려난

듯 보이지만 여전히 중고등학교 상급학년 이상 학생의 영어교실을 지배하고 있다. 문제는 가장 지배적인 교육방법이지만 영어선생님들조차 '번역 교수방법'을 교육받지 못했고, 조금 안다하더라도 입시를 위하여 현재의 선다형 시험문제를 가르치고 풀어야 하는 현실에서 적용에 어려움을 느끼고 있다.

요즈음 여러 영어교수방법들이 입에 오르내리기는 하지만, '문법번역식 교수방법'은 여전히 가장 선호되고 효과적인 학습방법이다. 영어교육계에서 늘 입에 오르는 '의사소통중심' 영어교육은 초등수업에서는 효과가 있을 것이나, 입시를 앞둔 중고등학교수업에서는 전면 적용하기 쉽지 않다. 어떤 이는 수학능력시험의 영어시험에 문제가 있다고 하지만, 특별히 더 좋은 입시시험을 발견하기가 어렵다. 시간과 비용 등의 요인으로 현실적으로 시행하기 어려워서 그렇지 할 수만 있다면, 영어번역과 영어통역은 정말 좋은 영어테스트 방법이다. 현장의 영어문제를 해결하는데 필수적인 통번역 능력은 대학 졸업 후 기업체가 선호하는 영어능력이기 때문이다.

또한 요즘 유행하는 '영어로 영어 가르치기' 역시 좋은 방법이기는 하나 이를 중고등학교 교실에 전면 적용한다면 큰 부작용이 생겨날 것이다. 이 방법은 최상위 학생들에게는 효과가 있을 것이나, 다수의 학생들을 영어 학습 부진아로 전락시킬 위험이 존재하는 방식이다. 따라서 새로운 교육방법도 중요하고 어느 정도 효과가 있겠지만, 역시 가장 기본적인 교수방법은 '번역중심' 교수방법일 것이다. 물론 그동안 문법에만 과하게 초점을 맞춘 것이 문제이기는 하나, 영어 독해실력을 향상시키기 위해 제대로 된 문법교육과 번역교육을 시행한다면 '문법 - 번역식 교수방법'은 차후에도 가장 선호되고 효과적인 방법이 될 것이다.

특히, 영어의 교육현장에서 영어문법지식과 관련하여 한규만의 『영한번역의 이론과 실제』를 인용하여 글을 적고자 한다. "과거의 문법번역식 교육은 잘못된 것이고 현재의 의사소통 중심교육은 옳은 것이라는 미신이 있다. 영어 학습에서 문법과 문장구조를 모르면 정확한 의미를 파악할 수 없다. 그리고 긴 지문 독해가 되지 않는다. 문법을 모르면 작문이 되지 않는다. 작문이 되지 않으면 일상회화 수준을 넘어선 전문분야의 활동이 불가능하다. 미국 내에서도 마찬가지이다. 회화는 다 잘하지만 문법능력이 없고 구문 파악을 못하는 사람은 지식인이 차지하는 전문 직업을 가질 수 없다. 또한 한국에서 상위권 대학 입시의 영어 논술은 더욱 더 문법-번역식 영어 능력을 필요로 한다."10)

"과거에 시행한 문법 - 번역식 영어교육의 문제점을 보완하기 위하여 의사소통 중심 영어교육이 도입된 것이지, 의사소통 중심 교육이 옳고 문법 - 번역식 교육은 틀렸다고 말하면 옳지 않다. 모든 영어 학습자의 기본 능력 배양으로서 의사소통중심 교육이 중요하고 우수한 영어 학습자 그룹은 여기에 문법-번역 능력이 필요하다고 보는 것이 옳다. 한국 태생의 영어 학습자는 영어를 읽고 말하면서 의식적 - 무의식적으로 영한 및 한영 번역과정을 거치게 된다. 영어읽기를 한 후 질문을 하고 한국어로 답을 할 수 있으며, 한국어로 배경지식과 영어 키워드를 가르친 후 영어로 토론을 하는 것도 좋은 방법이다. 한국인은 영어독해뿐만 아니라 외국인과 대화에서도 자주 영한-한영번역의 인지과정을 경험하게 된다. 이는 외국에 유학을 가는 학생이 영한사전을 필수로 챙겨가고, 영어권 문학작품의 한국어번역판을 공수해가는 이유이기도 하다."11)

1.5.2 영어학습의 4기능(Four Skills in English Learning)

우리가 영어를 잘 해보겠다고 덤비기 전에 '영어 학습'이란 구체적으로 무엇을 배우는 것인 지부터 잠깐 생각해보면 어떨까하는 생각이 든다. 여기에서는 '영어'보다는 '학습'이 무엇인지를 중점적으로 이야기한다. 그래야 나중에 '영어번역'을 공부하는 이유와 목표를 정확히 파악할 수 있기 때문이다.

영어 학습에서의 네 기능은 의사소통 방향이 안이냐 밖이냐에 따라 분류될 수도 있고, 또한 말이냐 글이냐에 따라 분류될 수도 있다. 신체기관을 가지고 설명하자면 듣기는 주로 귀를 사용하며, 말하기는 주로 입을 사용한다. 읽기는 주로 눈을 사용하며, 쓰기는 주로 손을 사용한다. 그러나 그 어느 경우에도 우리는 두뇌를 활용하고 있다.

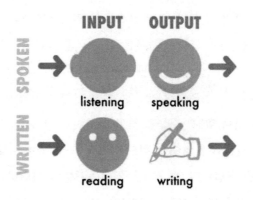

통역은 신체기관중 주로 귀와 입을 사용하는 음성중심의 의사소통활동이며, 번역이란 주로 눈과 손을 사용하는 문자중심의 의사소통활동이다. 겉으로는 귀, 입, 눈, 손을 사용하지만 이 모든 기관을 통제하는 것은 두뇌이다. 두뇌는 언어 학습과정에서 모종의 역할과 활동을 할 터인데 이에 대한 설명은 다음 절에서 이루어진다.

우리가 현실적으로 그토록 중요시하는 토익, 텝스, 토플시험과 4기능을 설명해본다. 이 시험은 취업을 준비하는 영어학습자의 무엇을 측정하는 시험인가? 우리의 영어능력 중 주로 듣기능력과 읽기능력을 측정한다. 일반적으로 '토익점수'라 함은 이 두 가지 수용능력을 측정한 점수이다. 수용능력 즉 남이 하는 말을 듣거나 읽고서 얼마나 이해하였는지를 측정하는 것이다. '눈치문화'속에서 살아온 한국인은 이 능력이 타민족보다 남다르게 발달되어 있다. 그리하여 실제는 그 문제의 답을 잘 알지도 못하면서도 답을 곧잘 맞힌다. 외국인이 보자면 참 신기할 정도이다.

	수용능력(receptive)	표현능력(productive)
음성언어(말)	듣기(Listening)	말하기(Speaking)
문자언어(글)	읽기(Reading)	쓰기(Writing)

그런데 실제 실무현장에 투입되면 토익시험점수는 좋으나 실제 현장에서 활용할 실력이 없는 경우가 많아 각종 기업들은 영어시험에서의 스피킹 점수, 쓰기 점수를 요구하기에 이르렀다. 이는 수용능력 즉 가만히 남의 말을 듣거나 글을 읽어서 이해하는 능력뿐만 아니라, 표의 맨 오른쪽에 놓인 표현능력 즉 자신의 말을 하고 자신의 글을 써내는 능력을 요구하고 있는 것이다. (한문섭 교수의 ybmsisa와의 대담내용)12)

결국, 기업은 영어학습자에게 수용능력과 표현능력을 모두 요구하고 있다. 위 참고자료의 한 교수도 4기능의 고른 학습이 필요하다고 말한다. 요즈음은 영어 4기능의 통합교육이 화두이다. 이럴 때, 이 두 가지 능력 또는 4기능을 복합적으로 배울 수 있는 방법은 무엇인가? 최선의 방법 중 하나가 바로 번역과 통역이다.

1.5.3 번역이란 무엇인가?

『두산백과사전』에 따르면 번역[translation, 飜譯]이란 "한 나라 말로 된 글을 다른 나라 말로 옮기는 것"이라고 정의하고 있다. 이어서 문학과 관련하여 몇 가지 번역관련 용어를 소개하고 있다.

　　이러한 작업이 작품을 통해 이루어져 문학으로 승화된 것을 번역문학이라고 한다. 이 때 원래 쓰인 언어를 소재언어, 그것으로 표현된 글을 원전이라고 하고, 나중에 바꿔 쓴 언어를 목표언어, 그 언어로 옮긴 것을 번역물이라고 한다. 원어를 그대로 번역하는 것을 직역(直譯), 뜻을 살려서 번역하는 것을 의역(意譯)이라 한다. 번역은 필요하지만, 원문과 번역문 상의 두 언어는 서로 문법과 말의 뜻이 다르고 역사와 관습도 다르다. 따라서 원문의 뜻을 정확하게 옮기려면 고도로 훈련된 문학적 기교가 있어야 하며, 그 나라의 역사와 관습을 잘 이해하고 있어야 한다. 또 직역과 의역을 적절히 조화시킬 수 있는 기술도 번역에서 꼭 필요하다.

『표준국어대사전』에서는 번역이란 단어의 활용 예를 다음과 같이 보여준다.

- 우리말로 번역이 안 되었지만 일본 말 번역으로 된 걸 보았어요.≪박태순, 어느 사학도의 젊은 시절≫ 「참고 어휘」의역01(意譯); 직역01(直譯).
- 이 책은 이미 독일어와 일본어로 번역되었다. 몇 년 전만 하더라도 러시아 어 문학 작품이 우리말로 직접 번역된 것은 없었다. ‖ ‘bargain sale’은 ‘싸게 팔기’나 ‘할인 판매’라고 번역되어야 옳다.
- 외국어 원서를 국어로 번역하다/ 시를 외국어로 번역하는 일은 쉽지 않다. ‖ 우리는 이데아를 흔히 이상 또는 이념이라고 번역한다.

좀 더 구체적으로 번역이 무엇인지 알아보자. 우선 필자는 번역의 정의를 다음과 같이 밝힌 적이 있다.

한국어 ‘번역’이란 말의 대응어는 영어의 ‘translation’이다. *Random House Dictionary of the English Language*(1987)에 따르면 이 단어의 어원은 라틴어 ‘translatio’이다. 그 뜻은 ‘move from one place or condition to another’이다. ‘한 지점이나 상태에서 다른 지점이나 상태로 옮기다’라는 뜻이다. 이 사전은 여러 가지 뜻을 수록하고 있다. 첫째, 한 언어에서 다른 언어로 바꾸는 행위이며 둘째, 그러한 행위의 결과물이다. 그리고 수학과 유전학에서 사용하는 기술적인 뜻이 더 있다. 앞의 둘은 인문학에서 사용하는 번역의 두 가지 뜻이다.13)

그리고 좀 더 나아가 영한번역과 한영번역에 대하여 다음과 같이 정리하였다. 번역이란 등가를 매개로 본래 언어로 쓰인 원천어 텍스트를 읽을 언어로 쓰인 목표어 텍스트로 바꾸는 작업이며, 원천어 텍스트(Source Text)를 충분히 이해하고 분석한 후 전환과정을 거쳐 목표어 텍스트(Target Text)로 표현해내는 작업이라고 정의하였다.

영한번역이란 영어 텍스트를 등가(equivalence)의 한국어 텍스트로 바꾸는 것이다. 영어는 원[천]어(source language: SL)가 되고 한국어는 목표어(target language: TL)가 된다. 이를 출발과 도착이라는 개념을 적용하면 영어는 출발어이고 한국어는 도착어가 된다. 따라서 영한번역 행위는 영어 텍스트를 충분히 이해하여 한국어 텍스트로 표현하는 것이다. 따라서 영어를 이해하는 능력과 한국어로 표현하는 능력이 필요하다. 일반적으로 한국내 기업과 조직 또는 학교에서 필요로 하는 능력은 영어 텍스트를 이해하고 한국어로 표현하는 능력과 함께 한국어 텍스트를 이해하고 영어로 표현하는 능력이다. 전자가 영한번역이고 후자가 한영번역이다. 물론 외국계 회사에서는 영어이해 능력과 영어표현 능력이 필요할 것이다. 그러나 이는 극히 소수의 한국인에게 국한되는 일이다. 대부분의 한국인 영어학습자는 영한번역 능력이 필수조건이고 한영번역 능력이 충분조건이 된다.14)

이향(2008, 10)은 '번역'은 '통역'을 포함할 수 있는지 여부와 번역의 세 가지 종류를 언어관점에서 다룬다. 즉 통역은 번역 안에 포함될 수도 있는 개념이며, 번역의 종류에는 언어내적 번역, 언어

간 번역, 기호간 번역이 있다는 것이다. 우리가 생각하는 번역은 이 셋 중에서 두 번째 언어 간 번역이다.

　한국어에서와는 달리 영어에서의 'translation'은 종종 우리가 '통역'이라 부르는 것까지도 포함하고 있어서 'translator'는 상황에 따라서 통역사와 번역사를 모두 포괄하는 것으로 보인다. 그렇다면 한국어에서의 '번역' 역시 통역을 포함하는 확장된 개념으로 인식해야 하는 것일까? 왜 우리는 통역과 번역을 그토록 엄격히 구분하고 있는 반면, 서구의 'translator'라는 말은 통·번역사를 모두 아우르는 것일까? 그렇다면 'translation'은 '번역'이 아닌 '통번역'으로 옮겨져야 하는 것은 아닐까?

　위의 예문들을 토대로 우리는 번역의 종류를 크게 언어 내적 번역, 언어 간 번역, 기호 간 번역 등 세 가지로 나누어 볼 수 있겠다. 언어 내적 번역은 동일한 언어체계 내에서 같은 말을 다른 언어기호로 해석하는 것을 말하며, 언어 간 번역은 특정 언어로 쓰인 텍스트를 다른 언어로 옮기는 것이다. 마지막으로 기호 간 번역은 언어기호를 비언어적 기호체계로 바꾸는 것으로 위에서 예로 든 것처럼 악보를 점자로, 혹은 일반 문서를 수화로 바꾸는 작업 등이 여기에 해당된다.15)

번역의 종류에서 첫 번째 종류인 '언어 내적 번역'은 동일 언어 내에서 일어나는 번역을 말하는데, 예를 들면 『홍길동전』이나 『춘향전』이 한국어로 되어있지만 이것이 옛글이라서 현대어로 바꾼다면 이것도 '번역'이다. 또한 어른들의 글이 난해하여 어린이를 위한 글로 바꾸어 쓰는 것도 '번역'이 된다. 다음에서는 15세기에 작성된 『훈민정음』 '서문'을 20세기 번역으로 소개한다. 소리 내어 읽어보면서 현대한국어의 의미와 리듬이 살아있는 지를 보고 좋은 번역인지 아닌 지가 정해질 수 있을 것이다. 20세기에 들어오면서 현대역으로 번역한 훈민정음 서문은 부분적으로는 조금씩 차이가 있다 하더라도 크게 다르지 않다. 여기서는 교과서 번역안와 김슬옹의 번역안을 제시한다.16)

교과서 번역	김슬옹 안
우리나라 말이 중국과 달라 한자와는 서로 통하지 아니하여서 이런 까닭으로 어리석은 백성이 말하고자 하는 바가 있어도 마침내 제 뜻을 펴지 못하는 사람이 많다. 내가 이것을 가엾게 생각하여 새로 스물여덟 글자를 만드니, 모든 사람들로 하여금 쉽게 익혀서 날마다 쓰는 데 편하게 하고자 할 따름이다.	우리나라 말이 중국과 달라 한자와는 서로 통하지 않으므로 어리석은 백성이 말하고자 하는 바가 있어도 끝내 제 뜻을 펴지 못하는 사람이 많으니라. 내가 이것을 가엾게 여겨 새로 스물여덟 글자를 만드니, 모든 사람들로 하여금 쉽게 익혀서 날마다 쓰는 데 편하게 하고자 할 따름이니라.

여러분이 두 가지의 번역이 갖는 공통점과 차이점을 비교해본 다면, '언어 내적 번역'의 또 다른 묘미를 느낄 것이다. 영어를 공부하는 여러분을 위하여 위 내용을 영어로 번역하여 외국인에게 소개해 본다면 여러분은 '언어 간 번역' 작업을 하는 것이다. 이에 대한 손호민의 한영번역의 결과물을 하나 소개한다. 읽고 난 후, 왜 좋은 번역인지? 왜 미흡한지? 오류나 오역은 없는지 토론해 보길 바란다.

The speech sounds of Korea are distinct from those of China
and thus are not communicable with Chinese characters.
Hence, many people having something to put into words
are unable to express their feelings.
To overcome such distressing circumstances,
I have newly devised twenty-eight letters
that everyone can learn with ease
and use with convenience in daily life.[17)]

지금까지 번역이 무엇인지를 원론적으로 이야기하였다. 이제부
터는 번역의 세부분야, 번역의 역사, 번역의 용도 등에 관하여 설명
하고자 한다. 그동안 번역이 주로 지식인들 특히 문학인들을 중심
으로 발전해 온 것이 사실이나, 요즈음에는 아주 다양한 세부분야
로 확대되어 실무와 현장과 번역이 접목되고 있다. 번역의 세부분
야는 1) 문학번역 2) 경제-경영분야 번역 3) 산업기술번역 등이다.

번역의 역사는 매우 오래된 것으로 보인다. 성경의 '바벨탑'의
이야기는 언어와 소통의 문제를 다루고 있는데 인간의 교만에 대
한 신의 징벌이 있기 전까지는 여러 민족 간에 의사소통이 잘되고

있었다고 추정해 볼 수 있다. 아주 오래 전부터 번역과 통역은 이미 발달해 있었다고 추정해 볼 수 있다. 이향(『번역이란 무엇인가』, 살림출판사, 2008, 13.)은 번역의 역사에 대하여 번역은 "태곳적부터 존재해 왔으며 지구상에서 가장 오래된 직업 중 하나라고 한다. 이집트 고 왕국 시대에도 번역이 존재했다는 사실을 토대로 판단해 보면, 인류가 서로 다른 문자를 사용하기 시작한 그 순간부터 어떤 형식으로든 번역이 존재해 왔을 것이라고 추정하는 것이 크게 틀리지는 않아 보인다."라고 주장하여 번역과 통역의 역사는 인간이 말하기 시작한 때로 거슬러 올라갈 수 있다.

번역의 정의와 역사에 이어서 생각해보아야 할 점은 '번역은 가능한가?'라는 논쟁이다. 번역 가능성을 주장하는 학자들은 '어떤 종류의 의미가 한 언어에서 다른 언어로 급격한 변화를 겪지 않고 전이될 수 있다'라는 생각을 한다. 반면에 훔볼트와 같은 '번역 불가능성'을 주장하는 학자들은 서로 다른 언어는 서로 다른 사고방식을 구현하고 있기 때문에 두 언어는 본질적으로 다를 수밖에 없고, 다른 두 언어 간의 커뮤니케이션을 시도하는 번역은 처음부터 불가능한 과제를 풀어나가려는 시도'라고 주장한다. 최근에는 이 둘을 절충하여 '상대적 번역가능성(relative translatability)'을 제시하는데 '모든 언어가 독특한 개별성을 갖고 있다는 사실을 인정하면서도 의미와 표현 간의 중재를 통해 텍스트를 번역하는 것은 가능하다'는 입장을 견지한다. '출발어의 표현이 의도하는 바에 자신이 이해한 총체적 의미를 도착어로 표현함'으로써 번역은 가능하다는 것이다.

용도 면에서 번역을 보자면, 번역은 영어학습의 4기능(four skills)

의 종합능력 향상 방법이며 모국어와 외국어능력을 동시에 향상시킬 수 있는 방법이다. 또한 가장 단시간에 영어 독해능력을 테스트할 수 있는 평가방법이기도 하다. 그리하여 대학 수업에서도 무난한 평가방법으로 가장 많이 사용되고 있다. 외국어학습자가 상당히 상급자라 할지라도 한 가지 피할 수 없는 일은 1차적으로 모국어로 생각하고 2차적으로 영어로 생각한 후 3차적으로 영어로 말하게 된다는 사실이다. 즉 번역능력은 곧 영어의 기본능력임을 알 수 있다. 다음 그림은 외국어 학습자가 영어로 말하는 과정(speech process)을 보여주고 있다.

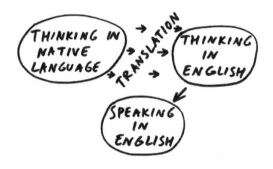

1.5.4 번역학이란 무엇인가?

영어 4기능학습에서 출발하여 영어번역에 대한 체계적 논의를 하다보면, 자연스럽게 '번역학'이란 무엇인가 하는 논의로 옮겨가게 된다. 호주의 성경번역학자인 그래엄 오그덴(Graham Ogden)은 「번역가를 위한 교과과정」(A Curriculum For Translators)이라는 글에서 번역이란 무엇인지를 논하였다. 이 논의는 매우 간략하면서도 매우 유

용해 보인다. 번역의 불가능성만을 주장하기 보다는 번역을 의사
소통이라고 보고 문화와 언어장벽을 뛰어넘어서 정보와 아이디어
를 이전하는 작업에 번역가는 전념해야 한다는 것이다.

어떤 이들의 주장대로 언어와 문화의 차이를 생각한다면
번역은 불가능한 과업이다. 그러나 번역은 여러 모든 상황 하
에서 일상적으로 일어나고 있다. 번역이란 하나의 의사소통
연습으로 생각해볼 수 있다. 거칠게 이야기해서, 번역이란 서
로를 갈라놓고 있는 문화와 언어의 장벽을 넘어 이곳에서 저
곳으로 정보와 아이디어를 이전하는 것이다. 이러한 의사소
통의 성공여부는 그 간극을 메꾸려는 번역가의 기술에 달려
있다.

There are those who would argue that, given the differences
between languages and the cultures they reflect, translation is
ultimately an impossible task. Nevertheless, translation is taking
place every day under all kinds of different circumstances.
Translation can be thought of as an exercise in communication.
Crudely put, it is the transfer of information or ideas from one to
another across the barriers of culture and language that divide
them. The degree of success of that communication will vary with
the skill of the translator in bridging that gap. [18)]

그는 이어서 좋은 번역가는 완전한 상응은 달성하기 힘들지라
도 원천어 텍스트를 목표어 텍스트로 최대한 의미 손실 없이 번역
해야 한다고 주장하였다.

좋은 번역가는 원천어(Source Language)에 담겨있는 원 생각
을 가능한 한 손실되지 않도록 하면서 목표어(Target Language)
또는 수용어(Receptor Language)에 의미있게 표현할 수 있어야 한
다. 두 텍스트가 반영하는 언어와 문화는 독특하므로 두 언어
사이에 온전하거나 완전한 상응은 불가능하다.

The good translator is able to take the thought resident in the
Source Language (SL) and express it meaningfully in the Target
or Receptor Language (TL or RL) such that as little as possible of
the original is lost. Since languages and the cultures they reflect
are unique, there is never a total or complete correspondence
between one language and another.[19]

어렴풋하게라도 번역이 무엇인지를 알고 나면 번역은 어떠한
과정을 통하여 이루어지는지 궁금할 것이다. 번역학에서 말하는
번역의 과정(the process of translation)을 이해하는 것은 차후 번역이
론학습이나 실제 번역작업에서 매우 유용한 지식이 될 터인데 저
명한 성경번역학자인 유진 나이다(Eugene A. Nida)의 번역과정 개
념을 도표로 표시하면 다음과 같다.

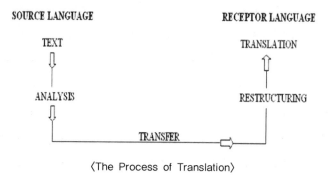

〈The Process of Translation〉

영어로 된 글을 한국어로 번역하는 경우, 영어는 원천어(source language; SL)이고 그 글은 원천어 텍스트(source text; ST)이다. 분석(analysis)과 전이(transfer)를 거쳐 한국어의 문장으로 재구조화(restructuring)하면 번역문(translation)이 탄생한다. 이 때 한국어는 수용언어(receptor language) 또는 목표어(target language)가 된다. 이 과정에서 분석은 원천어 텍스트에 대한 이해과정이며, 재구조화는 한국어 텍스트로의 표현과정이라고 할 수 있다. 전체과정의 중간에 있는 전이(transfer)는 일반적으로 등가(등가; equivalence)라는 개념을 활용하게 된다. 등가의 개념정의는 학자마다 약간 다르지만, 대표적인 성경 번역학자이자 번역이론가로 널리 알려진 유진 나이다는『번역의 이론과 실제』(The Theory and Practice of Translation, 1969, 12.)에서 "번역이란 첫째 의미상으로, 둘째 문체상으로 원어 메시지를 번역어로 가장 가깝고 자연스러운 등가로 재생산해내는 것이다."라고 번역을 정의하였다. 번역학에서 가장 중요한 개념이 '등가'(等價; equivalence)이다. 현대 번역학은 '등가' 개념을 중심으로 '번역학'(translation studies)이라는 이름으로 발전하고 있다고 볼 수 있다.

박진혜(2006)에 따르면, 나이다는 "화용론적 입장에서 '수용자의 반응'에 초점을 두고 등가를 크게 '형식적 등가(formal equivalence)'와 '역동적 등가(dynamic equivalence)'로 나누었으며, 전자는 메시지 자체의 형식과 내용을 중시하여 문체와 글의 구조를 그대로 유지하는 반면, 후자는 번역이 커뮤니케이션 행위라는 사실에 근거해 탈언어화의 과정을 거쳐 메시지와 의미를 전달하는 것이라고 설명하였다. Nida는 성경 구절 중 'lamb of God'을 인용하여, 이를 에스키모어로 번역할 때 에스키모인에게 아무 의미도 없는 lamb 대신

순수함을 뜻하는 lamb과 동등한 의미의 seal을 사용하는 것이 역동적 등가라 설명하였다.

결론적으로 나이다는 번역자가 동일성이 아니라 등가를 추구해야 하며, 이때 등가는 언어의 정보전달 기능, 표현적 기능, 행위 유발 기능을 중심으로 번역물의 수용자와 원문의 수용자가 동등한 정도의 정보, 느낌, 행위 유발 효과를 지니도록 하는 것이라고 하였다. 또한, 역동적 등가를 추구하는 번역은 출발어의 메시지와 가장 근접하면서도 자연스러워야 한다고 말하였는데, 이때 '출발어 메시지에 근접하다'는 것은 출발어 지향적임을, '자연스럽다'는 것은 도착어 지향적임을 나타낸다. '자연스러움'은 다음의 세 가지 영역에서 적용할 수 있다. 첫째, 도착어 언어와 문화에 적합해야 한다. 둘째, 특정 메시지의 맥락에 적합해야 한다. 셋째, 도착어의 수용자 층에 적합해야 한다.[20]

1.5.5 이론적 번역과정과 실제 번역단계의 이해

손태수의 「한국어의 영어번역 과정 및 분석」에 따르면 번역의 과정을 원천어 텍스트→ 분석→ 전이→ 재구성 [재구조화] →수용언어[목표어] 텍스트 생성의 과정으로 설명할 수 있다.[21]

1) 분석(analysis)의 단계

번역의 첫 과정은 원어의 내용을 분석, 파악해서 문맥을 잡는 단계이다. 번역가는 무엇보다도 원어 내용을 올바로 파악해야 한다. 원어에 대한 분석이 제대로 되지 않을 경우, 원어가 의미하는 바를 제대로 파악하지 못한 채 번역이 이루어진다. 그렇게 되면 번역문의 내용과 표현이 원어의 뜻과 달라질 수 있으며 심지어 오역이라는 과오를 범하게 된다. 따라서 번역가가 원어의 사상과 의미를 충분히 파악해서 완전히 자신의 것으로 이해하지 않고서 진정한 의미의 번역을 하는 것은 불가능하다.

2) 전이(Transfer)의 단계

분석된 원어의 구문 및 의미를 파악하고 나서 이 내용을 목표어의 심층구조 속으로 옮겨가서 축조하는 과정을 전이라고 한다. 원어 분석에서 원어 본래의 의미와는 다른 분석이 나올 수 있듯이, 전이 과정에서도 본래의 의미가 왜곡될 수도 있으므로 주의를 요한다. 실제로 번역은 표면구조와 심층구조의 사이에 있는 어떠한 제3의 차원에서 이루어진다. 이 전이 과정에서 바로 언어적인 특성과 문화적인 특성에 가장 주의해야 한다.

직역은 번역에 관련된 두 언어가 구조적으로 메타 언어적으로 평행을 이룰 경우에 해당하며 이것은 다시 (1) 차용, (2) 모사, (3) 축자역으로 구분된다.

(1) 차용은 원어를 그대로 빌려 쓰는 경우인데, 문체의 효과를 내기 위하여 사용된다.

(2) 모사는 특별한 종류의 차용으로 외국어에서 통사체를 빌려오나 그것을 구성하는 요소를 그대로 번역하는 방식이다. (3) 축자역은 원어를 역어로 옮길 때 원어의 언어구조에 특별한 변화를 주지 않고 정확하게 관용적인 역어 텍스트에 도달하

게 하는 경우이다. [의역)은 번역에 관련된 두 언어가 구조적으로 메타 언어적으로 차이가 날 때 우회하여 번역하는 방식이다. 이것은 다시 (1) 전환, (2) 변조, (3) 등가, (4) 번안으로 나뉜다.

3) 재구성(Restructuring)의 단계

재구성은 전이된 내용을 목표어로 표현하는 과정인데, 그 과정은 창작과 같으면서도 의미상의 제약 때문에 순수한 창작과는 다르다. 번역은 기본적으로 원어의 내용과 형식에 충실해야 하기 때문에 여러 가지 제약이 따르기 때문이다. 재구성 단계에서는 원어가 의미하는 내용을 마지막으로 다시 한 번 완전히 이해해야 한다. 원어의 내용과 의도를 이 단계에서 완전히 파악하지 못하면 내용적으로 그리고 의미적으로 전혀 다른 방향으로 번역될 수 있기 때문이다. 이러한 재구성 단계에서는 앞서 설명되어진 원어 분석, 전이의 단계를 거쳐서 만들어진 문장에 번역가가 실제적으로 필요한 만큼의 수정을 가하는 과정을 포함하고 있다.

재구성은 번역가의 재량 및 자질이 가장 많이 요구하는 단계이다. 번역가는 원어와 목표어에 대한 언어의 지식과 언어 외적인 지식, 즉 문화적 이해를 통해 원어가 뜻하는 바를 목표어에 가장 정확하고 가깝게 재구성해야 한다.

■ 가장 단순한 번역(음역; 音譯): 외래어표기법과 로마자표기법

① chocolate: _____

② cassette tape: _____

③ sponge cake: _____

④ 울산광역시 남구 대학로 93: _____

_____

⑤ 울산대학교 인문대학: _____

_____

⑥ 영어영문학과 김말똥: _____

_____

⑦ 장생포 고래박물관: _____

⑧ 간절곶 해맞이: _____

⑨ (경성) 광혜원: _____

⑩ 울산대공원: _____

⑪ *The Scarlet Letter*: _____

⑫ ○○ Catholic University: _____

⑬ Dutch Coffee: _____

⑭ ×× English Academy: _____

연습

+ apple → 사과

+ father → 아버지-아버님-아빠?

+ love (to) → 사랑(하다), 좋아하다

+ whistle-blower → 휘슬 부는자, 내부 고발자

+ 호랑이도 제 말하면 온다. → Speak of the devil and he shall appear.

〈참고자료 1〉 생물학 및 줄기세포 연구에서 번역이란?

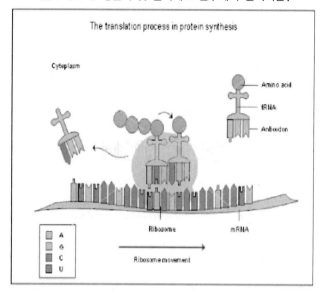

〈참고자료 2〉 실무 번역의 과정

1) http://www.yonhapnews.co.kr/bulletin/2014/01/28/0200000000AKR20140128178800005.H
TM L?from=search

2) 그로스먼, 이디스. 『번역 예찬』. 공진호 옮김. 서울: 현암사, 2014, 20.

3) http://www.commonsenseadvisory.com/Default.aspx?Contenttype=ArticleDet&tabID=64&
moduleI d_=392&Aid=5504&PR=PR

4) http://magazine.hankyung.com/business/apps/news?popup=0&nid=01&c1=1001&nkey=2011042700
8_04000211&mode=sub_view

5) 대한출판문화협회. 「2012년도 출판 통계」. 2012.

6) http://news.naver.com/main/read.nhn?mode=LSD&mid=sec&sid1=103&oid=086&aid=0002
095128

7) 이향. 『번역이란 무엇인가』. 파주: 살림, 2008, 18.

8) http://www.yonhapnews.co.kr/bulletin/2013/06/24/0200000000AKR20130624181100005.H
T ML?from=search

9) http://www.etymonline.com/

10) 한규만. 『영한번역의 이론과 실제』. 울산: 울산대출판부, 2011, 15-16.

11) 한규만. 『영한번역의 이론과 실제』. 울산: 울산대출판부, 2011, 15-16.

12) http://upsisa.ybmsisa.com/si/exam_ybmsisa_com/newsletter/pdffile/58_sub2.pdf

13) 한규만. 『영한번역의 이론과 실제』. 울산: 울산대출판부, 2011, 17.

14) 한규만. 『영한번역의 이론과 실제』. 울산: 울산대출판부, 2011, 17-18.

15) 이향. 『번역이란 무엇인가』. 파주: 살림, 2008, 10.

16) 김슬옹. 「訓民正音 세종 '서문'의 현대 번역 비교와 공역 시안」. 『한국어 의미학』25호, (2008): 22.

17) Sohn, Homin. The Korean Language. Cambridge: CUP, 1999, 130.

18) Ogden, Graham. 『성경원문연구』. 제12호 (2003): 283.

19) Ogden, Graham. 『성경원문연구』. 제12호 (2003): 283.

20) 박진혜. 「문화 상이성과 등가 이론의 적용: 시트콤 「못말리는 유모(The Nanny)」를 중
심으로」. 부산외국어대학교 통역번역대학원, 2006, 11-12.

21) 손태수. 「한국어의 영어번역 과정 및 분석」. 성균관대학교 교육대학원, 2004, 20-23.

2장. 번역작업의 시작

원천어 텍스트가 영어로 작성되어있든지 아니면 한국어로 작성되어 있든지 간에, 텍스트에 나오는 인명, 지명 등 고유명사를 목표어 텍스트로 바꾸는 작업이 이루어져야 한다. 이럴 때 활용하는 것이 외래어표기법과 로마자표기법이다. 전자는 영어를 포함한 모든 외국어의 소리를 한국어로 표기하는 것이며, 후자는 한국의 고유명사와 문화어의 소리를 외국인이 소리내어 읽을 수 있도록 표기해 주는 방법이다. 또한 번역가는 텍스트를 읽고 나서 첫 반응으로 모르는 단어에 대하여 사전 찾는 일부터 시작할 것이다. 이 때, 사전에 나오는 의미들의 구조를 이해하면 훨씬 빠르고 정확하게 어휘의 의미에 접근할 수 있을 것이다.

2.1 외래어 표기법과 로마자표기법

2.1.1 번역 첫 작업: 외래어표기법과 로마자표기법의 근거

외래어표기법과 로마자표기법이 번역행위인지에 대하여 논란이 있으나, 필자는 김정우의 주장을 지지하는 관점에 선다. 김정우

(2008, 68)는 "외래어 표기법과 로마자 표기법은 거시적 관점에서 보면 한국어의 네 가지 어문 규범에 속하지만, 미시적으로 보면 번역 과정(또는 결과)과 관련된 특수한 표기 규범에 속한다고 말할 수 있다."[1]는 주장을 편다. 번역작업을 실제 경험해본 사람이라면, 현실적으로 매우 수긍이 가는 이야기임을 인정하게 된다. 번역작업을 하다보면 외국 인명과 지명 그리고 한국 인명과 지명을 수없이 만나게 된다. 표기법 작업은 번역작업에서 가장먼저 해결해야 하는 기초 작업 중의 하나이다.

김정우는 "미시적 관점에서 국어의 '로마자 표기법'을 번역의 과정 내지 결과로 본다면, 이 경우의 번역은 한국어의 단어(발음, 구어)를 원천언어로 하고 로마자로 표기된 형태(철자, 문어)를 목표 언어로 하는 음성 번역[phonetic translation]으로 간주"될 수 있음을 주장하였다. 예를 들어 'Gyeongsangnam‑do(경상남도)'로 표기하는 로마자표기법은 "로마자를 빌린 우리말의 번역"이라는 주장이다. 필자 역시 공감하는 부분으로서 번역을 배우는 학생들에게 교과 과정을 운영할 때, 번역수업의 시작을 외래어표기법과 로마자표기법으로부터 시작한다. 대개 고유명사의 표기를 이야기하면서 번역의 기본 원리를 말하게 된다.[2]

김정우는 외래어 표기법과 로마자 표기법의 공통점과 차이점을 다음과 같이 정리하였다. 번역초보자에게 약간 까다로운 면이 없지 않지만, 두 표기법이 일종의 번역행위이며 그 공통점과 차이점을 알게 되면 수많은 영어 및 번역의 비평에 대처할 수 있을 것이다.

첫째, 양자는 두 언어의 접촉 현상이 관련되어 있다는 공통점을 가지며, 따라서 일종의 번역 현상이 개입되어 있다. 그러나 외래어 표기법은 번역의 결과(외래어)에 대한 문자화 규칙 체계인 반면, 로마자 표기법은 그 자체가 한국어(구어)의 로마자 번역(문어) 과정이자 결과이다.

둘째, 양자에 개입된 번역 현상은 모든 번역이 그렇듯이 목표언어권에서의 의사소통 수행이라는 일정한 목표를 갖는다. 이러한 목표를 고려할 때, 외래어표기법은 표기자(한국어 화자)와 독해자(한국어 화자)가 동일하지만, 로마자 표기법은 표기자(한국어 화자)와 독해자(외국어 화자)가 상이하다.

셋째, 두 표기법의 일반적인 표기 대상은 인명과 지명 등의 고유명사이다. 이들 단어는 의미 번역이 불가능하기 때문이다. 이때, 이름 속에 포함된 일반의미 정보를 화용적 명시화 기법으로 부기해주면 의사소통의 효율성을 높일 수 있다.

넷째, 두 표기법은 모두 한국어 어문규범의 하위 집합이다. 외래어 표기법은 한글 맞춤법의 하위 규범이면서 표준어 규정의 표준어 사정 원칙과 밀접한 관련을 맺고 있는 반면, 국어의 로마자 표기법은 오직 표준어 규정 중의 표준발음법과만 밀접한 관련을 맺고 있다.[3]

글로벌 사회에서는 문물이 빈번하게 교류되는데 많은 외국어가 국경을 넘어 교환된다. 외국문물이 한국에 들어오기도 하고 한국문물이 외국으로 나가기도 한다. 그 예는 수없이 많다. '컴퓨터, 피아노, 스마트폰, 텔레비전, 커피메이커' 등 생활용품 관련 어휘들과 '피자, 스낵, 초콜릿, 캔디' 등 식품류 관련 어휘들이 외국으로부터 쏟아져 들어오고 있다. 또한 한국의 문물이 외국으로 나갈 때에 외국인을 위하여, 음식명을 'Bulgogi, Bibimbap, Kimchi' 등으로 표기하여야 하고, 한국의 도시들을 외국에 소개하기 위하여, 'Gyeongju, Gwangju, Ulsan, Asan' 등으로 표기하고 있다. 이러한 문물들은 의미로 번역을 시도하거나, 대개 그 나라의 소리를 본 따 차용하여 쓰게 된다. 외국에서 한국으로 들어오는 문물의 표기방법이 '외래어표기법'이며, 한국에서 외국으로 나가는 문물의 표기방법이 '로마자표기법'이다. 그런데 주목할 것은 이 두 가지 표기법을 소리를 차용하여 쓰는 소리번역 또는 음역차용(音譯借用)이라고 할 수 있다.

구인환(2006)은 외래어 수용과정과 관련하여 "원어의 어형을 그대로 받아들이는 음역차용과 그 외국어의 의미를 자국어로 번역해 받아들이는 번역차용"4)이 있다고 설명하고 있다. 예를 들어 'relay'를 '릴레이'로 받아들인다면 음역차용이 되는 셈이고, '이어달리기'로 번역하여 받아들이면 번역차용이 되는 것이다. 이와 같은 예는 얼마든지 가능하다. 'Good morning!'의 음역차용은 '굿모닝!'이며, '좋은 아침!'이나 '안녕하세요?'는 직역과 의역이 된다.

연습 1
_____

'center'의 음역차용은?

_____

'center'의 의미번역은?

_____

'Coca Cola'의 음역차용은?＿＿＿＿＿코카콜라? 코커코라?
커코커러?

'Coca Cola'의 의미번역은?＿＿＿＿＿口渴口辣? 可口可樂?

● 음식 이름으로 흔히 마주치는 다음 10개 외래어를 한글로 바르게
표기해보시오.

① biscuit ＿＿＿＿＿＿＿＿＿＿＿＿＿＿＿＿＿＿

② chocolate ＿＿＿＿＿＿＿＿＿＿＿＿＿＿＿＿

③ coffee ＿＿＿＿＿＿＿＿＿＿＿＿＿＿＿＿＿＿

④ cake ＿＿＿＿＿＿＿＿＿＿＿＿＿＿＿＿＿＿＿

⑤ sausage ＿＿＿＿＿＿＿＿＿＿＿＿＿＿＿＿＿

⑥ mayonnaise ＿＿＿＿＿＿＿＿＿＿＿＿＿＿

⑦ buffet ＿＿＿＿＿＿＿＿＿＿＿＿＿＿＿＿＿＿

⑧ snack ＿＿＿＿＿＿＿＿＿＿＿＿＿＿＿＿＿＿

⑨ juice ＿＿＿＿＿＿＿＿＿＿＿＿＿＿＿＿＿＿

'한국'의 의미번역어는?＿＿＿＿＿＿＿＿＿＿＿＿

'한국'의 로마자표기는?＿＿＿＿＿＿＿＿＿＿＿＿

'부산'의 로마자 표기는?＿＿＿＿Pusan? Busan?＿＿＿＿

'제주'의 로마자 표기는?_____Cheju? Jeju? _____

연습 5

'불고기'의 로마자 표기는?_____

'불고기'의 의미번역은?_____

'비빔밥'의 로마자 표기는?_____

'비빔밥'의 의미번역은?_____

'김치'의 로마자 표기는?_____Kimchi? Gimchi? _____

'김치'의 의미번역은?_____

■ 中진출땐 브랜드 네이밍이 관건 <한국경제>

'코커코라(口渴口辣)와 커코커러(可口可樂)의 차이는 뭘까' LG경제연구원은 15일 중국에 진출한 다국적 기업 중 기발한 브랜드 네이밍 덕을 톡톡히 본 코카콜라를 소개하며 국내 기업들도 중국의 특수성을 감안한 대중국 브랜드 전략을 실행해야 한다고 촉구했다. 중국에서 브랜드 네이밍의 가장 성공적인 사례로 꼽히는 '커코커러(可口可樂)'는 중국어 발음이 실제 브랜드(Coca-Cola)와 매우 비슷할 뿐 아니라 한자를 번역했을 때의 뜻(입맛에 맞아서 마시면 즐겁다)도 제품과 잘 어울려 큰 히트를 쳤다는 것. 배영준 LG경제연구원 연구위원은 "코카콜라가 처음 중국에 입성했을 당시의 브랜드는 '코커코라(口渴口辣)'로 '목이 마르고 목이 맵다'는 뜻 때문에 소비자들에게 오히려 부정적인 이미지만 심어줬다"고 지적했다. 배 연구위원은 "E마트(易買得·쉽게 사고 이득을 얻는다)나 까르푸(家樂富·가정이 즐겁고 부유해진다)처럼 국내 기업들도 중국어가 표의문자라는 점을 감안해 브랜드를 번역할 때 언어학적 차원에서 세

밀히 검토할 필요가 있다"고 조언했다.5)

■ 네이밍과 마케팅 관련 논문

- 「브랜드 네이밍 전략에 관한 연구: 서비스, 제품 업체의 네이밍 실제공모를 중심으로」. 신윤천. 경희대학교 경영대학원, 2001.
- 「브랜드네이밍 확장의 방향설정과 관리구축에 관한 연구」. 임채형. 『일러스트레이션 포럼』 Vol. 32; 2012.
- 「중국에 진출한 외국기업의 중국어 브랜드 네이밍에 관한 연구: 글로벌기업과 한국기업의 사례를 중심으로」. 뢰홍정. 고려대학교, 2008년.
- 「중국 진출 외국기업의 브랜드 네이밍 전략에 관한 연구」. 호패력. 원광대학교 일반대학원, 2011.

이상의 '외래어 표기법'과 '로마자표기법'을 관장하는 국가조직이 있는데, 우리나라 <국립국어원>(http://www.korean.go.kr/)이다. <국립국어원>은 상기 두 표기법과 함께 '한글맞춤법' '표준어규정'을 합하여 4대 어문규정을 책임지고 있다. 외래어표기와 관련하여 지속적인 활동을 하고 있는 <정부 - 언론 외래어 심의 공동위원회>를 가동하고 있고, <국어문화학교> <한국어교원 자격제도> 등을 운영하고 있다. 또한 일반인들의 국어생활종합상담을 위하여 <가나다전화>(1599-9979) 와 <온라인 가나다>6)를 운영하고 있다.

2.1.2 번역의 첫 작업 1: 외래어표기법

외래어는 국어의 음운체계(音韻體系)에 동화된 대로 적는 것이 원칙이다. 외래어와 외국어는 다르다. 외래어는 다른 나라의 말이 우리나라에 들어와 쓰이는 가운데 사회적으로 널리 인정받게 된 말이고 외국어는 글자 그대로 남의 나라 말이기 때문이다. 그와 같이 일단 구별이 된다는 것만은 사실이나 우리가 매일 쓰는 외래어나 외국어를 놓고 볼 때 그 한계를 명백하게 가리기 어려운 측면도 있다. 외래어를 한국 자모(字母:한글)로 표기하는 방법이 국어어문규정에 들어오게 되는데, 이를 '외래어표기법'이라 일컫는다.

외래어를 표기할 때, 국어의 음운구조와 원음과의 관계에 대하여 이응백은 다음과 같이 정의한다.

> 외래어는 국어와 음운체계가 전혀 다른 언어로부터 차용되는 것이므로, 표기가 통일되지 않으면 큰 혼란이 일어날 우려가 있다. 외래어를 표기하는 방법은 이론상 두 가지가 있을 수 있다. ① 국어의 음운구조를 무시하고서라도 되도록 원음에 가깝게 표기하는 방법, ② 원음과는 다소 다르더라도 우리의 음운구조에 동화된 대로 표기하는 것이다. 외래어를 국어의 맞춤법에 규정된 한글자모만으로 표기할 수 있지만, 원음을 충실하게 표기하려면 국어맞춤법에 규정된 한글자모 외에 따로 새 글자를 만들어 써야 할 경우도 있고, 우리의 음운구조를 벗어난 표기를 허용해야 할 경우도 있을 것이다.[7]

국립국어원이 발표한 외래어 표기의 기본원칙은 다음과 같다. 그리고 이응백의 해설을 덧붙인다.

■ **제1장 : 표기의 원칙**
제1항 외래어는 국어의 현용 24 자모만으로 적는다.

제2항 외래어의 1 음운은 원칙적으로 1 기호로 적는다.

제3항 받침에는 'ㄱ,ㄴ,ㄹ,ㅁ,ㅂ,ㅅ,ㅇ' 만을 쓴다.

제4항 파열음 표기에는 된소리를 쓰지 않는 것을 원칙으로 한다.

제5항 이미 굳어진 외래어는 관용을 존중하되, 그 범위와 용례는 따로 정한다.

● 제1항 외래어는 국어의 현용 24자모만으로 적는다.

이 항목은 특별히 시비할 것이 없다. 포괄적이고 원만한 규정이라고 할 수 있다. 그러나 오해의 소지가 있는 면을 지적하자면 현용 24자모라는 것은 한글의 기본 자모 24개 즉 자음 14개와 모음 10개만을 뜻하는 것이 아니라 실제로는 자음 19개, 모음 21개로서 현재 국어 생활에 쓰이는 모든 한글 글자들을 자유롭게 활용할 수 있음을 뜻한다. 그 의미가 분명히 드러나 있다고 보기는 어렵다. 그런 점에서 불만이 있다면 있을 수 있다. 거듭 말하거니와 외래어는 국어 속에 포함되는 들어온 말이므로 어떤 외국어건 이 외래어표기법에 의해 한글로 고쳐 적히는 순간, 그것은 국어 자산에 포함된다.

만일에 어느 외국어의 원음을 좀 더 충실하게 표기하기 위하여 현용 24자모 이외의 글자, 예컨대 15세기에 통용되었던, 'ㅿ, ㅸ' 같은 것을 개발하여 쓰자고 하는 주장을 한다면, 그러한 표기는 이미 현대 한국어임을 포기하는 것이요, 그것은 외국어표기는 될 수 있어도 외래어표기는 될 수 없는 것이다. … 외래어는 또다시 강조하거니와 자연스런 국어 발음 생활의 범위를 벗어 날 수도 없고 벗어나서도 안 되는 국어에 동화되고 순화된 국어이어야 하기 때문이다.

- 제2항, 외래어의 1음운은 원칙적으로 1기호로 적는다.

이 항목도 별로 문제될 것이 없는 규정이다. 그러나 이 규정이 함축하고 있는 의미는 매우 복잡하다. 우선 해당 외국어를 외래어로 포용하는 처음 단계가 그 언어의 음운체계 곧 발음을 대상으로 한다는 것을 천명한다. 우리가 일반적으로 외국어를 접할 때는 그 언어의 문자와 발음을 동시에 접하며, 또 발음은 문자를 통하여 추론해 내는 경우가 많다. 그런데 이 규정은 발음 속에 숨어 있는 음운체계를 대상으로 삼고 있지 그 언어를 표기한 문자를 문제 삼지 않음을 밝히고 있다. 그러므로 이 외래어표기법이 외국어의 원음에 충실하고자 하는 원음주의 표기법임을 이 항목에서 분명히 천명하고 있다.

- 제3항, 받침에는 ㄱㄴㄹㅁㅂㅅㅇ만을 쓴다.

이 항목도 외래어표기법이 국어 음운 규칙에 충실함을 밝히고 있다. 우리 한국어는 단음절(單音節)로 된 낱말이거나, 어떤 낱말의 끝소리 곧 음절말(音節末)에서 발음할 수 있는 자음은 위의 7개 소리뿐이기 때문이다. … 다만 문제가 되는 것이 있다면 'ㅅ'으로 외래어 원어의 [d], [t] 등을 표기한다는 불편함이다. 즉 영어의 'good-bye'와 'hair-cut'을 외래어표기법에 따라 적으면 '굿바이', '헤어컷'이 된다는 점이다. 그러나 '헤어컷'이 우리말 속에서 '헤어커시(헤어컷+이), 헤어커슬(헤어컷+을)'로 발음되는 점을 감안하면 수긍할 수 있는 표기법이다.

- 제4항, 파열음 표기에는 된소리를 쓰지 않는 것을 원칙으로 한다.

이 항목에는 많은 논쟁거리를 감추고 있다. 서양 외국어의 상당수가 파열음에 유성(有聲), 무성(無聲)의 대립을 갖고 있는데 우리 한국어는 유성음이 없고 무성음이 평음(平音: 예사소리), 격음(激音: 거센소리), 경음(硬音: 된소리)의 세 갈래 대립을 갖고 있다. 영어로 예를 들자면 '[g], [k]', '[b], [p]', '[d], [t]'는 한국어의 'ㄱ, ㅋ, ㄲ', 'ㅂ, ㅍ, ㅃ', 'ㄷ, ㅌ, ㄸ'와 대응하고 있다.

따라서 두 개의 자음 음운 'g, k'를 'ㄱ, ㅋ, ㄲ' 셋 중에서 두 개만 선택하여 표기해야 되는데 이때에 만일 된소리를 선택하면 'ㄱ, ㅋ'의 구별이 없어지는 더 큰 혼란이 일어날 수 있다. 또 서양의 각 언어의 파열음이 어떤 것은 거센소리에 가깝고(영어, 독일어) 어떤 것은 된소리에 가까워서(프랑스어, 이탈리아어, 스페인어, 러시아어) 된소리가 지나치게 많이 쓰일 염려가 있다. 그러므로 이 항목에서는 비록 외래어 원음과는 다소 멀어지더라도 평순한 표기 체계를 지향하려 하였다. 이 정도의 제약은 아마도 불가피한 조치일지도 모른다. 그러나 얼마간 보완의 여지를 남겨 놓고 있다는 점은 분명하다. 예컨대 "버스, 달러, 센터" 등의 현실음이 경음으로 통용됨에도 불구하고 표기는 평음으로 되어 있기 때문이다.

- 제5항, 이미 굳어진 외래어는 관용을 존중하되 그 범위와 용례는 따로 정한다.

이 항목이야말로 전통문화와 관습을 존중해야 하는 언어 현실을 감안하여 원칙에서 벗어나는 표기법을 한 묶음으로 처리한 커다란 얼개 규칙이어서 특별히 시비를 걸 수는 없겠다. 가령 나라 이름을 예로 생각해 보면 미국, 영국, 중국, 일본, 독일은 19세기 이래 전통적으로 써오던 한자어 표기의 외래어를 한국 한자음으로 읽는 오랜 전통을 그대로 유지하고 있다. 한편 불란서는 프랑스, 이태리는 이탈리아, 스페인(영어식 발음)은 에스파냐, 화란은 네덜란드로 바뀌었다.

■ 제2장 표기 세칙

제1절 영어 표기

※ 표 1에 따라 적되, 다음 사항에 유의하여 적는다.

● 제1항 무성 파열음 ([p], [t], [k])

1. 짧은 모음 다음의 어말 무성 파열음([p], [t], [k])은 받침으로 적는다.

   gap[gæp] 갭 cat[kæt] 캣 book[buk] 북

2. 짧은 모음과 유음·비음([l], [r], [m], [n]) 이외의 자음 사이에 오는 무성 파열음([p], [t], [k])은 받침으로 적는다.

   apt[æpt] 앱트 setback[setbæk] 셋백 act[ækt] 액트

3. 위 경우 이외의 어말과 자음 앞의 [p], [t], [k]는 '으'를 붙여 적는다.

   stamp[stæmp] 스탬프 cape[keip] 케이프 nest[nest] 네스트 part[pɑːt] 파트 desk[desk] 데스크 make[meik] 메이크 apple[æpl] 애플 mattress[mætris] 매트리스 chipmunk[tʃipmʌŋk] 치프멍크 sickness[siknis] 시크니스

● 제2항 유성 파열음([b], [d], [g])

어말과 모든 자음 앞에 오는 유성 파열음은 '으'를 붙여 적는다.

bulb[bʌlb] 벌브 land[lænd] 랜드 zigzag[zigzæg] 지그재그 lobster[lɔbstə] 로브스터 kidnap[kidnæp] 키드냅 signal[signəl] 시그널

- 제3항 마찰음([s], [z], [f], [v], [θ], [ð], [ʃ], [ʒ])

  1. 어말 또는 자음 앞의 [s], [z], [f], [v], [θ], [ð]는 '으'를 붙여 적는다.

     mask[mɑːsk] 마스크 jazz[dʒæz] 재즈 graph[græf] 그래프 olive[ɔliv] 올리브 thrill[θril] 스릴 bathe[beið] 베이드

  2. 어말의 [ʃ]는 '시'로 적고, 자음 앞의 [ʃ]는 '슈'로, 모음 앞의 [ʃ]는 뒤따르는 모음에 따라 '샤', '섀', '셔', '셰', '쇼', '슈', '시'로 적는다.

     flash[flæʃ] 플래시 shrub[ʃrʌb] 슈러브 shark[ʃɑːk] 샤크 shank[ʃæŋk] 섕크 fashion[fæʃən] 패션 sheriff[ʃerif] 셰리프 shopping[ʃɔpiŋ] 쇼핑 shoe[ʃuː] 슈 shim[ʃim] 심

  3. 어말 또는 자음 앞의 [ʒ]는 '지'로 적고, 모음 앞의 [ʒ]는 'ㅈ'으로 적는다.

     mirage[mirɑːʒ] 미라지 vision[viʒən] 비전

- 제4항 파찰음([ts], [dz], [tʃ], [dʒ]))

  1. 어말 또는 자음 앞의 [ts], [dz]는 '츠', '즈'로 적고, [tʃ], [dʒ]는 '치', '지'로 적는다.

     Keats[kiːts] 키츠 odds[ɔdz] 오즈 switch[switʃ] 스위치 bridge [bridʒ] 브리지 Pittsburgh[pitsbəːg] 피츠버그 hitchhike[hitʃhaik] 히치하이크

  2. 모음 앞의 [tʃ], [dʒ]는 'ㅊ', 'ㅈ'으로 적는다.

     chart[tʃɑːt]] 차트 virgin[vəːdʒin] 버진

- 제5항 비음([m], [n], [ŋ])

1. 어말 또는 자음 앞의 비음은 모두 받침으로 적는다.

    steam[stiːm] 스팀 corn[kɔːn] 콘 ring[riŋ] 링 lamp[læmp] 램
    프 hint[hint] 힌트 ink[iŋk] 잉크

2. 모음과 모음 사이의 [ŋ]은 앞 음절의 받침 'ㅇ'으로 적는다.

    hanging[hæŋiŋ] 행잉 longing[lɔŋiŋ] 롱잉

- 제6항 유음([l])

1. 어말 또는 자음 앞의 [l]은 받침으로 적는다.

    hotel[houtel] 호텔 pulp[pʌlp] 펄프

2. 어중의 [l]이 모음 앞에 오거나, 모음이 따르지 않는 비음
   ([m], [n]) 앞에 올 때에는 'ㄹㄹ'로 적는다. 다만, 비음
   ([m], [n]) 뒤의 [l]은 모음 앞에 오더라도 'ㄹ'로 적는다.

    slide[slaid] 슬라이드 film[film] 필름 helm[helm] 헬름 swoln
    [swouln] 스월른 Hamlet[hæmlit] 햄릿 Henley[henli] 헨리

- 제7항 장모음

장모음의 장음은 따로 표기하지 않는다.

    team[tiːm] 팀 route[ruːt] 루트

- 제8항 중모음(2) ([ai], [au], [ei], [ɔi], [ou], [auə])

중모음은 각 단모음의 음가를 살려서 적되, [ou]는 '오'로,
[auə]는 '아워'로 적는다.

    time[taim] 타임 house[haus] 하우스 skate[skeit] 스케이트
    oil[ɔil] 오일 boat[bout] 보트 tower[tauə] 타워

- 제9항 반모음([w], [j])

  1. [w]는 뒤따르는 모음에 따라 [wə], [wɔ], [wou]는 '워', [w
     ɑ]는 '와', [wæ]는 '왜', [we]는 '웨', [wi]는 '위', [wu]는
     '우'로 적는다.

     word[wəːd] 워드 want[wɔnt] 원트 woe[wou] 워 wander[wɑ
     ndə] 완더 wag[wæg] 왜그 west[west] 웨스트 witch[witʃ]
     위치 wool[wul] 울

  2. 자음 뒤에 [w]가 올 때에는 두 음절로 갈라 적되, [gw],
     [hw], [kw]는 한 음절로 붙여 적는다.

     swing[swiŋ] 스윙 twist[twist] 트위스트 penguin[peŋgwin]
     펭귄 whistle[hwisl] 휘슬 quarter[kwɔːtə] 쿼터

  3. 반모음 [j]는 뒤따르는 모음과 합쳐 '야', '얘', '여', '예',
     '요', '유', '이'로 적는다. 다만, [d], [l], [n] 다음에 [jə]가
     올 때에는 각각 '디어', '리어', '니어'로 적는다.

     yard[jɑːd] 야드 yank[jæŋk] 앵크 yearn[jəːn] 연 yellow
     [jelou] 옐로 yawn[jɔːn] 욘 you[juː] 유 year[jiə] 이어
     Indian[indjən] 인디언 battalion[bətæljən] 버탤리언 union
     [juːnjən] 유니언

- 제10항 복합어(3)

  1. 따로 설 수 있는 말의 합성으로 이루어진 복합어는 그
     것을 구성하고 있는 말이 단독으로 쓰일 때의 표기대로
     적는다.

     cuplike[kʌplaik] 컵라이크 bookend[bukend] 북엔드
     headlight[hedlait] 헤드라이트 touchwood[tʌtʃwud] 터치우
     드 sit-in[sitin] 싯인 bookmaker[bukmeikə] 북메이커
     flashgun[flæʃgʌn] 플래시건 topknot [tɔpnɔt] 톱놋

2. 원어에서 띄어 쓴 말은 띄어 쓴 대로 한글 표기를 하
되, 붙여 쓸 수도 있다.

Los Alamos[lɔs ǽləmous] 로스 앨러모스/로스앨러모스
top class[tɔpklǽs] 톱 클래스/톱클래스

연습

● 흔히 마주치는 다음 40개 외래어가 바르게 표기된 것에 √ 하시오.

biscuit	비스켓	비스킷	
chocolate	초컬릿	초콜릿	
coffee	코피	커피	
cake	케익	케이크	
sausage	소세지	소시지	
mayonnaise	마요네스	마요네즈	
buffet	부페	뷔페	
snack	스넥	스낵	
juice	쥬스	주스	
pizza	핏자	피자	
ketchup	케찹	케첩	
sponge	스폰지	스펀지	
talent	탈랜트	탤런트	
accessory	악세사리	액세서리	
tape	테입	테이프	
air-conditioner	에어콘	에어컨	
robot	로보트	로봇	
escalator	에스칼레이터	에스컬레이터	
television	텔레비젼	텔레비전	

supermarket	슈퍼마켙	슈퍼마켓	
ton	턴	톤	
color	칼라	컬러	
scout	스카웃	스카우트	
pamphlet	팜플렛	팸플릿	
sign	싸인	사인	
New York Times	뉴욕 타임즈	뉴욕 타임스	
Jurassic Park	쥬라기 공원	쥐라기 공원	
English	잉글리쉬	잉글리시	
Catholic	카톨릭	가톨릭	
Highlight	하이라이트	하이라이트	
Indian	인디안	인디언	
union	유니온	유니언	
boat	보우트	보트	
chart	챠트	차트	
Keats	키이츠	키츠	
Poe	포우	포	
cat	캐트	캣	
lobster	랍스터	로브스터	
shank	쌩크	섕크	
family	훼미리	패밀리	

2.1.3 번역의 첫 작업 2: 로마자표기법

우리말과 로마자가 함께 적힌 서울의 도로 표지판은 한국을 찾는 서양인들에게 크나큰 위안이 될 것이다. 다른 나라 사람들을 위해 어떤 특정한 문자를 정해 자기 나라의 고유명사를 표기하는 것은 여러 가지로 편리한 점이 있다. 서구 중심의 국제 현실을 감안할 때, '로마자'를 통해 우리 고유명사를 표기하는 방법은 남을 배려하는 동시에 우리를 알리는 일이다. 우리나라의 로마자 표기는 서양 선교사들에 의해 시작되었다. 그리고 공식적인 표기는 해방 이후부터 시작되었다고 볼 수 있다. 현재의 로마자 표기법은 네 번째 표기법이다. 아직도 이전의 방식으로 표기된 곳이 더러 남아있다. 간단하게 동일한 지명(한국, 전주, 금산)의 변천을 보여주면 다음과 같다.

1) 매큔-라이샤워 안(1939)

   예) Hanguk(한국), Chŏnju(전주), Kŭmsan(금산)

2) 한글을 로마자로 적는 법(1948. 문교부 고시)

   예) Han-guk(한국), Chŏnju(전주), Kŭmsan(금산)

3) 한글의 로마자 표기법(1959. 문교부 고시)

   예) Han-gug(한국), Jeonju(전주), Geumsan(금산)

4) 국어의 로마자 표기법(1984. 문교부 고시)

   예) Han-guk(한국), Chŏnju(전주), Kŭmsan(금산)

5) 국어의 로마자 표기법(2000. 개정안. 문화관광부)

   예) Han-guk(한국), Jeonju(전주), Geumsan(금산)

로마자표기법의 변천에서 중요한 것은 '전사법'(轉寫法, transcription)과 '전자법'(轉字法, transliteration)의 차이이다. 전사법은 단어의 발음을 기준으로 하는 것이며 전자법은 글자를 바탕으로 하는 표기법이다. 물론 실제는 두 가지가 섞여있는데 다만 전사법이 더 우선하는 원칙으로 정해졌다. 1948년 문교부에서는 〈한글을 로마자로 적는 법〉을 제정·고시하였는데, 이것이 최초의 정부안이었다. 여기에 대해 1959년의 안은 우리말 철자에 로마자를 배당하는 전자법을 채택했다는 특성을 가지고 있는데, 이 안은 〈한글의 로마자 표기법〉으로 제정·고시되었다. 여기에 1984년의 〈국어의 로마자 표기법〉이 제정·고시되었는데 이는 우리말의 발음을 로마자화하는 전사법을 채택한 특성이 있다. 1999년에는 전사법을 기본으로 하되 이전의 매큔-라이샤워 안을 수정하여, 우리식 음운 구조에 충실한 새로운 안을 만들어 2000년에 고시하였다.

대개 한국인들이 로마자표기법과 만나게 되는 것은 여권을 만들면서 이름표기에 대한 고민을 할 때이다. 그리고 국내관광지에 들려서 우리말 설명을 읽다가 한글로만 표기되어있는 문화재의 의미를 알고 싶을 때 잠깐 영어 설명 표지를 볼 때이다. 그동안 로마자 표기를 여러 가지로 사용하면서 생긴 혼동이 있으나 위에 설명한 대로 가장 최근 '로마자표기법'을 따라야 한다. 그런데 가끔 영어를 좀 안다는 사람들이 자신의 고집을 부리는 것을 볼 수 있는데, 이상한 의미가 되지 않는 한 최대한 새 표기법을 준수하는 것이 바람직하다. 어떤 경우는 '내가 아는 미국인이 이렇게 쓰라고 했어.'라든지 '이렇게 써놓으면 미국인이 어찌 알겠어?' 등의 주장을 하는 경우가 있는데, 얼핏 맞는 말 같지만 좀 더 논리적으로 접근하면 옳지 않은 말이다. 이 논란은 표기 수단의 위상을 로마자로 볼 것(Romanization)인지 아니면 영문으로 볼 것(Englishization)인지의 문제이다. 답은 전자이다. 우리가 여권을 만드는 것은 미국이나 영국 등 영어권에만 여행가기 위한 것이 아니라, 러시아, 쿠웨이트에 갈 수 있고 중국, 일본에 갈 수도 있다. 어느 경우에든지 통용되는 여권인 것이다. 따라서 표기수단을 영문으로만 보는 것보다는 로마자로 보아야 한다는 것이 학자들의 최종 결론이다. 따라서 우리의 이름을 영문화하는 것이 아니라 로마자화하는 것이다. 물론 개인적으로 영어이름을 따로 가질 수 있으며 영어권 사람들에게는 그 별도의 이름으로 사용하는 것이 좋겠다.

다음은 최근의 '국어의 로마자 표기법' 전문을 살펴보면서 우리의 고유명사를 어떻게 표기하는지를 살펴본다. 여기에서 유의하여야 할 점은 우리나라 '로마자표기법'은 로마자 표기법의 기본 체재를 전자법(transliteration)이 아닌 전사법(transcription)을 선택하고 있다는 점이다. 즉 글자중심이 아니라 음성중심으로 표기한다는 것이다. 이에 따라서 서울 '종로'는 'Jongro'가 아니라 'Jongno'가 되며, '아산로'는 'Asanro'가 아니라 'Asanno'가 된다. 이 결정에 영향을 미치는 요소는 번역의 목표가 일반적으로 외국인 화자(독자)들에게 필요한 정보는 해당 국어 단어의 음성 정보인데, 그것은 표기 대상이 되는 한국어 단어가 인명이나 지명 따위의 고유명사이기 때문이다. 그러므로 한국어의 로마자 표기 과정은 해당 한국어 단어의 발음을 알거나 철자를 읽을 줄 아는 한국어의 화자가, 한국어를 모르는 외국어 화자들에게 로마자를 이용하여, 그 단어의 음성 형태를 알려주는 것이기 때문이다.

국어의 로마자 표기법(2000년 7월 고시, 현행)

국립언어연구원 http://www.korean.go.kr
한글학회 http://www.hangeul.or.kr

■ 제1장 표기의 기본 원칙

제1항 국어의 로마자 표기는 국어의 표준 발음법에 따라
적는 것을 원칙으로 한다.
제2항 로마자 이외의 부호는 되도록 사용하지 않는다.

■ 제2장 표기 일람

제1항 모음은 다음 각 호와 같이 적는다.

1. 단모음

ㅏ	ㅓ	ㅗ	ㅜ	ㅡ	ㅣ	ㅐ	ㅔ	ㅚ	ㅟ
a	eo	o	u	eu	i	ae	e	oe	wi

2. 이중 모음

ㅑ	ㅕ	ㅛ	ㅠ	ㅒ	ㅖ	ㅘ	ㅙ	ㅝ	ㅞ	ㅢ
ya	yeo	yo	yu	yae	ye	wa	wae	wo	we	ui

[붙임1] 'ㅢ'는 'ㅣ'로 소리 나더라도 'ui'로 적는다.
(보기) 광희문 Gwanghuimun
[붙임2] 장모음의 표기는 따로 하지 않는다.

제2항 자음은 다음 각 호와 같이 적는다.

1. 파열음

ㄱ	ㄲ	ㅋ	ㄷ	ㄸ	ㅌ	ㅂ	ㅃ	ㅍ
g, k	kk	k	d, t	tt	t	b, p	pp	p

2. 파찰음   3. 마찰음   4. 비음   5. 유음

ㅈ	ㅉ	ㅊ	ㅅ	ㅆ	ㅎ	ㄴ	ㅁ	ㅇ	ㄹ
j	jj	ch	s	ss	h	n	m	ng	r, l

[붙임1] 'ㄱ, ㄷ, ㅂ'은 모음 앞에서는 'g, d, b'로, 자음 앞이나 어말에서는 'k, t, p'로 적는다.([ ] 안의 발음에 따라 표기함.)

(보기) 구미 Gumi 영동 Yeongdong 백암 Baegam 옥천 Okcheon 합덕 Hapdeok 호법 Hobeop 월곶[월곧] Wolgot 벚꽃[벋꼳] beotkkot 한밭[한받] Hanbat

[붙임2] 'ㄹ'은 모음 앞에서는 'r'로, 자음 앞이나 어말에서는 'l'로 적는다. 단, 'ㄹㄹ'은 'll'로 적는다.

(보기) 구리 Guri 설악 Seorak 칠곡 Chilgok 임실 Imsil 울릉 Ulleung 대관령[대괄령] Daegwallyeong

■ 제3장 표기상의 유의점

제1항 음운 변화가 일어날 때에는 변화의 결과에 따라 다음 각 호와 같이 적는다.

1. 자음 사이에서 동화 작용이 일어나는 경우

(보기) 백마[뱅마] Baengma 신문로[신문노] Sinmunno 종로[종노] Jongno 왕십리[왕심니] Wangsimni 별내[별래] Byeollae 신라[실라] Silla

2. 'ㄴ, ㄹ'이 덧나는 경우

   (보기) 학여울[항녀울] Hangnyeoul 알약[알략] allyak
3. 구개음화가 되는 경우

   (보기) 해돋이[해도지] haedoji 같이[가치] gachi 맞히다

   [마치다] machida
4. 'ㄱ, ㄷ, ㅂ, ㅈ'이 'ㅎ'과 합하여 거센소리로 소리 나는 경우

   (보기) 좋고[조코] joko 놓다[노타] nota 잡혀[자펴] japyeo

   낳지[나치] nachi

다만, 체언에서 'ㄱ, ㄷ, ㅂ' 뒤에 'ㅎ'이 따를 때에는 'ㅎ'을
밝혀 적는다.

(보기) 묵호 Mukho 집현전 Jiphyeonjeon

[붙임] 된소리되기는 표기에 반영하지 않는다.

(보기) 압구정 Apgujeong 낙동강 Nakdonggang 죽변 Jukbyeon

낙성대 Nakseongdae 합정 Hapjeong 팔당 Paldang

별 saetbyeol 울산 Ulsan

제2항 발음상 혼동의 우려가 있을 때에는 음절 사이에 붙
임표(-)를 쓸 수 있다.

(보기) 중앙 Jung-ang 반구대 Ban-gudae 세운 Se-un 해운대

Hae-undae

제3항 고유 명사는 첫 글자를 대문자로 적는다.

(보기) 부산 Busan 세종 Sejong

제4항 인명은 성과 이름의 순서로 띄어 쓴다. 이름은 붙여
쓰는 것을 원칙으로 하되 음절 사이에 붙임표(-)를

쓰는 것을 허용한다.((   )안의 표기를 허용함.)

(보기) 민용하 Min Yongha (Min Yong-ha) 송나리 Song
Nari (Song Na-ri)

(1) 이름에서 일어나는 음운 변화는 표기에 반영하지 않는다.
(보기) 한복남 Han Boknam (Han Bok-nam) 홍빛나 Hong
Bitna (Hong Bit-na)
(2) 성의 표기는 따로 정한다.

제5항 '도, 시, 군, 구, 읍, 면, 리, 동'의 행정 구역 단위와
'가'는 각각 'do, si, gun, gu, eup, myeon, ri, dong, ga'
로 적고, 그 앞에는 붙임표(-)를 넣는다. 붙임표(-)
앞뒤에서 일어나는 음운 변화는 표기에 반영하지
않는다.
(보기) 충청북도 Chungcheongbuk-do 제주도 Jeju-do 의정부
시 Uijeongbu-si 양주군 Yangju-gun 도봉구 Dobong-gu
신창읍 Sinchang-eup 삼죽면 Samjuk-myeon 인왕리
Inwang-ri 당산동 Dangsan-dong 봉천1동 Bongcheon
1(il)-dong 종로 2가 Jongno 2(i)-ga 퇴계로 3가
Toegyero 3(sam)-ga
[붙임] '시, 군, 읍'의 행정 구역 단위는 생략할 수 있다.
(보기) 청주시 Cheongju 함평군 Hampyeong 순창읍 Sunchang

제6항 자연 지물명, 문화재명, 인공 축조물명은 붙임표(-)
없이 붙여 쓴다.
(보기) 남산 Namsan 속리산 Songnisan 금강 Geumgang 독도
Dokdo 경복궁 Gyeongbokgung 무량수전 Muryangsujeon

연화교 Yeonhwagyo극락전 Geungnakjeon 안압지 Anapji
남한산성 Namhansanseong 화랑대 Hwarangdae불국사
Bulguksa 현충사 Hyeonchungsa 독립문Dongnimmun 오죽
헌 Ojukheon 촉석루 Chokseongnu 종묘 Jongmyo 다보탑
Dabotap

제7항 인명, 회사명, 단체명 등은 그동안 써 온 표기를 쓸
수 있다.

제8항 학술 연구 논문 등 특수 분야에서 한글 복원을 전제
로 표기할 경우에는 한글 표기를 대상으로 적는다.
이때 글자 대응은 제2장을 따르되 'ㄱ, ㄷ, ㅂ, ㄹ'은
'g, d, b, l'로만 적는다. 음가 없는 'ㅇ'은 붙임표(-)로
표기하되 어두에서는 생략하는 것을 원칙으로 한다.
기타 분절의 필요가 있을 때에도 붙임표(-)를 쓴다.
(보기) 집 jib 짚 jip 밖 bakk 값 gabs 붓꽃 buskkoch 먹는
meogneun 독립 doglib 문리 munli 물엿 mul-yeos 굳
이 gud-i 좋다 johda 가곡 gagog 조랑말 jolangmal 없
었습니다 eobs-eoss-seubnida

※부 칙
① (시행일) 이 규정은 고시한 날부터 시행한다.
② (표지판 등에 대한 경과 조치) 이 표기법 시행 당시 종전의
표기법에 의하여 설치된 표지판(도로, 광고물, 문화재 등의
안내판)은 2005. 12. 31.까지 이 표기법을 따라야 한다.
③ (출판물 등에 대한 경과 조치) 이 표기법 시행 당시 종전
의 표기법에 의하여 발간된 교과서 등 출판물은 2002. 2.
28.까지 이 표기법을 따라야 한다.

'로마자표기법'의 주요내용을 외국인을 위하여 도표로 표시하면 다음과 같다.

[New Romanization System (Simplified Table)]

ㅏ	ㅓ	ㅗ	ㅜ	ㅡ	ㅣ	ㅐ	ㅔ	ㅚ	ㅟ
a	eo	o	u	eu	i	ae	e	oe	wi

ㅑ	ㅕ	ㅛ	ㅠ	ㅒ	ㅖ	ㅘ	ㅙ	ㅝ	ㅞ	ㅢ
ya	yeo	yo	yu	yae	ye	wa	wae	wo	we	ui

Initial / final	ㅇ	ㄱ	ㄴ	ㄷ	ㄹ	ㅁ	ㅂ	ㅅ	ㅈ	ㅊ	ㅋ	ㅌ	ㅍ	ㅎ
		g	n	d	r	m	b	s	j	ch	k	t	p	h
ㄱ k	g	kg	ngn	kd	ngn	ngm	kb	ks	kj	kch	kk	kt	kp	kh
ㄴ n	n	ng	nn	nd	(nn)	nm	nb	ns	nj	nch	nk	nt	np	nh
ㄹ l	r	lg	ll	ld	ll	lm	lb	ls	lj	lch	lk	lt	lp	lh
ㅁ m	m	mg	mn	md	mn	mm	mb	ms	mj	mch	mk	mt	mp	mh
ㅂ p	b	pg	mn	pd	mn	mm	pb	ps	pj	pch	pk	pt	pp	ph
ㅇ ng	ng	ngg	ngn	ngd	ngn	ngm	ngb	ngs	ngj	ngch	ngk	ngt	ngp	ngh

- 로마자표기법 연습

	old	new		old	new
부산	Pusan	_____	대구	Taegu	_____
광주	Kwangju	Gwangju	대전	Taejŏn	Daejeon
인천	Inch'ŏn	_____	전주	Chŏnju	_____
제주	Cheju	Jeju	청주	Ch'ŏngju	Cheongju
경주	Kyŏngju	_____	김포	Kimp'o	_____
고구려	Koguryŏ	Goguryeo	동대구	Tongdaegu	Dongdaegu
부곡	Pugok	_____	정읍	Chŏngŭp	_____
울산	Ulsan	Ulsan	묵호	Muk'o	Mukho

	old	new		old	new
부산	Pusan	Busan	대구	Taegu	Daegu
광주	Kwangju	_____	대전	Taejŏn	_____
인천	Inch'ŏn	Incheon	전주	Chŏnju	Jeonju
제주	Cheju	_____	청주	Ch'ŏngju	_____
경주	Kyŏngju	Gyeongju	김포	Kimp'o	Gimpo
고구려	Koguryŏ	_____	동대구	Tongdaegu	_____
부곡	Pugok	Bugok	정읍	Chŏngŭp	Jeongeup
울산	Ulsan	Ulsan	묵호	Muk'o	_____

'아리랑'은 우리민요 가운데 가장 널리 알려진 민요이다. 일제강점기 동안 억눌려 왔던 우리 민족의 감정과 분노를 아리랑에 얹어 호소했던 까닭에 구전민요(口傳民謠)로 널리 퍼지게 되었다고 한다. 한국인의 민족정서를 알리기 위하여 '아리랑'의 가사를 로마자표기법으로 표기해보기로 하자. '아리랑'은 '서울아리랑', '신조아리랑', '경기아리랑' 등의 이름으

로도 불린다. 이 노래는 전형적인 경기민요 풍으로 창작되었으며, 세마치장단에 얹어 부른다.

● 다음을 로마자로 표기하시오.

아리랑 아리랑 아라리요
_____

아리랑 고개로 넘어간다.
_____

나를 버리고 가시는 님은
_____

십리도 못 가서 발병난다.
_____
_____

연습 3

다음은 <로마자표기 용례사전>에 실려 있는 애국가 표기 전문이다. 로마자로 표기하시오. (2000년 7월 20일 발행, 국립국어연구원)

애국가 (Aegukga) 가사

1. 동해물과 백두산이 마르고 닳도록

Donghaemulg _____ Baekdusani mar_____ go daltor_____k

하느님이 보우하사 우리나라 만세

haneunimi b_____hasa urinara mans_____

2. 남산 위에 저 소나무 철갑을 두른 듯

Namsan w____ j____ sonamu cheolgab____l dur_____ndeut

바람 서리 불변함은 우리 기상일세

baram seori bulb_____nhameun uri gisang_____lse

3. 가을 하늘 공활한데 높고 구름 없이

gaeu____ haneu____ gongh_____lhande no____go gureumeo____si

밝은 달은 우리 가슴 일편단심일세

balgeun dar_____n uri gas_____m ilp_____ndansimilse

4. 이 기상과 이 맘으로 충성을 다하여

_____ gisanggwa i mameuro ch_____ngseongeul daha_____

괴로우나 즐거우나 나라 사랑하세

g_____rouna jeulgeo_____na nara sar_____nghase

/후렴/

무궁화 삼천리 화려강산

mugungh_____samcheo_____i hwar_____gangsan

대한 사람 대한으로 길이 보전하세

Daehan saram Daehan_____ro gi_____i bojeonha_____e

연습 4

- 다음은 SG워너비의 '아리랑' 노랫말이다. 로마자로 표기하시오.

꿈에서라도 만난다면 가지 말라고 하겠어요.

_____

마지막 인사도 없이 떠나간 내 사랑

_____

이별 길 넘어가시다 발병이라도 나신다면

_____

못난 내 품에서 잠시 쉬어가세요

혹시나 내게 찾아오시는 길 못 찾을까 걱정돼

달님에게 날 부탁해 그댈 비춰 드릴게요.

사람아 내 사람아 불러도 대답 없는 내 사람아

같은 하늘아래 살아도 다시는 못 볼 사람

오늘도 기다리는 마음 잊지는 말아요.

　　로마자표기법에 관한 지식을 다 갖추었다해도 실제 적용상황에
가면 어려움이 닥친다. '순천 낙안읍성'을 표기할 때 '낙안'을 어떻
게 표기할까? 'Nakan'과 'Nagan'이 가능한데 어느 것을 택할 것인
가? 앞에서 배운 우리 로마자표기법은 발음을 기준으로 하는 '전
사법'을 택하기 때문에 후자가 맞다. 그런데 국민들의 언어생활에
서 이러한 논란을 줄이기 위하여, 국립국어원에서는 대한민국 행
정구역이름(각 시도명과 동 이름 등)과 각종 문화재 및 명승지 그리
고 생활용어의 용례사전을 만들어 배포하였다. 따라서 번역가는
국립국어원 자료실에 있는 이 용례집을 다운로드하여 이를 활용
하여야 한다. 그 예로 <식생활 용어>와 <의생활 용어>를 소개한다.

1) 식생활 용어

명칭	현행	종전
갈비	galbi	kalbi
김치	gimchi	kimch'i
된장	doenjang	toenjang
떡	tteok	ttŏk
떡국	tteokguk	ttŏkkuk
막걸리	makgeolli	makkŏlli
소주	soju	soju
볶음밥	bokkeumbap	pokkŭmbap
불고기	bulgogi	pulgogi
비빔밥	bibimbap	pibimpap
삼계탕	samgyetang	samgyet'ang
설렁탕	seolleongtang	sŏllŏngt'ang
송편	songpyeon	songp'yŏn
식혜	sikhye	shik'ye
약식	yaksik	yakshik
한식	hansik	hanshik

2) 의생활 용어

명칭	현행	종전
갓	gat	kat
댕기	daenggi	taenggi
두루마기	durumagi	turumagi
마고자	magoja	magoja

명칭	현행	종전
버선	beoseon	pŏsŏn
비녀	binyeo	pinyŏ
상투	sangtu	sangt'u
저고리	jeogori	chŏgori
한복	hanbok	hanbok

　여기에서 종전 표기는 의식할 필요가 없다. 여러분은 이 용례사전을 수시로 보면서 자신의 로마자표기법 실력을 평소에 늘릴 필요가 있다. 몇 개만 학습해보기로 한다. 번역에는 원리와 방법도 있고 반복적인 훈련을 통하여 익혀야 하는 기술이기도 하다. 우리나라 역사 속 국가이름을 추가하여 '로마자표기법'을 연습해 보자.

갈비	_____bi_____
김치	_____chi_____
된장	_____jang___
떡	_____
막걸리	ma_____lli
소주	_____ju
볶음밥	bo_____
불고기	bul_____
비빔밥	bibim_____
한식	han_____

갓	g_____
댕기	dae_____
두루마기	dur_____
비녀	bi_____
저고리	_____gori
한복	_____

국가	현행
고구려	Go_____
백제	Bae_____
신라	S_____
발해	Bal_____
고려	_____
조선	_____
대한민국	Daehan_____

2.2 영어사전과 다양한 의미번역

2.2.1 영한사전과 다양한 의미번역

영한번역을 할 때, 우리는 영한사전을 활용한다. 요즘 영어학습
자들을 보면 그토록 오랫동안 사전을 가지고 있었지만 사전과 별
로 친한 것 같지 않다. 그도 그럴 것이 중고교때 영어교과서를 공
부할 때, 참고서를 사면 아주 친절하게 영어단어 뜻을 찾아준다.

수많은 영어 뜻 중에서 그 문맥에 맞는 뜻을 정확히 찾아서 제시해 준다. 이것이 문제이다. 진짜 영어실력은 여러 가지 비슷한 뜻 가운데에서 자신이 읽고 있는 문맥에 맞는 단어를 자신이 취사선택하는 능력이 가장 중요한 영어능력인데 이를 사실상 고사시키고 있다. 학생들 혹은 수험생들 입장에서는 사전의 여러 뜻 중에서 알맞은 뜻을 찾기도 귀찮고, 공부한 텍스트의 뜻만 알면 시험점수를 받을 수 있으니 그리 할 수밖에 없을 것이다. 그러나 그렇게 공부하는 것이 고착될 경우, 다른 교과서의 글이나 다른 곳에서 지문이 나오면 문장이 이해되지 않고 결국은 그 문제를 놓칠 수밖에 없다.

  예를 들어, tell이라는 단어는 '말하다'로, aunt는 '아주머니, 고모'라고 참고서에서 찾아 주었고 학생은 열심히 외웠다. 그런데 시험에 I can't tell Mary from her aunt.라는 표현이 나왔고 이 뜻을 알아야 문제를 풀 수 있다고 하자. 여러분은 무엇이라고 뜻풀이 또는 번역을 할 것인가? 1) '나는 그녀의 고모로부터 메리를 말할 수 없다'로 번역할 수 있다. 말이 통하는가? 통하지 않으면 번역이 잘못된 것이고 번역이 잘못된 것은 해당 어휘와 문장구조를 모르고 번역했기 때문이다. 2) 학생이 tell A from B는 'A와 B를 구별하다'라는 뜻을 아는 경우이다. 이 학생은 '나는 메리와 그녀의 고모를 구별할 수 없다'로 번역할 수 있다. 3) 그래도 한 가지가 남는다. aunt가 고모, 숙모(작은아버지의 아내)인지 이모, 외숙모(외삼촌의 아내)인지를 앞뒤를 보고 구별해야한다. 대개는 앞에 그 내용상 힌트가 있을 것이다. 아버지 쪽 이야기인지, 어머니 쪽 이야기인지를 잘 살펴서 '고모' '숙모' 또는 '이모' '외숙모' 네 가지 경우 중에 하나를 정해야 할 것이다.

따라서 번역을 제대로 하면 깊은 의미까지 알고 있다는 증거가 된다. 그래서 대강대강 선다형을 맞추는 해석보다는 좀 시간이 걸리더라도 정확한 번역이 더 좋은 공부방법이 된다. 10페이지를 공부했다면 가끔씩은 한 페이지만이라도 정확히 번역해보는 습관을 들이면 진정한 영어고수가 될 것이다. 그리고 교사는 한 단어의 여러 뜻을 보충해주어야 하고 필요한 경우 한 단어의 두세 가지 의미를 동시에 시험에 출제해야 한다고 본다. 학생을 앵무새로 만들지 말아야 한다.

다음은 사전에 나오는 예문이다. 자연스러운 뜻이 되도록 보기에 골라 빈칸에 알맞은 한국어를 채우시오. 이미 안다고 생각하는 단어를 가끔씩 다음과 같은 방식으로 공부하기를 추천한다.

말, 전, 판단, 비밀

Tell me where you live.

- 어디 사는지 (   )해요

He told the news to everybody he saw.

- 그는 보는[만나는] 사람 모두에게 그 소식을 (   )했다.

As far as I can tell, she's enjoying the course.

- 내가 (   )하기로는, 그녀가 그 과정을 즐겁게 다니고 있다

'Who are you going out with tonight?' 'That would be telling!'

- "너 오늘 밤에 누구랑 (데이트하러) 나가니?" "그건 (   )이야!"

구별, 전혀, 구별, 구별

Can you tell Tom from his twin brother?

- 넌 톰과 그의 쌍둥이 형[동생]을 (   )할 수 있니?

It's difficult to tell them apart.

- 그들은 서로 (   )하기가 힘들어.

She did not know me from a hole in the ground.

- 그녀는 날 (   ) 몰랐다.

We were unable to tell friend from foe

- 우리는 피차의 (   )을 할 수 없었다.[8]

사전에 나오는 여러 의미는 크게 지시적 의미(指示的 意味; denotation),
비유적 - 함축적 의미(比喩的 - 含蓄的 意味; figurative meaning; connotation)
로 나눌 수 있고, 문물의 발전과 시대변화에 따른 전문용어 의미
(technical terms)와 구어적 의미(口語的 意味; colloquial meaning)가 추가
된다고 볼 수 있다. 어떤 단어는 너무 많은 의미를 가지는 경우가
있다. 예를 들면 get은 27개, take는 42 개의 항목이 나온다. 이러한
동사는 가장 기본적인 지시적 의미와 함께 동작을 하면서 외워야
한다. 그래야 그 많은 뜻 중에서 하나를 골라내는 실력이 붙는다.
그리고 fall, spring, delivery, shoulder 등의 명사도 서너 가지 뜻은
기본이다. green, yellow, red, blue 등의 색깔도 다양한 의미를 갖는
다. 물론 모든 뜻은 가장 기본적인 지시적 의미에서 출발하여 비유
적-함축적 의미를 발전해 나온 것이다. 그리고 문물의 발전에 따라
전문영역에서의 의미가 추가되어가고 있으며, 시대의 변화에 따라

일상생활의 의미로서 구어적 의미를 가지게 된다.

지시적 의미와 함축적 의미에 관해서는 필자의 책 (『영한번역의 이론과 실제』증보판, 133)에서 설명한 바가 있는데 이를 활용하여 설명해 보기로 한다. 한국어로 '너, 간 큰 놈이구나!'와 '엄마는 손이 크셨어요. 잔치 때면 온 동네 사람을 다 먹이고도 남을 정도로 음식장만을 하셨어요.'와 '그 사람은 마당발이야! 참 발이 넓어요.'라는 문장이 있다고 하자. 여기에서 간, 손, 발은 신체의 일부이다. 인간은 자신의 신체부분을 가지고 각각 다른 특징을 부여하고 이를 이용하여 자신이 하고 싶은 말은 만들어 낸다. 사실이든 아니든 상관이 없다. 이는 모두 비유적-함축적 의미로 말한 것이다. 이제 지시적 의미 즉 숫자와 실제 크기를 의미하는 경우를 보자. 병원에 갔더니 의사가 환자에게 CT를 찍고 나서 '간이 많이 커졌습니다. 약간 부어있군요.'라고 말할 수도 있다. 피아노 교습을 하면서 선생님이 학생에게 '너는 정말 손이 작구나! 그래도 손가락은 좀 긴 편이구나.'라고 말할 수도 있다. 그리고 신발가게에 가서 신발을 사면서 '저는 평발이면서 발이 좀 넓어요.'라고 말할 수도 있다. 뒤쪽 세 경우는 모두 실제 크기나 사이즈를 의미한 것이다.

이와 같이, 단어의 지시적 의미와 함축적 의미를 우선 구별해야 언어에 능통한 사람이 될 수 있다. 가끔 문과생과 이과생이 서로 이해가 안된다하고 다투는 경우는 문과생이 말의 함축적 의미를 지향하고 이과생은 말의 지시적 의미를 지향할 때 생겨난다. 문과생은 그 말의 지시적 의미보다는 비유적 의미와 느낌을 이야기한다면 이과생은 그 말의 함축적 의미보다는 지시적 의미와 사실에 집중하는 경우가 종종 있다.

Green: More Than Just a Color

The word can mean many things, including jealousy.

Now, the VOA Special English program, Words and Their Stories.

(MUSIC)

Green is an important color in nature. It is the color of grass and the leaves on trees. It is also the color of most growing plants.

Sometimes, the word green means young, fresh and growing. Sometimes, it describes something that is not yet ripe or finished.

For example, a greenhorn is someone who has no expereince, who is new to a situation. In the fifteenth century, a greenhorn was a young cow or ox whose horns had not yet developed. A century or so later, a greenhorn was a soldier who had not yet had any experience in battle. By the eighteenth century, a greenhorn had the meaning it has today - a person who is new in a job.

About one hundred years ago, greenhorn was a popular expression in the American west. Old-timers used it to describe a man who had just arrived from one of the big cities back east. The greenhorn lacked the skills he would need to live in the hard, rough country.

Someone who has the ability to grow plants well is said to have a green thumb. The expression comes from the early nineteen hundreds.

A person with a green thumb seems to have a magic touch that makes plants grow quickly and well. You might say that the woman next door has a green thumb if her garden continues to grow long after your plants have died.

The Green Revolution is the name given some years ago to the development of new kinds of rice and other grains. The new plants produced much larger crops. The Green Revolution was the result of hard work by agricultural scientists who had green thumbs.

Green is also the color used to describe the powerful emotion, jealousy. The green-eyed monster is not a frightening creature from outer space. It is an expression used about four hundred years ago by British writer William Shakespeare in his play "Othello."

It describes the unpleasant feeling a person has when someone has something he wants. A young man may suffer from the green - eyed monster if his girlfriend begins going out with someone else. Or, that green - eyed monster may affect your friend if you get a pay raise and she does not.

In most places in the world, a green light is a signal to move ahead. A green light on a traffic signal means your car can continue on. In everyday speech, a green light means approval to continue with a project. We want you to know we have a green light to continue this series next week.[9]

12/17/2006

위 글은 지시적 의미와 함축적 의미가 한 단어에서 어떻게 변화하는지를 보여주는 좋은 자료이다. 읽은 후 'green' 'red' 'blue'등의 색깔의 의미를 '지시적' '함축적'이라는 말로 설명하시오.

_____

_____

_____

_____

_____

_____

_____

■ **I'm Red Hot, I'm In the Pink, I'm Blue and I'm Green With Envy**

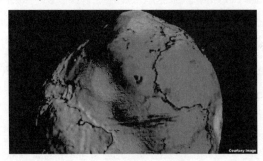

Now, the VOA Special English program, Words and Their Stories.

Every people has its own way of saying things -- its own special expressions. Many everyday American expressions are based on colors.

Red is a hot color. Americans often use it to express heat. ① They may say they are "red hot" about something unfair. ②When they are "red hot" they are very angry about something. ③The small hot-tasting peppers found in many Mexican foods are called "red hots" for their color and their fiery taste. Fast, loud music is popular with many people. They may say ④the music is "red hot" -- especially the kind called Dixieland jazz.

Pink is a lighter kind of red. People sometimes say ⑤they are "in the pink" when they are in good health. The expression was first used in America at the beginning of the 20th century. It probably comes from the fact that many babies are born with a nice pink color that shows that they are in good health.

Blue is a cool color. The traditional blues music in the United States is the opposite of red hot music. ⑥Blues is slow, sad and soulful. Duke Ellington and his orchestra recorded a famous song -- "Mood Indigo" -- about the deep blue color, indigo. In the words of the song: ⑦"You ain't been blue till you've had that Mood Indigo." Someone who is blue is very sad.

The color green is natural for trees and grass. But it is an unnatural color for humans. ⑧A person who has a sick-feeling stomach may say she feels "a little green." A passenger on a boat who is feeling very sick from high waves may look very green.

Sometimes a person may be upset because he does not have something as nice as a friend has, like a fast new car. That person may say he is "green with envy."

⑨Some people are green with envy because a friend has more dollars or greenbacks. Dollars are called "greenbacks" because that is the color of the back side of the paper money.

The color black is used often in expressions. People describe a day in which everything goes wrong as "a black day." ⑩The date of a major tragedy is remembered as "a black day." A "blacklist" is illegal now. But at one time, ⑪some businesses refused to employ people who were on a blacklist for belonging to unpopular organizations.

In some cases, colors describe a situation. A "brown-out" is an expression for a reduction in electric power. ⑫Brown - outs happen when there is too much demand for electricity. The electric system is unable to offer all the power needed in an area.

⑬"Black-outs" were common during World War Two. Officials would order all lights in a city turned off to make it difficult for enemy planes to find a target in the dark of night.[10]

02/02/2014

연습

위 내용을 읽고 해당 번호의 글을 한국어로 번역하시오.

① _____

② _____

③ _____

④ _____

⑤ _____

⑥ _____

⑦ _____

⑧ _____

⑨ _____

⑩ _____

⑪ _____

⑫ _____

⑬ _____

영어번역가로 성장하려는 영어학습자는 영어학습의 가장 기본 요소인 어휘를 학습하는 방법을 터득해야 할 일이다. 즉 어떤 단어를 외울 때, 단어가 긍정(positive)의미 단어인지 부정(negative)의미 단어인지 기억하는 일은 매우 중요하다. 긍정부정을 구별할 수 있어야 단어를 활용할 수 있다. 조금 수준 높은 내용을 말하거나 글을 쓰고자할 때 닥치는 문제점의 하나이다. 리처즈(I. A. Richards)가 말한 4 가지 의미를 기억하면 좋을 것이다: 의미에는 4가지가 있다: sense, feeling, tone, intention. 필자가 말하는 긍정 부정판단은 feeling, tone, intention과 관련이 있다. 이와 관련하여 어휘의 긍정의미와 부정의미 연습을 해보기로 한다.

1) 긍정적 의미를 가진 단어를 선택한다.

   happy, glad, secure, freedom, vacation, relaxation

2) 부정적 의미를 가진 단어를 선택한다.

   sad, disappointed, infamous, bribe, malicious

3) 유사개념이지만 서로 다른 태도를 보이는 경우, 적합한 단어
를 선택한다.

쉽지 않은: difficult (negative) ─ challenging (positive)

아끼는: stingy (negative) ─ economical (positive)

뜻이 강한: headstrong (negative) ─ determined (positive)

깐깐한: nitpicking (negative) ─ meticulous (positive)

어린 아이 같은: childish (negative) ─ childlike (positive)

4) 한 단어에 긍정과 부정의미를 문맥에 따라 판단해야한다.

	긍정의미	부정의미
pride	자랑	자만
liberal		
intellectual		
gay		
victim		

5) 함축적 의미는 긍정의미와 부정의미를 파악할 수 있어야 한다.

\<Connotation Exercise #1\>

http://examples.yourdictionary.com/examples-of-connotative
-words.html

* Below are groups of words which are often used to describe
  people. What are the connotations of the words?

1. Childlike, Youthful, Childish, Young

2. Disabled, Crippled, Handicapped, Retarded

3. Relaxed, Laid-back, Lackadaisical, Easy-going

4. Slim, Skinny, Slender, Thin

5. Cheap, Frugal, Miserly, Economical

6. Young, Immature, Juvenile, Youthful

7. Inquisitive, Interested, Curious, Convivial

8. Confident, Secure, Proud, Egotistical

9. Lovely, Knockout, Beautiful, Stunning

10. Talkative, Conversational, Chatty, Nosy

* Answer Key:

1. Childish and childlike implies that someone is immature, but youthful infers that someone is lively and energetic.

2. Crippled, handicapped, and retarded have negative connotations and are no longer used because they are considered offensive.

3. Lackadaisical means that someone is not interested and is lacking life.

4. Skinny implies that someone is too thin.

5. Cheap, frugal, and miserly infers that someone is not generous and is very stingy with their money.

6. Immature and juvenile suggest that someone is childish.

7. Inquisitive can mean that someone asks too many questions.

8. Proud and egotistical mean that someone thinks very highly of themselves.

9. Although knockout can be taken as a compliment, it can also be considered sexist when referring to a woman.

10. Talkative and chatty can mean that someone talks too much; and nosy that someone asks too many questions.

<Connotation Exercise #2>

* Read the sentences below. Can you identify the words that have a negative connotation?

1. Bedford is an uppity neighborhood, but the rents are cheap.

2. On my flight to Los Angeles, I sat next to this babe. She was absolutely stunning.

3. Every morning my neighbor takes his mutt to the park. It always barks loudly when leaving the building.

4. You need to be pushy when you are looking for a job.

5. Bob is quite vocal at every staff meeting. He always speaks.

* Answer Key: 1. Uppity; 2. Babe; 3. Mutt; 4. Pushy; 5. Vocal

2.2.2 한영사전과 다양한 의미번역

한영번역을 하는 경우, 번역가는 종종 고민에 빠지게 된다. 우선 한영사전이라는 존재가 미덥지 못하다는 것은 고등학생만 되어도 다 안다. 그리고 잘못 번역하면 콩글리시가 되고 문장구조도 제대로 못 갖추고 단어만 나열하게 된다. 당연히 영한번역보다는 더 어려운 것이 한영번역이다. 외국에 상당기간 공부하거나 국내에서 제대로 번역교육과 훈련을 받아야 한다. 필자는 교육자로서 후자를 선호한다. 한영번역을 하려면 우선 위 영한번역에서 보듯이 영어단어에 대한 깊은 통찰력과 심도 있는 영문법지식을 가지고 있어야 한다. 그러기 위해서는 영한사전, 영영사전, 연어사전, 전문용어사전, 해당 분야에 대한 배경지식을 담은 백과사전 등을 활용하는 능력뿐만 아니라 영문법사전, 단어와 구의 용례사전, 글쓰기

편집지식(대소문자, 구두점 등) 등이 필요하다.

한영번역은 실제 실무번역 현장에서 영한번역보다 문서의 종류에 따라 50~200%의 번역료를 더 받는다. 왜 그리 좋은 대접을 받을까? 1) 한국어와 영어 모두 능통하기 때문이다. 대부분 번역의뢰가 들어오는 문서는 일반 영어능력으로 해결할 수 없기 때문에 상당한 금전적 보상을 하면서 맡기는 것이다. 2) 전문번역에 들어가면 해당분야의 한자용어를 충분히 유추할 수 있어야 한다. 모든 전문번역에서 중요한 말은 거의 모두 한자이며 가끔 영어표현을 그대로 쓰는 경우가 있다. 또한 전문분야에 대한 지식이 필요하다. 무역 - 경영 - 경제 문서번역에서 자주 나오는 용어가 있으며, 기술-과학 - 산업분야에 자주 나오는 용어를 이해할 수 있어야 한다.

현대 한국사회는 타전공자라도 연수 및 유학을 많이 다녀오므로 자칭 영어전문가가 너무나 많다. 영어 또는 번역전공자로 살아가기 위해서는 한국어, 한자, 영어, 영문법, 영어문장구성 능력에다 다양한 분야에 대한 배경지식을 갖추어야 할 필요가 있다. 영어전공자가 타전공자보다 토익점수 100~150점 높다고 인정받을 수 있는 시대는 지나갔다. 영어전공자도 번역지식과 능력으로 무장하지 않으면 살아남기 어렵게 되었다. 특히 점차 현대사회가 산업기술사회로 진행되고 있으므로 외국어 전공자들에게 좀 더 과감하게 무역-경영-경제 지식뿐만 아니라 산업기술 지식도 습득할 수 있도록 외국어 전공 교과과정에도 혁신이 필요하다.

우선 한영번역을 위해서는 배경지식과 함께 한자투로 된 난해한 한국어 텍스트를 읽어낼 능력이 필요하다. 소위 언어에서 동음이의어[同音異義語; homonym; homophone]라는 것이 있는데 이는 '두

개 이상의 낱말이 우연히 소리만 같을 뿐 전혀 다른 뜻으로 사용되는 경우의 낱말들'을 말한다. 한국어에서는 '배', '발', '밤' 등이 있으며 영어에서는 eight - ate, meet - meat 등이 있다. 그리고 각 언어에는 한 단어가 여러 가지 뜻을 가지는 다의어도 있다.

한국어에서 고유어와 한자어가 동음인 경우도 있고 한자끼리 동음인 경우는 수도 없이 많다. 인체의 '손' - '자손의 준말로서 '손' 또는 부풀리는 '과장' - 부장 밑의 '과장'도 있다. 적대시하는 '원수' - 군대의 높은 계급 '원수'도 있으며, 비탈 '경사' - 좋은 일 '경사' - 경찰 '경사'도 있다. 불을 지르는 '방화' - 불을 끄는 '방화'도 있으며, 경기도 지역 '경기' - 경제상태 '경기' - 아이가 놀라는 '경기' 도 있다. 남자여자의 '양성' - 양호한 '양성' - 음성의 반대어인 '양성' - 십만대군 '양성'도 있다. 한자어가 있어서 줄임말을 쓰기는 좋으나 동일한 발음이 나는 한자가 부지기수이어서 한국어에서 동일한 발음의 여러 단어나 뜻을 피할 수 없다.

그런데 영한사전에는 한국어의 많은 뜻 중에서 대표적인 것 몇 개를 나열한다. 번역의뢰를 받은 난해한 한국어 텍스트는 영한사전의 뜻을 훌쩍 넘어서고 한영사전의 뜻으로는 어림도 없다. '사자' '연패' '향수' '향유'라는 한자어를 만났다고 가정해 보자. 사전적인 의미로 영한사전, 한자사전에서 그 뜻을 비교해보면 얼마나 많은 동일발음의 단어가 많은 지 알 수 있다. 우선 필자가 '사자' '향수' 두 단어를 검색해본다. 네이버 사전을 이용하여 설명한다.

1) '사자'를 영한사전을 찾으면 2가지 뜻이 나온다.

   사자1(獅子) 1. lion, lioness

   　　　　　2. (비유적) 사자(使者) envoy, emissary

2) '사자'를 한자 사전을 찾으면 5가지 뜻이 나온다.

使者1(사자) ① 어떤 사명(使命)을 맡아서 심부름을 하는 사람.
　　　　　　　　행인(行人) ②③

獅子2(사자) 포유류(哺乳類) 고양잇과의 맹수.

死者3(사자) 죽은 사람

私子4(사자) 사생자(私生子)

師資5(사자) ① 스승과 제자(弟子)의 관계(關係) ②③

3) '향수'를 영한사전에서 찾으면 2가지 뜻이 나온다.

향수1(香水) perfume, cologne, scent, fragrance

향수2(鄕愁) homesickness, nostalgia

4) '향수'를 한자사전에서 찾으면 5 가지가 나온다.

鄕愁1(향수) 고향(故鄕)을 그리워하는 마음이나 시름

香水2(향수) 향료(香料)를 섞어 만든 향기(香氣)로운 냄새가
　　　　　　나는 물.

享受3(향수) 어떤 혜택(惠澤)을 받아 누림. 예술적(藝術的)인
　　　　　　아름다움이나 감동(感動).

享壽4(향수) 오래 사는 복을 누림

鄕首5(향수) 각 지방(地方) 무당의 자치단체(自治團體)였던
　　　　　　신방을 다스리던 사람

　　이재호 선생은 영한사전을 비판하는 「영한사전의 문제점」(『국어문화학교』2000: 3, 96)에서 영한사전이 번역가를 위해서는 많이 부족함을 지적하였다. 여기에 몇 단어만 소개한다. 한영사전은 더욱 부실하여 믿을 만한 사전이 별로 없는 상태이다.

- error: 실수, 오류 + 범실, 실책
- historian: 사학자 + 사관, 역사가
- peanut: 땅콩 + 낙화생
- facsimile: 복제, 복사 + 모사, 영인본
- flatfish: 넙치류 생선 + 광어
- opponent: 상대, 반대자 + 맞수, 적수

만일 번역가로서 '낙화생' '영인본' 어휘를 만난다면 우선 국어 사전을 뒤져서 이것이 '땅콩' '복제'임을 확인한 후, 다시 한영사전을 뒤져서 'peanut' 'facsimile'를 찾아야 할 것이다. 또는 지시적 의미와 함축적 의미를 판단해야 할 때도 있다. 지시적 의미는 대개 중립적이고 물체형태를 지칭하는 의미이지만, 인간사회에서는 말하거나 글 쓴 사람의 호불호의 감정과 태도가 담겨있는 경우가 많다. 한국어로 보면 '집'인데 이를 영어로 바꿀 때, 경우에 따라서는 여러 고민을 해야 한다. 예를 들어 '집'을 지칭하는 home, house, residence, dwelling 등 네 단어 중에 하나를 선택해야 할 경우가 발생한다. 지시적 의미로는 모두 '사람이 사는 곳'이다. 그러나 각 단어의 함축적 의미는 다음과 같이 다르다:

Home: cozy, loving, comfortable → 따라서 행복한 집을 이야기할 때 선택가능하다.
House: the actual building or structure → 건축물로서의 집을 지칭할 때 사용한다.
Residence: cold, no feeling → 약간 품격 있게 또는 공식적으로 말할 때 사용한다.

Dwelling: primitive or basic surroundings → 석기시대사람들의 거주지로 쓴다.

영어의 어휘 중에서 가장 많은 뜻을 가진 어휘는 무엇일까 궁금해질 수도 있다. *Oxford English Dictionary*에 따르면 아주 세밀한 뜻(definitions)까지 모두 계산해보면, "set"은 464개, "run"은 396개가 있다고 한다. 이어서 TOP 10에 드는 어휘와 그 개수로는 "go" 368개, "take" 343개, "stand" 334개, "get" 289개, "turn" 288개, "put" 268개, "fall" 264개, "strike" 250개가 있는 것으로 발표하였다.

수많은 단어의 여러 뜻을 연결하는 작업을 해야 하는 번역이 하나의 미로 찾기 게임처럼 느껴진다. 그런데 한국어 텍스트 자체가 사전에도 없는 말이나 뜻이 통하지 않는 글로 채워져 있다면 황당한 경우도 있다. 대개 영한번역에서는 좋은 텍스트, 출판된 텍스트 등에 들어있는 영어문장을 한국어로 바꾸는 것이지만, 한영번역을 하다보면 의뢰한 본문의 글 자체가 어법에 맞지 않고 말이 안 되는 글인 경우가 생각 외로 많다. 급하게 써서 그럴 수도 있고, 글쓰기를 배우지 않은 무역 - 경영 - 경제 전공자들과 이공계 산업기술 전공자들이 쓴 글이라서 그럴 수도 있지만 번역가는 의뢰인의 글을 받아서 번역해야 한다. 이렇게 말이 안 되고 뜻이 통하지 않는 글을 비문(非文)또는 비문장이라고 한다. 정문(正文)의 반대어이다. 맞춤법과 띄어쓰기가 잘못된 것은 물론이고 글쓴이의 메시지가 제대로 전달되지 않는 글을 실무번역에서 자주 만나게 된다. 비문을 발견하게 되면 번역가는 번역을 의뢰받은 직후 글을 다듬는 일부터 해야 하고 글을 쓴 사람에게 확인하는 일이 발생한다.

번역에서 비문이 문제가 되는 경우는 대개 다음과 같다.

1) 군더더기나 이중표현 등이다.

  - 동쪽을 향해 걸어간다. → 동쪽으로 걸어간다.

  - 이러한 상황 아래에서 → 이러한 상황에서

  - 빠른 기간 안에 처리하겠습니다. → 빨리 처리하겠습니다.

  - 입추의 여지없이 많은 → 정말(매우) 많은

  - 거의 대부분 → 대부분

2) 주어-술어관계가 호응하지 않는 경우이다.

  - 나는 지금 그가 보고 싶은데, 내가 몹시 사랑하는 사람이다.

  - 현대 문명이 추구하는 과정에서 인간은 도구화 되었다.

  - 언제나 나는 그 가수가 좋은데, 모르겠어.

3) 수식어와 피수식어가 맞지 않는 경우이다.

  - 나는 예쁜 화분에 심은 꽃을 샀다.

4) 의미가 불분명한 경우이다.

  - 나는 할머니의 그림을 좋아한다.

  - 정말 좋아하는 사람과 정말 싫어하는 사람들이 난 싫어요.

5) 쓸데없이 문장을 길게 쓴 경우이다. 짧게 나눈다.

  - IMF관리 체제를 벗어나기 위해서는 지금까지의 패러다임을
    완전히 바꾸는 대변혁이 요구된다. → 뜯어 고쳐야 한다.

6) 주부에 주어술어관계가 두세 번 반복되어 너무나 긴 경우이다.

7) 산업기술문서인 경우, 일본식 현장용어나 축약된 영어가 사용되어 있다.

8) 소위 콩글리시가 많이 들어있는 경우이다.

실제 한영번역작업을 하다보면 위와 같은 경우에 번역가는 어떻게 해야 하는가를 정리해본다. 다소의 차이는 있겠지만 다음이 번역 실무에서 중요한 번역의 과정이요 절차이다.

1) 의뢰인의 한국어 텍스트를 통독하면서 누가, 누구에게, 왜, 어떻게 말하는 지를 살핀다. 이것이 뉴마크 교수의 거시적 분석에 해당한다.

2) 한국어 텍스트에서 비문이나 모르는 용어를 표시한다.

3) 주요용어를 백과사전과 용어사전을 찾으며 뜻을 이해한다. (지식백과, 전문정보 포함)

4) 영어사이트에서 가장 유사한 내용의 텍스트를 몇 개 찾아 메시지를 비교해 본다.

5) 전체적으로 다시 영어문장구조를 상상하며 한국어 텍스트 의미를 단순화시켜 본다.

6) 주요 어휘와 표현을 영어로 적어본다.

7) 각종 사전과 문법 그리고 용례사전을 활용하여 영어로 번역한다. 이때 google도 활용한다.

8) 초고완성 → 교열책임자에게 일반적인 지적을 받음 → 피드백을 바탕으로 수정 → 수정본 완성 → 교열책임자의 최종 점검을 받아 완성한다.

2.2.3 다양한 의미의 현장: 미국생활 정착기

요즘 젊은이들이 많이 활용하는 유튜브에서 가져온 자료이다. <International Student Experience Part 2: Culture Shock>에서 외국인 학생이 미국 콜롬비아대학교 비즈니스 스쿨을 다니면서 경험한 내용을 발표하였는데 여기에서 문화 차이로 인한 언어표현의 다양한 의미를 다루고 있다. 그의 피피티 자료를 발췌하면 다음과 같다.11)

American Phrasebook

"How are you [doing]?"
Meaning: Hello. (This is not a question)

"Let's have lunch sometime."
Meaning: I'm just being polite.

"I'll have to think about it."
Meaning: I thought about it, but the answer is no.

첫째, 그 학생은 "How are you?"가 의문문인 줄 알았는데, 단순히 "안녕!"이라는 뜻임을 알게 된 것은 시간이 상당히 지난 후이었다는 것이다. 그때까지 그는 교과서에서 배운 대로 "I'm fine, thank you. And you?"라고 답했을 것이다. 이는 한국 젊은이에게도 똑같이 해당되는 경우이다. 이럴 때, 번역의 입장에서 본다면 무어라 번역하는 것이 정확할까하는 생각을 하게 된다. 글자그대로 직역을 한다면 "어떻게 지내세요?"일 것이고, 이 질문에 꼭 답을 해야 한다는 생각으로 "저는 잘 있습니다. 그쪽은요?"라고 말할 것이다. 그러나 위에 언급한 상황을 감안하여 번역한다면 지나가는 말로 "안녕!"하면 될 것이다. 여기에서 핵심은 문법적으로 말한다면 의문문이지만 평서문으로 번역해야 제대로 이해한 것이고 제대로 번역했다고 말할 수 있다.

둘째, "Let's have lunch sometime."이라는 표현을 직역하면 "언젠가 점심 한번 합시다."일 것인데, 미국인도 인사말로 이런 표현을 쓴다는 사실을 알게 되면 참 재미있다. 양국에서 모두 진지하게 쓰는 표현이라는 관점에서 본다면, 직역으로는 맞다. 그러나 대충 무심하게 말할 때 쓰는 표현이라는 관점에서 어조를 바꾸어 번역을 해본다면, "언제 밥 한번 먹죠."일 것이다. 여기에서 핵심은 언어표현을 사용상황에 맞게 번역해야 한다는 것이고 여기에서는 약간 비격식적(informal)으로 번역하는 것이 답이 될 것이다.

셋째, "I'll have to think about it."를 직역하면 "제가 거기에 대하여 생각해보아야 하겠어요."일 것이다. 그런데 속뜻은 "내가 생각해보았는데요. 답은 아니오 입니다."라는 것이다. 그러면 우리는 이때 어떻게 번역을 해야만 할까? 글자 그대로 번역하고 속뜻은 다르다고 주석을 붙일 것인가? 아니면 처음부터 속뜻으로 번역해야 할까? 고민하게 된다. 여기에서 핵심은 번역문을 한국어라는 목표어(target language) 사용자들에게 간단명료하게 전달해야한다. 말하는 사람의 의도에 맞는 속뜻으로 번역해야 한다는 입장에서 "그건 아닌데요."로 번역하는 것이 낫다고 말할 수 있는 것이다.

여기에서 번역학과 관련하여 설명한다면, 첫째 예문번역에서는 학교에서 글의 종류에서 배운 내용과는 다르지만, 화자의 의도에 맞게 의문문을 평서문으로 경우에 따라서는 평서문을 의문문으로 번역할 수 있는 것이다. 둘째 예문번역에서 생각해 볼 수 있는 점은 원문과 번역문의 양 언어에서 똑같은 속뜻을 가지더라도, 사용 상황에 맞추어 격식적으로(formal) 번역할 지 비격식적으로 번역할 지를 결정해야하는 번역자의 어조판단능력이 필요하다고 할 수 있다. 셋째 예문번역과 관련해서는 겉으로의 의미가 아니라 속뜻을 파악하여 간단명료하게 번역할 수 있어야 한다. 이를 정리해보면, 겉으로 긍정(affirmative)문이지만 부정(negative)문으로 번역할 수도 있으며, 겉으로 부정문이지만 속뜻을 헤아려 긍정문으로 번역할 수 있다. 영어 수동(passive)문을 한국어 능동(active)문으로, 한국어 능동문을 영어 수동문으로 번역할 수도 있다는 생각을 가져야 제대로 번역작업을 할 수 있다.

이 외국인 학생이 영어권에서 경험한 언어사용의 충격사례는 계속된다.

"You would want to do X."

Meaning: Do X now!

"That's interesting!"

Meaning: I have nothing good to say about it.

첫째, 미국인 교수가 외국인 학생에게 말한 "You would want to do X."을 직역하면 "너는 어떤 일을 하길 원할 것이야."이다. 그러나 교수의 속뜻은 무엇일까? 나중에야 이 외국인 학생은 "당장 그 일을 해!"라는 속뜻을 알게 된다. 그러면 우리는 이를 한국어로 어떻게 번역해야 할 것인가? 당연히 점잖은 평서문 대신에 직설적인 명령문으로 번역하는 것이 한국독자가 알아듣기 편할 것이다.

둘째 예문 역시 미국인 교수가 외국인 학생에게 한 말이다. 발표를 했는데, "That's interesting!"이라고 교수가 반응을 보였다. 역시 겉으로는 긍정적인 의미로 이야기한 듯하지만, 외국인 학생은 그 말이 "내가 자네 발표에 대하여 해줄 좋은 말이 별로 없네."라는 뜻임을 나중에 알게 된다. 단순히 웃자고 하는 이야기만은 아니다. 물론 진짜 긍정적으로 하는 반응일 수도 있으나 아닐 수도 있다는 것이다. 여러분은 이를 번역한다면 어떻게 할 것인가? 번역자의 상황이해에 따라, "흥미로운데요." "흥미롭기는 한데 ..." "흥미롭지만 글쎄요." "별로 할 말이 없구먼." "별로요." 등 여러 가지로 번역을 할 수 있을 것이다.

이와 같이 영어텍스트와 영미권 문화를 이해하고 한국어 텍스트를 만들어내는 작업을 영한번역이라고 하며, 반대로 한국어 텍스트와 한국 문화를 이해하고 영어 텍스트를 만들어내는 작업을 한영번역이라고 한다. 따라서 영한번역작업에서는 영미문화를 심층적으로 이해하면서 원천어인 영어 텍스트를 제대로 파악하는 이해능력을 필요로 하며 목표어 독자인 한국인에게 적합한 번역문을 쓸 줄 아는 표현능력이 동시에 필요하다. 한국사회와 기업체에서 영어와 한국어를 동시에 할 줄 아는 인재를 원한다는 면에서 영어 원어민을 따라잡는 모방능력만을 가진 외견만 화려한 외국 유학파보다 번역과 통역을 잘하는 졸업생이 더 쓸모가 많을 것이다. 또한 한국어에서 출발하여 영어에 도착하는 작업인 한영번역 작업에서는 한국문화를 심층적으로 이해하면서 원천어인 한국어 텍스트를 제대로 파악하는 이해능력을 필요로 하며 더불어 목표어 독자인 영미인에게 적합한 영어번역문을 쓸 줄 아는 표현능력이 동시에 필요하다. 이는 한국사회와 문화를 그리고 한국문학과 영화를 외국에 홍보하는 정부 차원과 한국제품을 외국인에 널리 알리고 판매해야하는 한국의 기업 차원에서 한국어와 문화의 이해를 바탕으로 양질의 영어 홍보문과 설명서를 작성할 수 있는 인재라면 더욱 쓸모가 많아질 것이다.

1) 김정우. 「번역의 관점에서 본 외래어 표기법과 로마자 표기법」. 『번역학연구』. 한국번역학회, 9.2 (2008): 68.

2) 김정우. 「번역의 관점에서 본 외래어 표기법과 로마자 표기법」. 『번역학연구』. 한국번역학회, 9.2 (2008): 78-80.

3) 김정우. 「번역의 관점에서 본 외래어 표기법과 로마자 표기법」. 『번역학연구』. 한국번역학회, 9.2 (2008): 86.

4) 구인환. 『국어용어사전』. 신원문화사, 2006, 157.

5) http://www.hankyung.com/news/app/newsview.php?aid=2001111594181&intype=1

6) http://www.korean.go.kr/09_new/minwon/qna_list.jsp

7) 이응백, 김원경, 김선풍. 『국어국문학자료사전』. 한국사전연구사, 1988.

8) 위 예문들이 나오는 사전에서 '피차를 구별하다'라는 한국어 표현을 썼는데, 이는 연어(連語; collocation)개념으로 보면 '피아를 구별하다'로 바꾸어야 할 듯하다.

9) http://learningenglish.voanews.com/content/a-23-2006-12-05-voa2-83128877/125809.html

10) http://learningenglish.voanews.com/content/red-hot-in-the-pink-green-with-envy-greenbacks-brownouts-blackouts/1840747.html

11) http://www.youtube.com/watch?v=H82IFq0HbTQ

3장. 지명과 작품제목 번역전략

여기에서는 각종 지명, 역이름, 기관이름 등 고유명사를 로마자로 표기하거나 영어로 간단한 번역을 요하는 경우와 문학작품과 영화의 제목을 번역하는 연습을 한다. 가장 간단한 번역작업이다. 1) 이미 번역되어있는 문학작품과 영화제목 번역의 오류찾기 2) 서울시 지하철 1호선 주변의 문화 지도 표기하기 3) 울산의 관광지 지명을 영어로 표기 및 번역하기 등을 통하여 우리주변에 실재하는 자료를 바탕으로 번역맛보기 작업을 수행한다.

3.1 문학작품과 영화제목 오류 찾기

번역은 정말 노력하지 않으면 오류와 오역을 만들기 쉽다. 다음의 예는 전문가들의 번역이라서 우리에게 너무도 익숙하여 오역인줄 모르고 사용하는 것들이다. 영문학자인 이재호 교수는 이러한 예들을 모아 한편의 논문으로 정리 발표 하였는데,1) 그 해설을 보면서 왜 오역인지를 살펴본다.

- 다음에서 문학작품과 영화의 제목번역이 맞으면 ○표 틀리면 ×표 하시오.

___ 1. *Great Expectations*:『위대한 유산』(저자는 찰스 디킨스)

___ 2. *The Scarlet Letter*:『주홍글씨』(저자는 너대니얼 호손)

___ 3. *For Whom the Bell Tolls*:『누구를 위하여 종은 울리나』(어니스트 헤밍웨이)

___ 4. *Lady Chatterley's Lover*:『채털리 부인의 사랑』(데이비드 로렌스)

___ 5. *Legends of the Fall*:『가을의 전설』

___ 6. *Dead Poets Society*:『죽은 시인의 사회』

- 위 작품제목 번역이 틀리다면 맞는 번역은 무엇인가?

/정답/

1. *Great Expectations*:『위대한 유산 → **막대한 유산**』

영국의 작가 찰스 디킨스의 장편소설. 1861년 간행. 마지막에서 핍에게 큰돈을 주었던 은인이 어렸을 적 먹을 것을 보태주었던 탈옥수였던 것이 판명되어, 크게 기대했던 '위대한 유산'은 수포로 돌아가지만 핍은 본래의 순수한 마음을 되찾게 된다는 이야기이다. 한 청년의 정신적 성장을 중심으로 19세기 영국의 금전만능주의를 비판한 소설이다.

2. *The Scarlet Letter*:『주홍글씨 → **주홍글자**』(Adultery → Angel)

미국의 작가 N.호손의 장편소설. 1850년 간행.

17세기 중엽, 청교도의 식민지 보스턴에서 일어난 간통사건을 다룬 작품이다. ... 남편으로부터는 아무런 소식도 없었고 그러는 동안 헤스터는 펄이라는 사생아를 낳는다. 헤스터는 간통한 벌로 공개된 장소에서 'A(adultery)'자를 가슴에 달고 일생을 살라는 형을 선고받는다. 하지만 그녀는 간통한 상대의 이름을 밝히지 않는다.

3. *For Whom the Bell Tolls*:『누구를 위하여 종은 울리나 →
   누가 죽었기에 조종이 울리나』

미국의 작가 E.헤밍웨이(1899~1961)의 장편소설. 1940년 출판. 미국의 젊은 대학 교수인 로버트 조단은 에스파냐 내란에서 반(反)프랑코파의 게릴라 부대에 참가하여 적군의 중요한 교량을 폭파하고 자신도 적탄에 맞아 쓰러진다. 작품은 이 폭파 임무를 수행하는 3일 동안의 주인공의 경험을 다룬 것이다.

4. *Lady Chatterley's Lover*:『채털리 부인의 사랑 → **채털리**
   부인의 연인[애인] / 레이디 채털리의 애인』 (귀족Sir의
   부인경칭, 사냥터지기 game keeper 멜로즈)

영국의 작가 로렌스의 장편소설. 1928년. 코니의 남편은 중상을 입고 하반신 불수가 된다. 코니는 남편에게 헌신적으로 봉사하지만 그녀의 성본능과 모성본능은 충족시킬 수 없고, 마음의 공허와 생활의 무의미를 느끼게 된다. 이 때 처음으로 나타난 남성이 극작가 마이클리스였다. 이후 코니는 산지기 멜라스를 만난다. 드디어 그녀는 그에게서 따뜻하고 충만한 애정을 느끼고 삶의 즐거움을 알게 되어 새로운 삶에 눈뜬다.

5. *Legends of the Fall*: 『가을의 전설 → **타락의 전설**』

영화 처음에 낙엽 장면이 나오니까 아마 이렇게 번역한 듯한데, 기독교 문화권에서는 the Fall은 의심의 여지없이 '타락'이다. 비디오테이프 해설에 "순진함으로부터 타락한 후 전설은 시작된다."(After the Fall from Innocence the Legend begins.)라고 풀이해 놓았다. 기독교에서 the Fall은 아담과 이브의 타락에서 비롯된 인간의 '타락'을 뜻한다.

6. *Dead Poets Society*: 『죽은 시인의 사회 →죽은 시인들 클럽』

여기에서 society는 '사회'란 뜻이 아니라 The English Society (영어회화클럽)에서처럼 '클럽'[동아리] 정도의 뜻이다. 규율이 엄격한 대학예비학교 웰튼 아카데미에 영어선생 키팅이 부임하고 나서 그에게 감화 받은 학생들이 영시애호 비밀클럽을 만들었는데 그 클럽 이름이 Dead Poets Society이며, 죽은 시인의 '사회'가 아니다.

3.2 서울의 문화지도

서울 지하철 1호선 부근의 문화지도를 영어로 번역해달라는 의뢰가 들어왔다고 가정하자. 엄밀히 말하면 로마자 표기와 번역을 동시에 진행해야 한다. 다음은 신뢰할 수 있는 자료를 바탕으로 번역작업을 해보기로 한다. 우선 '1호선'은 '지하철 1호선'이다. '지하철'은 Subway, Underground 등을 쓰지만 한국은 미국식으로 Subway를 사용한다. 1호선을 'The First Line'일까 'Line One'일까 아니면 'Line 1'일까? 마지막 표현을 주로 사용한다. '푸르지오' 아파트의

표기는 무어라 할까? 'Purgio'일까 'Greening'일까? 실제 사용하는
이름은 r과 u가 앞뒤 바뀐 'Prugio'이다. 왜냐하면 'Purgio'가 발음이
나 철자면에서 'purge'(제거, 숙청)이나 'purgatory'(연옥, 지옥) 등 부
정적인 이미지를 연상시키기 때문에 이를 피했을 것이다. 이것은
필자의 추정일 뿐이며 다른 이유도 있을 수 있다.

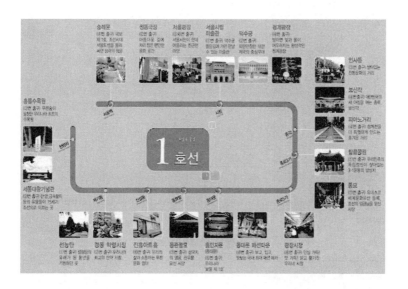

고유명사는 상식적으로 이해 안 되는 경우도 많다. 당사자나 또
는 해당 회사나 기관이 쓰는 대로 따라야 한다. 고유명사이기 때문
에 존중해야 하는 것이다. 어떤 경우는 그 기업의 회장실로 전화하
여 비서에게 회장님의 영문 스펠링을 (정확히 말하면 로마자 표기)가
르쳐 달라고 해야 한다. 이런 식으로 시간이 걸리는 경우를 만나게
되면 번역가는 시간도 절약하고 정확한 표현을 찾을 방법이 필요
하다. 이럴 때 사용하는 것이 서울시가 운영하는 <외국어 표기사
전>(구, 영문표기사전)2)이다. 이 사전은 매우 유용하다. 이 사전을

최대한 활용하여 다음의 표현을 표기하거나 번역해 보기 바란다. 지하철 역 이름은 로마자표기로 하면 될 것이며 관광명소 이름은 로마자표기와 어휘번역이 동시에 진행될 것이다.

<지하철 역 이름 표기-번역 찾아쓰기>

서울역	
시청	
종각	
종로3가	
종로5가	
동대문	
동묘앞	
신설동	
제기동	
청량리	

<관광명소 이름표기>

숭례문	
정동극장	
서울광장	
서울 시립미술관	
덕수궁	
청계광장	
인사동	
보신각	
피아노거리	

탑골공원	
종묘	
제기동	
광장시장	
동대문 패션타운	
흥인지문	
동관왕묘	
경동 약령시장	
선농단	
세종대왕 기념관	
홍릉 수목원	

<각 대학이름 찾기: 로마자 표기와 의미번역>

고려대학교	
한국외국어대학교	
서울대학교	
연세대학교	
이화여자대학교	
울산대학교	
전남대학교	
전주대학교	
경상대학교	
경남대학교	
부산대학교	
성공회대학교	
성신여자대학교	

3.3 울산의 관광지 지명

영어전공자는 자신이 살고 있는 지역의 관광지를 안내할 기회가 있을 것이다. 그리고 외국인에게 제대로 안내하는 것이 자신의 책임이기도 하다. 그런데 많은 경우, 대학의 영어영문학과 교수님들은 여기에 관심이 없다. 위에서 학습한 <로마자표기법>과 어휘번역을 활용하여 관광지 지명을 번역해보기로 한다. 다음은 학생의 원본(→ 표시 앞부분)과 지적을 받은 후에 고친 수정 본(→ 표시 뒷부분) 그리고 교열자의 설명(→ 표시 다음)을 보면서 번역에 관한 설명을 해본다. 이 작업은 자신 주변의 유명한 장소를 영어로 익힘으로써 영어학습의 효과를 높인다는 차원에서도 반드시 필요한 작업이다. 문화재청*과 국립중앙박물관* 사이트 그리고 한국관광공사*와 각 지역 관광안내사이트를 활용하고, 각 도시의 도청-시청 사이트의 문화관광 안내, 각 시도 관광협회 사이트 등을 활용하면 좋다. 1)~16)의 설명을 잘 읽고 원리를 터득하여 17)~32)를 직접 설명하고 여러분의 안을 제시하기 바란다.

http://www.cha.go.kr/
http://www.museum.go.kr/
http://www.visitkorea.or.kr/

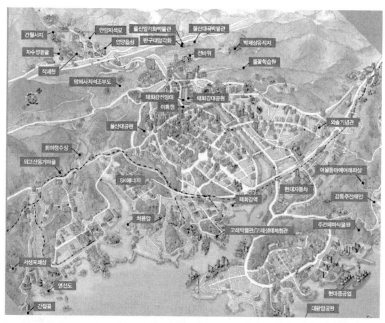

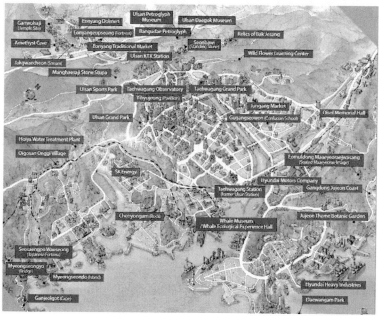

1) 간월사지[間月寺址] Ganwolsaji → Buddha Left Upper Limb Ganwol Stone (문화재청)

→ 앞쪽은 로마자로 표기한 것이고, 뒤쪽은 유래를 추적하여 의미번역한 것이다. 문화재청에서 해당 설명을 찾았는데 한자로 間月寺址 또는 澗月寺址로 적혀 있는데 후자가 더 많이 기록되어 있다. 필자는 문화재나 관광지 이름을 i) 로마자표기한 후 ii) 연이어 그 범주-종류 표기한 후 iii) 필요하면 의미번역을 병기하는 것을 권한다. 이리하면 <간월사지[澗月寺址]: Ganwolsaji Temple Site>이 될 것이다. Buddha Left Upper Limb Ganwol Stone는 '간월사지 석조여래좌상'을 번역한 것으로 보인다.

2) 자수정동굴[紫水晶洞窟] Amethyst Cave → Jasujeong dong-gul

→ 앞쪽은 의미 번역이오, 뒤쪽은 로마자 표기이다. 표기를 통일하자면 로마자표기를 앞에, 의미번역은 뒤에 놓는다. Jasujeong dong-gul은 합치면 더 낫다. 이리 하면 <자수정동굴

[紫水晶洞窟]: Jasujeongdonggul Cave, Amethyst Cave>가 된다.

3) 작괘천[酌掛川] Jakgwaecheon → Jakgwaecheon Stream

→ 이제부터는 한국어와 한자 부분을 생략하고 로마자표기와 영어번역만을 다루기로 한다. <Jakgwaecheon Stream>으로 일단 표기하고, 그 의미를 찾아 의미번역을 시도한다.

4) 언양지석묘[彦陽支石墓] Eon-yang Dolmen (문화재청 영문표기)

→ 여기에서는 '언양'은 로마자표기로 '지석묘'는 의미번역을 하였다.

5) 언양읍성[彦陽邑城] Eon-yang Eupsung → Eon-yang Eupseong

→ 학생의 원본은 '읍성'의 로마자표기에서 로마자표기와 영어표기를 동시에 하였다. 로마자표기법에 따르면 '성'은 'seong'이다. 그다음에 범주표시를 해야하는데 '읍성'이 어떻게 생겼는지, 어떤 용도로 축조된 것인지를 확인하고 'castle'이나 'fortress' 중에서 선택해야 할 것이다. 글자로만 번역한다면

당연히 'castle'이지만 용도와 문화적 차이를 반영한다면 쉽게 'castle'로 갈 수 없다.

6) 울산암각화박물관 Ulsan Petroglyph Museum
→ '울산'은 로마자 표기이고 '암각화 박물관'은 의미번역이다.

7) 반구대암각화 Bangudae Petroglyphs
→ '반구대'는 로마자 표기이고 '암각화'는 의미번역이다. 영어 단어 'petroglyph'는 petro 돌, 암, 석의 뜻이고 glyph는 각, 형상의 뜻의 결합어이다. 석유를 영어로 뭐라 하는지 찾아보면 petroleum인데 이를 어원사전에서 찾으면 <early 15c. "petroleum, rock oil" (mid-14c. in Anglo-French), from Medieval Latin petroleum, from Latin petra "rock" (see petrous) + oleum "oil" (see oil (n.))이라고 나온다. 번역을 하다보면 어원(etymology)사전을 가끔씩 뒤져야 하는데 필자는 요즈음 종이사전을 쓰지 않고 Online Etymology Dictionary (http://www.etymonline.com/)를 쓰고 있다.

8) 울산대곡박물관 Ulsan Daegok Museum

→ 두 번의 로마자 표기와 한 번의 의미번역의 결합이다.

9) 선바위[立石] Seonbawi → Seonbawi (Standing Stone)

→ 이는 1)의 원칙에 따라 표기한다면, <Seonbawi Rock 또는 Standing Stone>이 된다.

10) 박제상유적지 Historic Site of Park Je-sang

→ 일단 그대로 맞다. 혹시 historic site는 historical site는 아닐까? 왜 아닌지 설명할 수 있으면 여러 분은 대단한 실력을 가진 것이다. google.com 검색창에 historical site를 치면 historic site 라는 표현이 주로 뜨고 간혹 historical site가 보인다. historic site를 치면 거의 이것만 나온다. 그렇다면 historic site가 맞는 것이다. 영어전문가로서 이러한 상황을 무어라 설명할 것인 가? '연어'(連語; collocation)라는 개념으로 설명해야 한다. 연어 란 말 짝꿍사전이라고 보면 된다. 어떤 단어는 아무 단어와

결합하는 것이 아니고 결합하는 단어가 대개 정해져 있다는 것이다. 번역과 영어글쓰기에서 이것이 매우 중요하다. 외국어로 영어를 공부하는 사람들의 영어 글을 원어민이 보았더니 이상하게 쓰는 것들이 보였다 한다. 이를 수년간 전 세계에 걸쳐서 자료를 모아 만든 사전이 연어사전이다. 일단 두 가지를 소개한다. *Oxford Collocations Dictionary*와 *BBI Dictionary of English Word Combinations*이다. 서점에 가서 한번 구경해보면 영어번역에서 꼭 필요한 사전이라는 느낌이 들 것이다. 여러분은 media라는 단어를 얼마나 활용할 수 있을까? mass media, social media, multimedia, media studies 정도 아닐까? 그런데 media를 꾸밀 수 있는 다양한 형용사나 명사그룹, media가 verb + media일 경우 가능한 동사그룹, media가 주어일 때 다음에 나오는 동사그룹 등으로 나누어 media의 다양한 용례를 보여주는 정말 좋은 사전이다. 다음 그림에서 확인해보기를 바란다. media의 예에서 보듯이 혹시 우리가 정말 갯수로만 많이 아는 영어단어 실력이지 활용능력으로 보면 매우 아쉬운 영어실력을 가지고 있다. 이때 도움을 주는 사전이 연어사전이요 활용사전이다. BBI사전은 한국어로 번역되어 출판되고 있다.

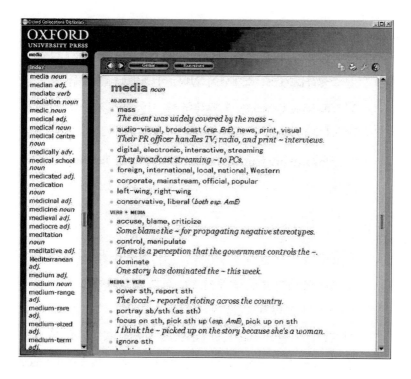

media noun

ADJECTIVE
- mass
  The event was widely covered by the mass ~.
- audio-visual, broadcast (*esp. BrE*), news, print, visual
  Their PR officer handles TV, radio, and print ~ interviews.
- digital, electronic, interactive, streaming
  They broadcast streaming ~ to PCs.
- foreign, international, local, national, Western
- corporate, mainstream, official, popular
- left-wing, right-wing
- conservative, liberal (*both esp. AmE*)

VERB + MEDIA
- accuse, blame, criticize
  Some blame the ~ for propagating negative stereotypes.
- control, manipulate
  There is a perception that the government controls the ~.
- dominate
  One story has dominated the ~ this week.

MEDIA + VERB
- cover sth, report sth
  The local ~ reported rioting across the country.
- portray sb/sth (as sth)
- focus on sth, pick sth up (*esp. AmE*), pick up on sth
  I think the ~ picked up on the story because she's a woman.
- ignore sth

11) 들꽃 학습원 Wild Flowers Studying Center

→ 로마자 표기가 없이 곧바로 의미번역을 하였다. 이렇게 하면
한국어와 영어표현 사이의 공통점이 없어져 버린다. 외국인
이 "How can I get to Wild Flowers Studying Center?" 라고 영어
로 물어보는 경우, 영어에 능통하지 못한 한국인은 이에 대한
답을 할 수 없다. 이 정도 영어는 한국인이면 누구나 할 수
있다고 생각해서일까? 그러나 "How can I get to 들꽃학습
원?"한다면 영어가 능통하지 않은 한국인이라도 눈치 빠르
게 '들꽃학습원'이라는 소리로 인하여 손짓발짓으로라도 길
을 가르쳐주는 의사소통이 가능해진다. '들꽃학습원'을 로마

자 표기하면 'Deulkkot - hakseupwon'이다. 다음으로는 한국관
광공사 사이트에 보면 <Ulsan Wild Flower Learning Center(울
산 들꽃학습원)>로 소개되어 있다. 이 표현이 더 적합 할 듯하
다. Studying Center는 좀 딱딱하며, 미국인이 자주 쓰는 표현
은 역시 Learning Center이기 때문이다. 최종안은 <들꽃 학습
원: Deulkkot-hakseupwon, Ulsan Wild Flower Learning Center>
이다.

12) 외솔 기념관 Oe-sol Memorial Hall

→ 앞쪽은 로마자 표기이요 뒤쪽은 의미번역이다. '외'의 로마자
표기는 틀리기 쉬운 경우이므로 특히 조심하여야 한다. 한국
어 '외'는 로마자로 'oi'가 아니라 'oe'이다. 그렇게 보면 잘
된 표기 및 번역이다. 다만 Oe와 sol 사이에 하이픈을 왜 넣었
을까? 안 넣는 것이 더 나을 듯하다. 필자의 최종안은 Oesol
Memorial Hall이다.

13) 태화강 대공원 Taehwa - river Grand Park

→ 앞쪽은 로마자 표기이요 뒤쪽은 의미번역이다. 여기에서 논
의될 수 있는 것은 태화강의 표기이다. 들꽃학습원 번역에서
이야기한 의사소통에 더 적합한 번역으로 보면 Taehwa-river
가 틀린 것은 아니나 좀 비효율적일 수 있다. 한국인이 river
라는 영어단어를 못알아 들으면 어떻게 할까를 생각해보면
Taehwagang River라고 말하면 한국인-외국인 모두에게 원원
이 되지 않을까 한다. 그리고 중국과 일본 관광객을 위해서
한자를 병기한다. 따라서, 필자의 최종안은 <태화강 대공원

[太和江 大公園]: Taehwagang River Grand Park>이다.

14) 태화강 전망대 Taehwa - river Observatory

→ 13)번과 같은 구조이고 같은 번역절차를 거쳐서 필자의 최종안은
  <태화강전망대[太和江 展望臺]: Taehwagang River Observatory>이다.

15) 울산대공원 Ulsan Grand Park

→ 비교적 쉬운 번역이다. 앞쪽은 울산의 로마자 표기이고 뒤쪽
  은 의미번역이다. 다만 대공원의 '대'를 big이나 large를 쓰지
  않고 grand를 쓴 이유는 무엇이라고 설명하겠는가? 아주 간
  단하게 말하면 미국인이 그렇게 쓴다라고 말할 수도 있으나,
  번역의 입장에서 근거를 대자면 10)번의 연어개념이 적용되
  어 있다고 말할 수 있다.

16) SK 에너지 SK Energy

→ 최근 회사명을 만들면서 영어를 한글로 표기하는 회사들이 늘
  어나고 있다. 주로 새로운 기술과 기술혁신을 강조하기 위해
  서 일 것이다. 심지어 한국 대기업체의 공식명이 과감해지고
  있다. 영어를 직접 가져다 쓰는 경향이다. LG, S-oil, CJ, SK
  등이다. 이는 회사이름을 번역하기 보다는 이미 영어단어를
  한글로 표기하였기 때문에 영어로 환원하여 적어주면 된다.

17) 외고산 옹기마을 Oegosan Onggi Village

→

18) 처용암 [處容嵓] Cheoyongam (문화재청 영문표기)

→

19) 현대자동차 Hyundai Motor Company

→

20) 강동주전해안[朱田海邊] Gangdong Jujeon Beach

　→ _____

_____

_____

_____

_____

_____

_____

21) 주전테마식물원 Jujeon Theme Botanical Garden

　→ _____

_____

_____

_____

_____

_____

_____

22) 현대중공업 Hyundai Heavy Industries Company

　→ _____

_____

_____

_____

_____

_____

23) 대왕암공원 Daewangam Park

→

24) 고래박물관 Whale Museum

→

25) 태화강역 Taehwagang Station

→

26) 명선도[名仙島] Myeongseondo → Myeongseondo Island of Taoist

→

27) 간절곶 [艮絶串] Ganjeolgot → Ganjeolgot Cape

→

28) 서생포왜성[西生浦倭城]West captured dwarf → Seosaengpo Japanese Fortress

→

_____

_____

_____

_____

_____

_____

29) 어물동 마애여래좌상[於勿洞磨崖如來坐像] Eomuldongmae Buddha Seated State → Eomuldongmae Buddha Seated Statue

→

_____

_____

_____

_____

_____

_____

30) 망해사지석조부도[望海寺址石造浮屠]

Manghaesajiseongjobujo → Manghaesaji Stone Stupa

→

_____

31) 회야정수장 Huiya a purification plant → Hoeya Water Purification
   Plant

   →
   _____

   _____

   _____

   _____

   _____

   _____

   _____

32) 이휴정[二休亭] The recess → Ihyujeong Pavilion (Gazebo, Summer-
   house)

   →
   _____

   _____

   _____

   _____

3.3 수입영화제목과 뉴마크의 번역방법

3.3.1 영화제목의 번역전략

수입영화 제목번역 중 영한번역과 관련하여 분석할 논문은 지은영의 「수입영화 제목의 번역 유형에 관한 연구: 미국영화를 중심으로」3)라는 국내석사논문이다. 이 논문은 2000년도에 수입된 미국영화를 중심으로 영화제목이 어떤 번역방법으로 번역되었는지를 연구하였다. 이 해에 수입된 359편의 영화 중 미국영화는 202편이다. 저자는 고유명사의 외래어 표기를 음역으로 보아 직역에 포함시키고 있다. 저자는 분류기준을 위 뉴마크 교수의 이론에 근거하되 약간 변형하여 직역, 의역, 개역, 음역으로 4 가지로 나누고 미국영화의 제목 번역을 분석하였다.

영국의 저명한 번역학자 뉴마크(Peter Newmak)는 『번역교과서』에서 번역이란 단순히 옮기는 작업을 넘어서 양 언어(원천언어 Source Language와 목표언어 Target Language)를 모두 이해하고 표현할 줄 알아야 가능하고, 문화요소, 정보요소, 예술요소 등 복합적인 의미를 알고 있어야 한다고 하였다. 따라서 기술적인 숙련과 창조적인 재능을 필요로 한다고 하였다. 영한번역은 서로 다른 언어 간의 대체행위로서 뉴마크의 이론과 부합한다.

우리는 일반적으로 번역을 직역과 의역으로 나눈다. 이를 번역학 입장에서 말하면 문자번역(word for word translation, literal translation)과 재량번역(free translation)으로 바꾸어 말할 수 있다. 이는 어느 것이 좋고 나쁜 것이 아니라 텍스트의 종류에 따라, 번역의 대상이 누구인지에 따라, 원하는 번역의 결과와 효과가 무엇인지에 따라 달라진다. 또한 원저자를 존중하는 번역(예, 대학수업에서 영소설 읽기)을 할 것인지, 아니면 한국의 독자를 존중하며 번역(번안소설, 번안가요)할 것인지에 따라 달라질 수도 있다.

뉴마크는 이를 좀 더 세분하여 원저자 또는 원천어 텍스트를 강조하는 번역방법을 (1) 축어역; word for word translation (2) 직역; literal translation (3) 충실한 번역; faithful translation (4) 의미번역; semantic translaltion 등 4가지로 나누었다. 독자-청자 또는 목표어 텍스트를 강조하는 번역방법을 (5) 개작이나 번안; adaptation (6) 재량번역; free translation (7) 관용적 번역; idiomatic translation (8) 의사소통 번역; communicative translation 등 4가지로 나누어 설명하였다. 실제 번역에서도 매우 유용한 방법들이니 여러분은 반드시 이해하여 기억해야 한다.

뉴마크에 대한 이론을 분석한 한규만(2011)에 따르면, 뉴마크는 번역 방법을 설명하기 위하여 편평형 V자 도표로 제시하고 있다.(Newmark, 45)

원어 강조	목표어 강조
Word-for-word translation	Adaptation
Literal translation	Free translation
Faithful translation	Idiomatic translation
Semantic translation	Communicative translation[4]

이 여덟 가지 번역 방법은 나름대로 존재 가치가 있지마는 일반적으로 영한 번역 학습자에게 최종적으로 추천되는 것은 도표 양쪽의 마지막 방법들이다. 즉 의미중심 번역법(Semantic Translation)과 의사소통중심 번역법(Communicative Translation)이다. 번역가의 임무는 두 언어를 연결하는 것이므로, 원어와 목표어 양자가 서로 가장 가까운 곳에 있는 방법이 의미중심 번역법과 의사소통중심 번역법이다. 뉴마크의 여덟 가지 번역 방법을 일직선상에 배치해 보면 쉽게 이해할 수 있다.

필자 - - - W L F S - - - - - - - C I F A - - - 독자
◀ 원어중시 ◀　　▶ 목표어중시 ▶

이제는 지은영의 「수입영화 제목의 번역 유형에 관한 연구: 미국영화를 중심으로」이라는 논문에서 미국영화의 제목이 한국어로 어떻게 번역되었는지를 살펴보면서 번역의 원리와 적용을 동시에 학습하고자 한다.

첫째, 직역을 하여 무난한 경우로 다음의 영화를 들고 있다: *Citizen Cane*『시민 케인』, *The Piano*『피아노』, *I Want to Live*『나는 살고 싶다』, *The Great Escape*『위대한 탈출』; *Rocky*『로키』, *Ghandi*『간디』, *Forest Gump*『포레스트 검프』, *The Green Mile*『그린 마일』; *Rear*

Window 『이창』, Gaslight 『가스등』, The Maltese Falcon 『말타의 매』. 이 11편의 영화를 세미콜론(;) 표시를 중심으로 4편, 4편, 3편 세 가지로 나누어 설명하고 있다.

그러나 이를 음차와 의미번역 개념으로 조망하면 1) 순수 음차만 있는 경우 2) 순수 의미번역만 있는 경우 3) 음차와 의미번역이 혼합된 경우로 나눌 수 있다. 이에 따라 재분류하면 1) 음차 5편: The Piano 『피아노』, Rocky 『로키』, Ghandi 『간디』, Forest Gump 『포레스트 검프』, The Green Mile 『그린 마일』 2) 의미번역 3편: I Want to Live 『나는 살고 싶다』, The Great Escape 『위대한 탈출』, Rear Window 『이창』 3) 음차와 의미번역 혼합 3편: Citizen Cane 『시민 케인』, Gaslight 『가스등』, The Maltese Falcon 『말타의 매』 이다.

이와 같이 번역의 원리는 그동안 아무렇게나 보아왔던 번역현상을 관점을 가지고 바라볼 수 있게 해준다. 이러한 것들이 쌓여서 번역의 원리와 방법을 만들어내며, 다시 이러한 원리와 방법들이 쌓여서 번역학 이론을 만들어낸다. 다른 학문과 달리 번역학은 거의 2000년 이상 있어온 현장과 실무에서 축적된 언어자료를 바탕으로 세워진 실천학문이라 말할 수 있다. 둘째, 다의어로 인하여 직역이 문제된 경우를 논하고 있다: Reservoir Dogs 『저수지의 개들』과 The Accidental Tourist 『우연한 방문객』이다. 일종의 오역으로서 우리가 공부해볼 만하다. 대중을 상대로 하는 영화제목이 오류를 가진다고 아무도 생각하지 않을 것이나, 부주의하거나 신중하지 못하면 이러한 오류가 발생한다. 전자는 일종의 갱영화인데 영화 속에서 저수지를 어슬렁대는 개들은 전혀 나오지 않는다. 다만 이리저리 어두운 곳을 어슬렁대는 폭력배들만 잔뜩 득실거리는 영화이다.

영화제목이나 문학작품 제목은 상징적인 경우가 많다. 제목 번역에서 단어에만 집착하지 말고 거시적 안목이 필요하다. Reservoir가 일반적으로 '저수지'이지만 갱들의 영화라면 '저장고' '모이는 회합장소'가 가능하다. 사전을 뛰어넘는 상상력과 창조적인 생각을 가져야 한다. 그리고 암흑가의 사람들은 상소리를 잘하는 것도 기억하고 Dogs가 '개들'을 넘어서 비유적으로 '놈들' '자식들' '새끼들'이라는 의미가 될 수도 있음을 상상해내는 능력이 필요한데, 영화를 보거나 번역하면서 제목과 연결하여 생각을 하지 못한 탓이다. 현대에 와서는 컴퓨터와 인터넷상에 온갖 정보가 다 들어있다. 많은 단어를 암기하는 것이 큰 자랑이 못되는 시대에 산다. 모르는 단어가 나오면 스마트폰을 켜서 사전도 찾고 지식검색을 하는 시대이다. 타전공자들도 거의 해외영어연수를 다녀와 영어가 일상화된 시대에, 영어전공자가 옛날방식으로만 훈련을 받으면 환영받지 못한다. 전공자는 비전공자보다 많이 아는 것도 중요하지만, 사전과 인터넷 지식을 뛰어넘는 언어적 문학적 상상력이 필요한 시대이다.

다음으로 번역 오류가 생긴 영화 제목은 *The Accidental Tourist* 『우연한 방문객』이다. 소설을 영화로 만든 것인데, 계획에 없던 타 지역을 여행하게 되는 사람들을 위한 여행 안내서를 쓰는 작가의 이야기이다. 방문객이라 하면 다른 사람 집을 방문하는 자로서 '손님'을 지칭한다. 그런데 여기에서는 여행 안내서이므로 글자 그대로 여행을 하는 자인 '여행자'를 위한 지침서이다. '방문객'과 '여행자'가 유사해 보이지만 목적과 입장에 따라 뉘앙스의 차이가 있다. 우선 제목번역을 '우연한 여행자'로 바꾸고 '우연한'이 적합한 지는 다시 고민해야 한다. 앞에서 설명한 '연어'개념으로 설명하자면 <형용사+명사>인 경우, 명사를 우선 제대로 찾은 다음에 적절한 한국어 형용사를 찾는 것이 순서이다.

셋째, 제목만 보고 직역하여 문제가 된 경우이다: Bring Up Baby 『아이 키우기』, North By Northwest 『북북서로 기수를 돌려라』. 영화 Bring Up Baby는 자기가 키우는 표범을 고모 집으로 보내려는 주인공의 이야기이다. 여기에서 baby는 자신의 애완동물인 표범이다. baby가 일반적으로는 '아이' '아기'이지만 반려동물을 정성껏 키우는 사람들에게는 귀여운 '애완동물'이 된다. 따라서 제대로 된 번역은 '표범 키우기'일 것이다. 다음으로 영화 North By Northwest에는 주인공이 비행기를 탑승하는 장면이 보이고 항공사 이름이 Northwest인 것이 보인다. 미국은 워낙 사기업이 강하고 방송도 사기업이므로 흔히 협찬을 받고 영화제목에 특정 항공사 이름을 넣는 것이 가능하다. 그래서 미국 TV 드라마에서 특정상품을 간접 광고하는 것을 흔히 볼 수 있다. 한국 방송드라마에서 특정상표 옷을 입으면 로고를 흐리게 처리하는 것을 수시로 보는데 비하여 미국은 이를 관대하게 허용하고 있다. 번역자가 이러한 미국문화를 이해하지 못해서 생긴 오류일 수 있다. 따라서 By Northwest가 '노스웨스트 항공을 타고'이므로 전체 번역은 '노스웨스트 항공을 타고 북쪽으로'이다. 제목이 좀 길다고 생각하면 여러분이 최대한 줄여보기 바란다.

넷째, 의역이 잘된 경우이다: Death Becomes Her 『죽어야 사는 여자』, Filofax 『수첩속의 행운』. 영화 Death Becomes Her는 한국어

로 번역하기 힘든 영어문장이다. 영어에서는 무생물이나 추상명사가 주어가 되는 경우가 많으나, 한국어에는 사람이 주어가 되는 경우가 많기 때문이다. 1) 영어와 다른 특성상 한국어로 번역하려면 일단 사람을 주어로 놓고 생각해보게 된다. 2) Her는 대명사이므로 한국어에서는 명사로 바꾸는 것이 좋다. 1)과 2)를 함께 생각해본다. 한국어번역에서 사람을 주어로 하게 되면 '여자는 ~'이 가능하다. '죽음'은 뒤로 처리하기로 한다. 이러한 것들이 앞에서 말한 유진 나이다의 <번역의 과정>에서 전이(transfer)와 재구조화(restructuring)이다. 이 과정을 거치면 제목이 '여자는 죽는다'이다.

'여자는 죽는다' '여자는 죽게 된다' 등도 영화내용을 보면 무언가 허전한 느낌이 들 것이다. 영화내용은 이러하다. 성형외과 의사를 두고 두 여성이 경쟁과 질투를 하게 된다. 영원히 예뻐지는 사랑의 묘약을 먹고 육체적으로 영생을 하게 된다. 성형외과 의사는 죽는다. 장례식에 나타난 여인은 그의 죽음을 보고 아름답게 죽어 영원히 산다는 의미를 깨닫게 된다. 이러한 스토리를 알게 되면 '깨닫는다.', '다시 산다.'는 표현을 가미할 수 있게 된다. 영화 내용이 육체와 영혼을 통하여 세상을 다시 보게 되는 전환이 있는 이야기이므로 '여자는 죽어야 산다.' 라는 멋진 번역이 탄생한 것이다.

다음 영화의 제목인 *Filofax*는 영국의 명함꽂이 지갑수첩 브랜드 이름이다. 그런데 주인공중 한 사람은 신용카드와 업무내용이 적혀있는 이 수첩을 잃어버리게 되고 다른 한 사람은 이를 습득하게 된다. 회사 중역과 탈옥수의 운명이 뒤바뀌는 코미디이다. 영화제목인 단어 *Filofax*를 영어사전을 뒤져서 '필로팩스'나 '필로팩스 수첩'으로 번역했다고 하면, 번역가인 나는 잘못한 것 하나도 없다는 말은 할 수 있겠지만 관객 흥행이나 감동은 덜 했을 것이다. 이 제목의 번역가는 길지 않으면서도 영화의 내용 해설까지 곁들인 번역으로『수첩속의 행운』이 창조된 것이다. 번역을 잘하면 번역가는 창조자가 된다.

다섯째, 의역이 잘못된 경우이다. *The Morning After*『살의의 아침』, *Little Man Tate*『꼬마천재 테이트』. 영화 *The Morning After*는 알코올 중독자 여배우가 아침에 일어나보니 낯선 남자시체가 곁에 있었다. 자신이 저지른 것으로 착각하고 무서워 도망을 가게 된다. 이 논문의 저자에 따르면 이 영화에서 살의가 느껴지는 장면은 전혀 찾아볼 수 없다고 하였다. 아마 '사람을 죽인 후의 아침' 정도로 생각한 듯하다. 이 표현은 하나의 이디엄으로 '숙취 다음날 아침'의 뜻을 가지고 있다. 각각 단어를 나름대로 번역하면 안 되는 경우이다. 이디엄이란 그 언어와 문화에서 새로운 의미를 가지면서 정착된 것이기 때문이다. 따라서 이 번역은 과도한 번역이며 오역이며, '숙취'나 '다음날 아침' 어느 것도 좋은 번역이 될 것이다.

이 논문의 저자에 따르면 *Little Man Tate*는 두뇌는 어른처럼 빨리 성장했으나 감성은 여전히 어린 아이로서 영재의 상처와 어머니의 아픔을 담고 있는 영화이다. 아이는 영재교육보다는 엄마와 함께 지내기를 바라는 이야기이며 평범하게 살고 싶은 아이의 이야기로 보인다. 그렇다면 이러한 감성과 정서를 담는 번역을 해야 한다. 여러분은『꼬마천재 테이트』보다는 '평범하고픈 테이트' '아이는 아이일 뿐'이라는 번역어는 어떠한지 토론해보라.

여섯째, 개역이 잘된 경우이다. 이는 뉴마크에 따르면 재량번역 (자유번역)과 관용적 번역방법에 해당한다. 전자는 *Girl, Interrupted*

『처음 만나는 자유』, The Ghost 『사랑과 영혼』이다. Girl, Interrupted 와 같은 동사의 분사가 사용되는 경우, 번역이 쉽지 않고 길어질 가능성이 높은데 짧게 의미번역을 잘한 경우이다. The Ghost는 현대어로 직역을 하면 '유령' '귀신'이 될 터인데 긍정적으로 번역을 잘 하였다. ghost라는 단어는 과거에는 부정적인 의미가 없었다. 기독교에서 성부, 성자, 성신을 말할 때 'Holy Ghost'를 사용하였고 현재는 'Holy Spirit'을 쓴다. 번역을 할 때, 문맥 또는 상황이 중요하고, 긍정적으로 번역할 것인지 부정적으로 번역할 것인지를 판단하는 것이 제일 먼저 할 일이다.

일곱째, 개역이 잘못된 경우이다. The Unbearable Lightness of Being 『프라하의 봄』, Coal Miner's Daughter 『위대한 탄생』. 「수입영화 제목의 번역 유형에 관한 연구: 미국영화를 중심으로」의 저자는 이 작품은 밀란 쿤데라의 소설 '존재의 참을 수 없는 가벼움'을 영화화한 것인데, 체코의 자유화 운동과 소련에 의한 탄압이라는 상황에서 펼쳐지는 한 남자와 두 여자의 사랑 이야기이라는 것이다. 영화 속에 프라하 침공이 나오기는 하지만, 자유운동과는 상관이 없는데 지나치게 억지로 가져다붙인 결과라는 해석을 하고 있다.

Coal Miner's Daughter는 미국 켄터키 주 광산촌 광부의 딸로 태어난 여주인공이 나이 많은 남자와 갑자기 결혼하며 순탄치 못한 부부생활을 하게 된다. 중고기타 선물을 받고 음악에 전념하게 되는 여주인공이 자신의 음악적 재능을 발견하게 되면서, 미국 컨트리 음악의 전설적인 여가수로 성장하는 전기 영화라고 논문의 필자는 설명한다. 아무리 유명한 가수의 일대기를 다룬다 해서 『위대한 탄생』은 지나친 번역이라는 주장이다. 그러나 처음에 이 영화의 제목을 『광부의 딸』로 정했다가 바꾼 사실로 미루어 볼 때, 필자의 판단으로는 영화제목이 잘못 번역되었다고 말하기 보다는 『광부의 딸』이 너무 밋밋하고 관객호응을 불러일으키기 어렵다고 판단하고 좀 화려한 결과를 의식하여 『위대한 탄생』으로 정한 것이라고 이해할 수 있겠다. 『위대한 탄생』이 결과를 강조한 것이고, 『광부의 딸』이 출발을 강조한 번역이라고 보면 무난할 듯하다. 경우에 따라서 번역행위는 관객 및 청중의 심리적 충격과 영화의 흥행에 따른 기업의 이윤까지 고려해야 하는 것이다.

여덟째, 음역으로 번역한 경우를 다루는데 영어제목 전체를 음역한 경우도 있고, 일부만 음역을 한 경우도 있다: *Once Upon a Time in America*『원스 어폰 어 타임 인 아메리카』, *Romeo Is Bleeding*『로미오 이즈 블리딩』, *Against All Odds*『어게인스트』, *The Hunt for Red October*『붉은 10월』, *Eye for an Eye*『아이 포 아이』, *Legal Eagles*『리갈 이글』 등.

이 논문의 결론으로 2000년 수입영화 제목의 번역방법을 '직역' '의역' '개역' '음역'으로 나누었을 때 총 145편의 영화 중 직역이 10편, 의역이 10편, 개역이 11편, 음역이 압도적으로 많은 112편을 차지하고 있다고 분석하였다. 따라서 음역이 영화제목번역의 큰 흐름임을 알 수 있다. 여기에서 짚고 넘어갈 것은 왜 영화제목을 주로 음역을 하는 지이다. 1) 의미번역이 어렵기 때문에 포기하는 것이다. 2) 목표관객층이 주로 젊은 층이기 때문에 이국적인 느낌을 주기 위해서일 것이다. 그러나 음역이 판치는 영화제목번역은 바람직한 현상은 아니다. 영화배급사에서는 싼값에 영화번역을 하기 보다는, 문화보급자로서 꼭 필요한 비용은 부담하면서 좋은 번역제목을 관객에게 제시하는 것이 책임있는 자세일 것이다.

3.4 한국영화제목 번역전략

한영번역 학습을 위하여 선택한 논문은 오미형의 「한국영화의 제목번역 고찰」이다. 영화라는 매체는 대중적이고 현대사회의 앞선 기술을 보여주기 때문에 항상 흥미진진한 대중매체이다. 또한 제목은 짧고 응축적이어서 많은 것을 시사하고 잠재관객에게 강한 호소력을 갖기 때문에 영어 학습에 매우 적합하다고 판단하였다. 또한 영화번역은 영상번역의 한 분야로서 번역가에게 매우 흥미로운 번역분야이기도 하다.

오미형(2012, 60)은 영화제목이 갖는 중요성에 대하여 다음과 같이 말한다.

> 뉴스 뿐 아니라 영화에서도 제목이 갖는 중요성은 매우 크다. 영화는 시장에서 최대한 많은 관객으로부터 선택받아야 하는 상품이라는 점에서 제목은 상품의 이름이나 브랜드와 같은 역할을 한다. … 한국영화는 해당 시장의 국내영화와 헐리웃 영화에 대항하여 관객의 눈길을 사로잡기 위한 노력을 더 많이 기울여야 한다. 이때 관객이 영화에 대해 가장 먼저 접하는 정보인 제목은 영화에 대한 인상을 형성하는데 상당한 역할을 하게 된다.[5]

이 논문이 다루고 있는 영화자료는 영화관련 공식기구인 영화진흥위원회의 KMDB (http://www.kmdb.or.kr/)를 기준으로 하고 있다. 2011년 1월 1일 기준 KMDB에 수록된 한국영화는 총 2,796편이고 이 중 1999년 이후 발표된 영화로 본 연구의 분석대상이 된 것은 총 723편이다.

영화제목을 정하는 일은 영화에 대한 정보를 제공할 뿐만 아니라 보고 싶은 욕망을 불러일으켜야 한다는 면에서 상당히 고난도의 문학적 행위이다. 이는 암시적일 수도 있으며 정서적으로 의도한 바를 환기시켜야 한다. 그러므로 한국영화제목 번역도 한국어를 영어로 바꾸는 단순한 바꾸기 작업을 넘어선다. 경우에 따라서 한국인에게 상영될 경우의 제목과 외국인에게 상영될 경우의 제목이 달라질 수 있다. 왜냐하면 서로 다른 언어구조와 문화체계를 가지고 있기 때문에 전달방식이나 강조방식이 바뀔 수 있기 때문이다. 일반 영어 학습에서와 같이 원저자와 원제목을 절대 존중하는 것은 영화번역에서 오히려 경계할 일이 된다.

영화제목의 번역은 기본적으로 상위 테스트인 영화 한편의 일부로서 줄거리에 대한 정보를 제공하고 영화의 매력을 더해 관객의 관람 욕구를 자극한다는 목적을 가지고 있을 뿐 아니라(Yin 2009: 171), 문화를 넘나드는 것이기에 때로는 도착어 관객의 문화적 감수성을 고려하여 변형이 가해져야 할 때도 있으며, 국가에 따라 제목 짓기의 관습이 다르고 언어유희 등의 사용으로 인해 언어적인 측면에서 번역의 난제를 제시하기도 한다. 이러한 배경에서 번역을 둘러싼 직역과 의역의 이분법적 구도가 자막처리에 나타나는 과정이나 쟁점 사항을 파악하는데 만족스러운지에 대한 의문(Gambier 2004: 370)은 영화제목 번역에 대해서도 상당한 유관성을 갖는다고 볼 수 있으며, 출발텍스트인 영화제목자체가 갖는 특징과 도착텍스트 생산의 목적 및 환경을 고려한 보다 폭넓고 다양한 번역방법에 대한 고민이 필요하다.6)

오미형(67-68)은 제목의 번역방법을 크게 무번역(zero translation), 음차 (transliteration), 직역(literal translation), 조절(adaptation), 새로 쓰기 (text production)로 나누어 분석하였다. 논문저자(67)는 "음차는 출발어를 도착어의 발음 규칙에 따라 적는 것을 뜻하며, 직역은 한국어 제목의 어휘를 영어 대응어로 번역한 것을 말한다. 한편, 조절은 직역과 달리 영어 대응어가 있으나 대응어가 아닌 다른 어휘를 사용하거나 형식 등의 요소에 변화가 발생된 경우이며, 마지막으로 새로 쓰기는 원래의 영화제목과 의미가 완전히 다른 영어제목으로 번역을 한 경우"임을 밝히고 있다. 그리고 자주 사용되는 무번역은 "영화제목이 '오디션', '히어로2010', '인플루언스'와 같이 애초에 영어로 만들어져 영어로 번역할 때 원래의 어휘를 한글표기에서 영어철자로 바꾸기만 하면 되는 것"(68)을 지칭하였다. 이 분석의 배경에는 두 가지 번역학 개념이 들어있는데, 뉴마크의 이론과 비네이 - 다르벨네의 이론이다. 위 두 가지 이론은 이미 설명하였으므로 필요할 경우 간단히 언급하기로 하고, 여기에서는 생략하기로 한다.

다음으로는 저자의 한국영화제목의 한영번역에 관한 분석 작업을 세밀히 살펴보기로 한다. 총 723편의 한국영화 중 무번역은 120건으로 전체의 15.83%를 차지했다. 무번역한 영화제목을 제외한 603건을 대상으로 번역 방법을 분석한 결과 이중 직역이 256건으로 전체의 42.45%를 차지했으며, 새로 쓰기가 172건 28.52%, 조절이 137건으로 22.72%, 음차가 38건으로 6.30%를 각각 차지하고 있었다. 이는 미국영화 제목을 한국어로 영한 번역할 경우와 비교해보면 상당히 다르다는 것을 알 수 있다. 구분기준이 약간 다르기는 하지만 한번 비교해보기 바란다.

1) 고유명사의 음차의 예는 다음과 같다. (한국어 제목/ 영어 제목)

오세암 / Oseam

철수♡영희 / Chulsoo and Younghee

실미도 / Silmido

봉자 / Bongja

Gil-son and Ga-mi from *Oseam*

음차가 영화제목의 '영한 번역'에 있어서는 압도적인 방법이지만, 한국영화를 외국에 알리는 한영번역에서는 낮은 활용빈도를 보이고 있다. 고유명사 음차와 영화제목 전체 음차를 합하여 6%정도로 이는 세계 영화시장에 알려지지 않은 한국어를 해외시장에서 음차 하는 것은 의사소통에서 실패할 확률이 높기 때문일 것이다.

2) 영화제목 전체를 음차한 경우의 예이다. (한국어 제목/ 영어 제목)

비상 / Bisang

이리 / Iri

바보 / BA:BO

별 / Byul

비천무 / Bichunmoo

소름 / Sorum

이러한 방식의 음차는 1)의 고유명사의 음차보다 더욱 조심해야 할 방식이다. 고유명사가 아닌데도 음차를 하는 것은 한영번역의 어려움이나 두려움 때문에 번역을 포기한 것으로 볼 수 있다. 한국어를 통해 이국적인 정서를 자극하려는 특정 의도가 없는 이상 지양해야 할 번역방법이다. 그리고 1)과 2)에서 사용한 음차는 정확히 말하면 '로마자표기법'인데 위의 예는 2000년에 제정된 표기법을 지키지 않고 있다.

3) 영화제목을 전체 직역한 경우의 예이다. (한국어 제목/ 영어 제목)

- 어휘
  박하사탕 / Peppermint Candy
  여배우들 / Actresses
  비단구두 / Silk Shoes
  시 / Poetry
  시간 / Time

- 구문
  오래된 정원 / The Old Garden
  이웃집 남자 / The Man Next Door
  나의 결혼 원정기 / My Wedding Campaign
  호로비츠를 위하여 / For Horowitz
  내 마음의 풍금 / The Harmonium in My Mind

- 문장
  그놈은 멋있었다 / He was Cool

여자는 남자의 미래다 / Women is The Future of Men

나의 불행에는 이유가 있다 / There's a Reason to My Misfortune

악마를 보았다 / I Saw Devil

누구나 비밀은 있다 / Everybody Has a Secret

　분석대상 전체의 42%를 차지하는 직역은 어휘단계, 구단계, 문장단계로 나뉘는 것을 볼 수 있다. 어휘와 구 차원의 직역은 목표어의 대응어나 등가를 비교적 쉽게 찾아 해결한다. 문장의 직역은 상황이나 문맥을 알고 시도하여야 하는데 비교적 잘 번역되었다고 말할 수 있다. '멋있다'를 cool로 번역한 것이나, 한국어에서 단수로 나온 '여자' '남자'를 영어에서는 복수로 처리한 것은 일단 영화내용을 반영한 것으로 보인다. 만일 영화의 내용이 각 단수의 남녀에 관한 것이라면 오역이 된다. '나의 결혼원정기'는 억지로 국제맞선을 보게 된 농촌총각이 다양한 에피소드를 겪다가 예상치 않게 사랑하는 여자를 만나게 되는 영화의 내용인데 'My Wedding Campaign'으로 번역되었다. 일단 '원정기'에 상응하는 단어는 'Campaign' 'Expedition'이 있다. 한국에서 'Campaign'은 주로 선거나 사회활동에 많이 쓰고 있으므로 오히려 이를 피하는 것이 어땠을까 한다. 아니면 조금만 변형을 가하여 'Looking for Brides' 'Love's Long Journey'도 가능하다고 본다. 이상에서 직역된 영화제목에 대한 여러분의 생각은 어떠한지 토론해 보기 바란다.

　한편, 이 논문 저자(71-72)는 "문장형식을 띤 제목은 전체 중 65건이었는데, 이 중 문장형태를 유지하면서 직역된 영화 제목은 15건에 불과했다. 이는 문장 형태의 제목을 도착어[목표어]로도 동일하게 문장형태를 유지하면서 번역하는 것, 그러면서도 출발텍스트의 어휘 등을 그대로 직역하는 것은 비교적 어렵다는 점을 보여준다."라고 분석하였다. 뉴마크의 지적대로 의미가 잘 전달만 된다면 직역은 가장 정당하고 효과적인 번역방법이다. 실제 난이도있는 실무번역에서도 일반적으로 70~80%는 직역작업인데, 사전 속 수많은 뜻 중에서 문맥에 상응하는 뜻을 찾아내는 작업이 쉽지는 않다.

4) 조절: 고유명사가 포함된 제목의 명시화 (한국어 제목/ 영어 제목)

타짜 / Tazza: The High Rollers
오구 / OGU: A Hilarious Mourning
거칠마루 / Geochilmaru - the Showdown
신성일의 행방불명 / The Forgotten Child: Shin Sung-il lost
다세포소녀 / Dasepo Naughty Girls

'조절'의 첫 번째 방법은 대개 고유명사를 음차한 후 이에 대한 설명을 첨언하는 방식이다. 도박꾼에 대한 영화인 '타짜'에는 고액 배팅하는 도박꾼 high roller를, 장례굿 '오구'에는 '축제같은 장례식' 의미로 a hilarious mourning을, 무협사이트 인물인 '거칠마루'에는 '최후의 결전'을 의미하는 showdown 등을 보충하여 설명하였다. 일종의 풀어쓰기라고 말할 수 있다. '다세포 소녀'의 경우 등장인물의 이름이 아닌데 '다세포'를 고유명사화한 것은 정확한 번역은 아니나 나름 이유가 있다면 무엇인지 궁금해진다. 등장인물들의 엉뚱함을 담아 'naughty girls'로 설명하였다. naughty가 단순히 엉뚱함보다는 '버릇없는' '외설적인' 뜻도 있으므로 영화의 흥행을 위하여 일부러 약간 선정적으로 제목으로 번역했다고 생각된다.

5) 조절: 고유명사가 포함되지 않은 제목의 명시화 (한국어 제목/ 영어 제목)

너와 나의 21세기 / Our Fantastic 21st Century
궤도 / Life Track
마지막 선물/ His Last Gift
선물/ Last Present
인어공주/ My Mother, The Mermaid
달마야, 서울 가자/ Hi, Dharma 2 -Showdown in Seoul
더 게임/ The Devil's Game

'조절'의 두 번째 방법은 고유명사가 없는 상태에서 직역에 무언가를 첨가하여 설명하는 방식을 택하고 있다. '너와 나의 21세기'에서는 '21세기'를 중심으로 '너와 나의' 대신 적절한 형용사를 첨가하였으며, '궤도'에서는 직역인 Track앞에 Life를 추가하였고, '마지막 선물'에서는 직역인 Last Gift앞에 His를 추가하였고, '선물'은 직역인 Present앞에 Last를 추가함으로써, 제목의 의미를 명시화하는 작업을 하였다. '인어공주'에서도 My Mother를 앞에 추가하여 'My Mother, The Maid'로 한영번역을 하였고, '더 게임'에서도 Devil's를 Game앞에 추가함으로써 'The Devil's Game'으로 번역하였다. 직역을 바탕으로 약간의 첨가를 함으로써 내용을 명시화하는 방법은 비교적 권장할 수 있는 한영번역 방법이라고 할 수 있다.

6) 조절: 시점의 전환 (한국어 제목/ 영어 제목)

소년, 천국에 가다 / A Boy Who Went to Heaven
주먹이 운다 / Crying Fist
거북이 달린다 / Running Turtle
어떤 방문 / Visitors
과속스캔들 / Scandal Makers
귀신이 산다 / Ghost House
사람을 찾습니다 / Missing Person
뚫어야 산다 / Dig or Die

논문의 저자는 "그러나 조절이 이루어지는 방식이 이처럼 꼭 명
시화를 포함하는 것은 아니다. … 시점을 전환하여 번역하는 방법
이 있다. '소년, 천국에 가다.', '주먹이 운다.', '거북이 달린다.'는
각각 한국어 제목의 동사보다는 '천국에 간 소년', '우는 주먹', '달
리는 거북이'로 행위자를 보다 강조하는 제목으로 시점이 변경되
어 번역되었다."(74-75)라는 주장을 한다. 여기에서 '시점'이라는 용
어가 무엇을 뜻하는지는 명확하지 않다. 오히려 문장구조의 면에
서 분석하는 것이 더 좋을 듯하다. 원제목 '소년, 천국에 가다.',
'주먹이 운다.', '거북이 달린다.' 는 공통적으로 주어+술어의 구조
를 보인다. 한편 영어로 번역된 제목의 구조를 보면 (번역과정의
transfer에 해당) '천국에 간 소년', '우는 주먹', '달리는 거북이'로서
모두 '명사와 수식어 구조'로 되어있다고 볼 수 있다. 순서대로 살
펴면 '명사 A Boy+수식절' '수식어+명사 Fist' '수식어+ 명사
Turtle'이다. 이는 필자의 책 '2.4.2 한국어의 문법적 특징'에서 밝힌

"영어는 명사선호구문이, 한국어는 동사선호구문이 발달하였다"
라는 지적과 일맥상통한다.(한규만, 25)

'어떤 방문'은 5)와 마찬가지로 설명을 추가한 명시화로 볼 수
있다. '과속스캔들', '귀신이 산다.'는 그 사건의 주체를 부각시켜
사건보다는 행위자를 내세운 것으로 볼 수 있으며, 비네이와 다르
벨네의 비교문체론으로 보자면 품사가 바뀌는 '치환' 또는 문장의
시점과 관점을 조절하는 '변조'로 분석할 수도 있다. 비교문체론에
따르면 '사람을 찾습니다.'와 '뚫어야 산다.' 도 주체와 객체의 뒤
바뀜으로 볼 수 있다.

7) 조절: 내용의 일부 변경 (한국어 제목/ 영어 제목)

국화꽃 향기 / Scent of Love
피아노 치는 대통령 / The Romantic President
학교전설 / The Spooky School
그녀들의 방 / The Room Nearby

논문저자(75)는 "원제목의 내용을 일부 바꾸어 영화의 내용이 보
다 잘 드러날 수 있도록 번역한 사례를 찾아 볼 수" 있으며, "'국화
꽃 향기'와 '피아노 치는 대통령'은 구체적인 사물을 누락한 대신,
영화의 주제인 사랑, 로맨티스트 대통령의 이야기라는 점이 드러
나도록 원제목의 일부 내용이 변경"되었다고 주장한다. 조금 다른
시각에서 보면, '국화꽃 향기'에서 '국화꽃'은 서양인들에게 그리
친숙한 꽃이 아니므로 이를 감추고 꽃이 상징하는 '사랑'으로 일반
화시킨 것이며, '피아노 치는 대통령' 역시 서양생활에서 대통령이

피아노 칠 수 있는 것은 당연할 수 있으므로 그 원래 의도를 찾아 사랑과 연결시켜 romantic이라는 단어로 일반화시킨 것으로 볼 수 있다. 한편, '학교 전설'에서는 전설의 의미가 여러 가지 있지만 스릴러에 맞는 단어는 spooky가 적합하다는 것을 잘 아는 번역가의 번역으로 보이며, '그녀들의 방'은 첨언을 통한 명시화 전략으로 볼 수 있겠다.

이와 같이 다양한 방법으로 시행되는 '조절'전략은 분석대상의 총 22.7%를 차지하고 있다. 다음으로 분석할 '새로 쓰기'전략은 분석대상의 총 28.5%를 차지한다. '새로 쓰기'에는 고유명사를 포함한 경우, 고유명사를 포함하지 않은 경우, 원제목 형태의 변형으로서 굳어진 도착어 표현 활용, 도착어 관용표현의 활용과 상호텍스트성의 활용 등이 포함된다.

8) 새로 쓰기: 고유명사 포함 제목 (한국어 제목/ 영어 제목)

대한이, 민국씨 / Love is Beautiful
된장 / The Recipe
광식이 동생 광태 / When Romance Meets Destiny
오! 수정 / Virgin Stripped Bare By Her Bachelors
황산벌 / Once Upon a Time in a Battlefield
마음이 / Hearty Paw

새로 쓰기의 번역 방법이 적용된 사례 중 대표적인 것이 고유명사가 포함된 경우이다. 위 예에서 '대한이, 민국씨', '광식이 동생

광태', '마음이'는 사랑이야기임이 드러나도록 내용첨가를 통한 명시화 전략을 구사하고 있다. '오! 수정' 및 '황산벌'은 사람 이름과 지명을 배제하고 이들이 무엇인지 설명하는 방식으로 번역되어 있는데 이는 한국인의 이름에 익숙하지 않은 외국인에 대한 배려방법으로 추천할 만한 번역방법이다.

한미관계를 잠깐 언급하자면, 두 나라는 국가적으로는 혈맹, 동맹관계이고 한국인은 미국의 인명과 지명에도 관심이 많지만, 미국인은 자기 나라가 워낙 크고 강하기 때문에 사실상 다른 나라에 거의 관심 없이 살아간다. 따라서 한국의 인명과 지명을 그대로 표기하지 않는 것을 원칙으로 삼아야 한다.

한국 음식인 '된장'도 외국인에게 로마자표기로 소개(Doenjang)한다든지 이를 직역하여 'Soybean Paste'로 번역하였다면 참 밋밋하고 외국인에게 난해한 제목이 되었을 것이다. 과감하게 세세한 내용을 생략하고 'The Recipe'로 제시하여 외국인 관객의 호기심을 불러일으키는 것이 번역목표이었을 것으로 추정할 수 있다. 'The Recipe'가 너무 밋밋하다면 더 좋은 영어제목에 대하여 토론해보기 바란다.

9) 새로 쓰기: 고유명사 불포함 제목 (한국어 제목/ 영어 제목)

안녕, 형아 / Little Brother
내 머리 속의 지우개 / A Moment to Remember
천년학 / Beyond Years
여행자 / A Brand New Life
화려한 휴가 / May 18

고유명사가 포함되지 않은 경우는, 일반적인 번역전략에 따라 영화의 줄거리를 반영하여 직역을 넘어서 다소 자유롭게 '조절' 또는 '새로 쓰기'가 좋은 방법이다. 비네이와 다르벨네의 비교문체 론으로 보자면, 다양한 '변조'와 '번안'을 활용하는 방법이 될 수 있다. '안녕, 형아'의 경우 아픈 형을 둔 아홉 살짜리 개구쟁이의 이야기이다. 심각한 병으로 입원한 형을 재미있는 장난으로 즐겁게 하는 순진무구한 어린 동생의 이야기이다. '안녕, 형아'하고 부르는 이는 '작은 동생'이다. 영어에서 형을 지칭하는 elder brother 와 말하는 주체인 어린 동생을 지칭하는 little brother가 있다면, 영어권사람들에게 많이 노출되어 친숙한 표현은 후자일 것이다. 따라서 'Little Brother'는 매우 잘된 번역으로 본다.

또한, 기억 상실 아내와 그 아내와의 사랑 추억을 남기려는 남편의 이야기인 '내 머리 속의 지우개'는 시점을 바꾸고 있다. 한국어 제목은 현재에 초점을 맞추고 있다면, 영어제목은 과거의 아름다운 추억에 초점을 맞추고 있다고 말할 수 있다. 이렇게 시점을 반대로 하면서도 같은 효과를 노리는데 어느 시점이 더 효과적인 전달을 할 수 있을 지는 그 제목을 보고 느끼는 독자-청자의 언어구조와 문화를 고려해야 한다. 번역은 목표어의 독자가 느끼는 사고와 감정의 총체적 효과를 고려해야한다는 유진 나이다의 '역동적 등가'를 생각나게 한다. '천년학' '여행자' '화려한 휴가'는 매우 과감한 '새로 쓰기'라고 볼 수 있다. 한국영화제목 '천년학'이 오랜 과거시간을 강조하였다면, 영어번역제목에서 '학'을 개입시켜서는 영어권 사람들의 정서를 자극할 수 없기 때문에 수많은 시간이 흘렀다는 의미로 영어권 사람들에게 친숙한 'Beyond Years'라는 표현을 찾은 것으로 보인다. '여행자'의 경우, 한국어 제목을 직역하지 않고 긴 여행 끝에 새로운 삶을 찾는다는 뜻으로 'A Brand New Life'로 정하여, 과거, 현재, 미래 시간개념을 과감하게 활용한 것으로 보인다. 한국어 제목 '화려한 휴가'는 실제 일어난 '참혹한 탄압'과 대조되는 상당한 역설을 담고 있는데, 이러한 문학적 개념을 표시하면 영어권 독자들이 접근하기 어렵다고 판단한 듯하다. 오히려 단순하게 광주민주화운동이 일어난 '5월 18일'(May 18)이라는 날짜를 제시하여 좀 더 영어권 관객들에게 가까이 가려는 시도로 보인다. 번역가는 아마도 영어권사람들에게 잘 알려진 도시 이름 'Gwangju'를 영어제목에 넣을 지를 두고 상당한 고민을 하였으리라 생각된다.

10) 새로 쓰기: 원제목 형태의 변형 / 굳어진 도착어 표현 활용
   (한국어 제목/ 영어 제목)

박쥐 / Thirst   문장 형식 변형 유무 ×
똥파리 / Breathless   문장 형식 변형 유무 ×
눈부신 날에 / Meet Mr. Daddy   문장 형식 변형 유무 ○
지금, 이대로가 좋아요   문장 형식 변형 유무 ○
       / Sisters on the Road

논문 저자는 '새로 쓰기'의 다른 형태로 '원제목 형태의 변형'을 추가하고 있다. 그리고 앞의 두 영화 '박쥐'(Thirst) '똥파리'(Breathless)는 한국어 제목과 영어번역제목이 하나의 어휘로 구성되어 문장형식을 변형하지 않은 것으로 보았고, '눈부신 날에'(Meet Mr.

Daddy) '지금, 이대로가 좋아요'(Sisters on the Road)는 문장형식이 변형된 것으로 보았다. 그러나 새로운 유형으로 분류할 필요가 있었을까하는 생각이 든다. 여기 4개의 번역을 전체적으로 보면, 뉴마크의 8가지 번역방법의 '재량'(자유)번역으로 보거나 '번안'으로 볼 수 있으며, 비교문체론으로 분석하면 '변조' '등가' '번안'의 번역전략으로 볼 수 있기 때문이다. 새로운 분류법을 채택할 경우에는 기존에 알려진 방법으로 해결이 되지 않을 때, 자신만의 새로운 분류방법을 제시하는 것이 타당하다고 믿기 때문이다.

뉴마크와 비교문체론에 입각하여 위 4개의 실제번역을 분석해 보기로 한다. '박쥐'는 논문저자가 논문 서두에서 밝힌 바와 같이, 매우 상징적이고 암시적으로 잘 번역한 경우로 보고 있다. '박쥐'를 'The Bat'로 번역하는 경우에 미국인들에게 'Batman'이 생각나게 되면, 한국영화 '박쥐'는 심리적 불안감의 상징성이 중요하므로 'Thirst'를 좋은 번역으로 볼 수 있다는 것이다. 이는 '박쥐'가 공포물의 느낌을 주기 위해서는 긴박한 순간의 갈증을 표현하는 것도 하나의 방법이므로 영어제목 'Thirst'는 비교적 과감한 번역으로 뉴마크의 번역방법 중 '재량'(자유)번역으로 볼 수 있으며, 비교문체론으로 분석하면 '변조' '등가' 등의 번역전략으로 볼 수 있기 때문이다.

'똥파리'(Breathless) 역시 구체적인 물체이름을 그대로 직역하지 않고, 작품의 암시성에 초점을 맞추어 비유적으로 작명을 한 것으로 보인다. 따라서 단어를 단어로 번역하였기 때문에 문장구조를 변형하지 않았다는 설명보다는 영어제목을 정하면서 적합한 단어를 찾아내고 그 단어의 활용도 높은 품사를 택한 것으로 보면 될 것이다. '눈부신 날에'(Meet Mr. Daddy)는 '구'가 '문장'으로 번역되었다는 지적은 타당하다. 더 나아가 번역가가 영화내용을 바탕으로 창조적으로 '자유번역'을 한 것으로 볼 수 있다. 한국어 제목이 사건의 시간을 강조하였다면 영어 번역제목은 그 시간에 이루어질 일에 초점을 맞추었다고 말할 수 있다. 마지막 예로서 '지금, 이대로가 좋아요'(Sisters on the Road)는 한국어 제목이 일종의 관용구로서 이를 영어로 번역할 마땅한 표현이 없기 때문에, 개성 있는 두 이복자매를 강조하여 시각적 이미지를 제시한 것으로 볼 수 있다.

크게 보아 '박쥐'(Thirst) '똥파리'(Breathless)는 구체적인 것을 추상적 개념으로 '변조'하면서 후자에서는 품사의 '치환'이 이루어졌다고 말할 수 있으며, '눈부신 날에'(Meet Mr. Daddy) '지금, 이대로가 좋아요'(Sisters on the Road)는 문장구조상으로는 '구'를 '문장'으로 변형하면서 심리적이고 추상적인 개념을 등장인물로 구체화한 것으로 보아도 무방할 것이다.

11) 새로 쓰기: 도착어 관용표현의 활용 (한국어 제목/ 영어 제목)

뭘 또 그렇게까지 / Lost & Found
아버지와 마리와 나 / Like Father, Like Son
연애, 그 참을 수 없는 가벼움 / Between Love and Hate
아는 여자 / Someone Special
죽어도 좋아 / Too Young To Die
우아한 세계 / The Show Must Go On

위와 같이 도착어의 속담이나 관용구 등을 사용하여 '새로 쓰기' 도 가능하다. 이는 원제목과 전혀 다른 영어제목을 만들어 내기도 하는데, 뉴마크의 '관용적 번역'이나 '자유번역'에 해당한다고 볼 수 있다. 비네이와 다블레네에 따르자면 간접번역의 '변조'를 일부 활용하면서 '등가'에 이르는 과감한 번역전략으로 일종의 창조적 단계라고 말할 수 있겠다. 영어제목 번역 6개가 직역을 과감히 뛰어 자유롭게 번역되면서도, 모든 예가 영어에서 일상적인 연어이거나 관용적 표현에 근거하고 있음을 보게 된다.

다음과 같이 역번역(back translation)을 하면 한국어제목이 영어 제목으로 번역되었다고 볼 수 없을 정도로 많이 다르게 느낄 수도 있다.

> 뭘 또 그렇게까지 / Lost & Found / 분실물 보관소
> 아버지와 마리와 나 / Like Father, Like Son / 그 아버지에 그 아들
> 연애, 그 참을 수 없는 가벼움 / Between Love and Hate /
> 사랑과 증오 사이
> 아는 여자 / Someone Special / 특별한 사람
> 죽어도 좋아 / Too Young To Die / 죽기에는 너무 젊어요
> 우아한 세계 / The Show Must Go On / 쇼는 계속되어야 한다

영어의 관용구나 영어권 사람들에게 친숙한 영어식 문장구조와 표현을 활용하고 있다. 이렇게 제목을 붙이려면 영어표현에 대한 고도의 감각을 필요로 한다. 번역학 입장에서 보자면, 원천어 저자 는 과감히 무시하면서 목표어 독자에게 가까이 다가가려는 번역 전략으로 보인다. 뉴마크의 '관용적 번역' '자유번역'이나 비네이

와 다르벨네의 '등가 번역전략'이 적용된 것으로 볼 수 있다. 그러나 이러한 번역전략이 목표어 독자에게 친숙함을 제공하기는 하겠지만 자칫 영화와 무관한 느낌이나 잘못된 느낌을 줄 수 있으므로 신중히 사용해야 한다.

12) 새로 쓰기: 상호텍스트성의 활용 (한국어 제목/ 영어 제목)

약탈자들 / The Pit and the Pendulum
저수지에서 건진 치타 / Who's That Knocking at My Door?
천하장사 마돈나 / Like a Virgin
여덟 번의 감정 / The Grass Is Greener

마지막으로 논문의 필자는 '상호텍스트성을 활용한 새로 쓰기' 전략이 있다고 분석한다. 목표어의 관용표현을 사용하는 단계를 넘어서 목표어 독자는 번역을 볼 때, 기존의 목표어 텍스트들을 읽었던 기억까지 동원된다는 것이다. 이는 목표어에 익숙한 표현이거나 강력하게 경험한 적이 있는 영화나 소설 등의 제목을 그대로 가져오는 방식이라고 말할 수 있다. 어찌 보면 영어권의 영화나 소설제목을 경험한 한국어 번역가가 영어권 사람들에게 통째로 그 제목을 다시 상기시키는 방식으로 사회, 문화적인 상황이 동원 된다면 일종의 '번안'에 해당하는 번역전략으로 볼 수 있다.

'약탈자들'을 영어로 번역할 때, 미국 작가 포(Edgar Allen Poe)의 단편소설 제목 'The Pit and the Pendulum'을 그대로 가져오는 방법이다. '저수지에서 건진 치타'는 'Who's That Knocking at My Door?'라는 1967년 미국개봉영화의 제목을 통째로 가져오고 있다. '천하장사 마돈나'는 한국어 제목부터 미국가수이름을 빌려온 경우인데 영어제목으로 마돈나의 노래제목인 'Like a Virgin'을 그대로 빌려 쓰고 있다. '여덟 번의 감정'은 'The Grass Is Greener'로 한영번역을 하였는데, 이는 1960년 개봉된 코미디 드라마이다. 동시에 "The grass is always greener on the other side of the fence."(담장 저편에 있는 잔디가 언제나 더 푸르러 보인다)를 줄인 속담표현이 개입되어 있기도 하다. 이러한 번역전략은 원천어의 영화제목에 연연하지 않으면서, 직역을 무시하고 목표어 독자와 청자를 가장 많이 의식하는 번역전략이라고 말할 수 있다.

만일 여러분이 영한번역작업중 이라고 가정하면서, '번안'전략을 최대한 확장하여 다음의 영화, 음악, 문학 작품 제목을 한국어로 바꾸어 보시오. 마당놀이로서 가능한 작품이 있는가?

1) *Hamlet:*

2) *Romeo and Juliet:*

3) *Clementine:*

4) *Robinson Crusoe:*

5) *Pocahontas:*

6) *Cinderella:*

7) *Casanova:*

8) *Lincoln:*

9) *Harry Potter:*

1) 이재호. 「문학작품·영화·미술·음악분야에서 오역된題目들」. 신영어영문학회, 『신영어
   영문학』 18집 (2001): 193-223.
2) http://englishname.seoul.go.kr/
3) 지은영. 「수입영화 제목의 번역 유형에 관한 연구: 미국영화를 중심으로」. 세종대학교
   대학원, 2002.
4) Newmark, Peter. *A Textbook of Translation*, Prentice-Hall 45.
5) 오미형. 「한국영화의 제목번역 고찰」. 『번역학연구』 제13권1호 (2012): 60.
6) 오미형. 「한국영화의 제목번역 고찰」. 『번역학연구』 제13권1호 (2012): 66-67.

4장. 원천어 텍스트분석과 번역연습

4장에서는 1) 원천어 텍스트를 분석하는 도구로서 '번역브리프 작성'을 시도한다. 뉴마크의 텍스트의 거시분석의 원리를 도입하여 이를 적용하는 연습을 할 것이다. 2) 원천어 텍스트를 이해하고 분석하는 방법으로서 '화자의 의도 분석' '텍스트 유형분석' '독자층 분석' '문체와 언어적 특징' '출판의 장소와 시간 분석' 등을 시도한다. 3) 원어 텍스트의 거시항목 분석으로 역사서, 번역가의 일상생활, 경영학 텍스트, 영시 텍스트. 문화재 안내서, 번역 등을 다룬다. 이 과정에서 번역을 단순히 사전을 뒤져서 글자 바꾸기로 생각하던 차원에서 번역원리를 의식하고 이를 적용하는 번역작업을 하게 된다. 이는 매우 중요한 단계로서 전문번역가의 길로 들어서는 단계이다.

4.1 원천어 텍스트의 브리프 작성

번역을 제대로 하려면 원천어 텍스트(Source Text)를 제대로 이해하여야 한다. 실제 전문번역가들이 번역의 첫 작업으로 텍스트를 읽을 때 <번역브리프>를 작성한다. 정연일은 「번역수업에 있어서 '번역브리프'의 역할」에서 "번역브리프란 번역사가 번역과업 수행과 관련하여 의뢰자로부터 받은 명시적, 암시적 지시사항 일체를 말한다. 번역행위의 산업공정적 성격을 강조해온 Sager는 이를 'specifications'로 개념화한 바 있고, … Janet Fraser가 앞서 차용해온 'brief'라는 개념을 번역학계가 널리 채택하자고 제안한 바 있다"고 설명하면서, 구체적으로 번역브리프가 4가지로 구성되며 구체적으로는 "의뢰자(Instigator), 주독자층(Primary Readership), 목적(Purpose), 번역물 텍스트타입(Target Text-type)"이라고 주장한다.1)

여기에서 1) 의뢰자는 번역과업을 발주하는 개인이나 회사이다. 2) 주독자층은 의뢰자일 수도 있고, 그 번역문을 읽기로 예정된 사람들이다. 3) 목적은 가변적이나, 라이스(Reiss)가 주장하는 '스코포스'(skopos)에 해당한다. 4) 번역물 텍스트타입은 원천어 텍스트타입 그대로일 수도 있고 달라질 수도 있다. 이들은 매우 중요한 개념으로 실제번역작업을 하기 전에 통독과 정독을 한 후 작성하게 된다. 예를 들면, 번역의뢰가 처음에는 자동차고객을 위해서 작성해달라고 하였다가 나중에는 판매사원교육용을 겸할 수 있도록 해달라는 경우도 있으며, 각종 영어판 외국어 경제지를 고위층 임원을 위하여 번역하다가, 일반사원들까지 볼 수 있도록 번역하는 경우도 있다. 사실, 이러한 브리프의 변경은 사소한 것 같지만, 생각보다 막대한 일손을 필요로 한다.

예비 번역가로서 가상의 영한 및 한영 번역브리프를 작성해보자.

- 정연일의 논문, 180쪽

	1차 브리프	2차 브리프
1. 의뢰자	포드코리아의 마케팅 담당 회사	좌동
2. 주독자층	포드포커스 구매의사를 가진 고객	포드포커스 구매의사를 가진 고객 +브로슈어 담당직원
3. 목적	전시장 방문고객 배부용	전시장 방문고객 배부용+ 최종 브로슈어 제작을 위한 핵심 참고자료용
4. 텍스트타입	브로슈어	브로슈어 +참고자료

연습 2

- Steve Jobs 스탠퍼드대학 졸업식 연설문을 대학생용에서 초등 생용으로 번역

	1차 브리프	2차 브리프
1) 의뢰자		
2) 주 독자층		
3) 목적		
4) 번역물 텍스트타입		

연습 3

- "Princess Snow-white"를 아버지의 나라를 회복하는 여전사로 영화 제작

	1차 브리프	2차 브리프
1) 의뢰자		
2) 주 독자층		
3) 목적		
4) 번역물 텍스트타입		

- 삼성전자 갤럭시 노트를 일반사용자용에서 미국 노령층용 설명서 번역

	1차 브리프	2차 브리프
1) 의뢰자		
2) 주 독자층		
3) 목적		
4) 번역물 텍스트타입		

- '위안부' 문제제기 신문용 사설을 미국중학생 교과서 수록용으로 전환

	1차 브리프	2차 브리프
1) 의뢰자		
2) 주 독자층		
3) 목적		
4) 번역물 텍스트타입		

4.2 원천어 텍스트의 이해와 분석

뉴마크에 따르면 원천어 텍스트를 이해하기 위해서는 우선 거시적 요소와 미시적 요소로 나누어 분석할 수 있어야 한다. 글을 읽는 방법으로 통독과 정독이 있다면 통독은 거시적 요소 분석과 관련이 있을 듯 하고, 정독은 미시적 요소 분석과 관련이 있을 것이다. 일반적으로 독해를 하게 되면 어휘실력과 문법실력으로 달려들게 되는데 이리하면 미시적 요소만 분석하는 경향이 있다. 글을 잘 읽으려면 글을 크게 보고 거시적 요소를 우선 분석하고 다음에 미시적 요소를 분석해야 한다. 큰 틀을 먼저 보고 들어가야 난해한 미세부분이 해결될 수 있다.

한규만은『영한번역의 이론과 실제』증보판(39-44)에서 뉴마크의『번역학 교과서』(*A Textbook of Translation*)의 '제 2장 텍스트의 분석'(Chapter 2 The Analysts of a Text)에 나오는 간편하고 일반적인 텍스트 분석방법과 용어를 소개하고 있다.2) 여러분은 다음에 나오는 용어를 철저히 숙지하길 바란다.

1) 텍스트 읽기(reading the text)에는 'general reading' 'close reading'이 있으며 텍스트 의도 파악하기에서 사용될 수 있는 용어는 'the type of language' 'the gram- matical structures'이다. 예를 들어 수동태와 비인칭동사의 사용은 책임을 지지 않으려는 의도를 보인다는 것이다.

2) 텍스트 문체 유형(text styles)으로는 나이다의 Narrative, Description, Discussion, Dialogue로 나누고 있다. Narrative는 역동

적 사건을 이야기하므로 동사, 동사+동사명사, 구동사 등이 사용되며, Description에서는 정적인 묘사이므로 연결동사, 형용사, 형용사명사가 강조된다. Discussion은 생각을 다루므로 추상명사와 개념, 사고동사, 논쟁과 연결사 등이 자주 나타난다. 그리고 끝으로 Dialogue는 구어적이고 교감적인 표현이 강조된다는 것이다.

뉴마크는 그의 책 다른 곳에서 언어의 기능에 따라 텍스트 분야를 분류하기도 한다. 언어의 기능에 따라 표현적(expressive), 정보적(informative), 호소적(vocative) 텍스트로 나누기도 한다. 표현적 텍스트란 시, 소설, 희곡의 문학 작품, (정치가, 목사, 학자 등의) 연설, 설교, 논문 등과 자서전, 수필, 서신 등 필자가 분명한 경우이다. 필자가 핵심이다. 한국어로는 '화자' '작가', '작자' 등으로도 불린다. 그리고 정보적 텍스트는 필자가 있으나 사회적 공인은 아닌 경우이다. 한국어에서 '작성자'로 불리는 경우이다. '진실'과 내용이 핵심이다. 과학 교과서, 기술 보고서, 상업적 신문, 산업 기사, 경제 비망록과 회의록 등이다. 그리고 호소적 텍스트는 필자가 누구인지 알 필요가 없으며 독자가 핵심이 되는 경우로, 게시문, 지시문, 선전, 광고, 대중 소설 등이다. 이 텍스트 분류는 번역에서 매우 중요하다. 작자를 우선하느냐와 독자를 우선하느냐에 따라 번역 방법이 달라지고 글의 성격에 따라 번역 문체와 어법이 달라지기 때문이다. …

번역이란 단어와 문장의 의미를 분석하고 다른 언어로 바꾸는 작업이므로 당연히 의미와 의미론(semantics)에 관심이 많다. 두 학자의 의미이론을 잠시 살펴보기로 한다. 영국의 저명한 뉴마크(Peter Newmark) 교수(1988)는 번역이란 "저자가 텍스트에서 의도한 방식으로 텍스트의 의미를 다른 언어로 전환하는 것"(rendering the meaning of a text into another language in the way that the author intended the text)3)이라고 말하였다. 그리고 텍스트는 언어의 기능에 따라 세 가지 의미를 가진다고 하였다: '표현적 의미' '정보적 의미' 그리고 '호소적 의미' (expressive meaning, informative meaning, and vocative meaning).4) (Newmark, 40) <표3: 언어기능, 텍스트 범주와 텍스트 유형>에서 언어기능에 따라 번역 텍스트 유형을 표현적 텍스트/정보적 텍스트/호소적 텍스트'로 나누었다. '표현적 텍스트'는 필자의 주관이 확실히 나타나는 문학작품과 자서전, 사적인 편지 등이며, '정보적 텍스트'는 과학교과서, 기술보고서, 상업문서, 산업기사, 경제 비망록이나 회의록 등 이며, '호소적 텍스트'는 공고문, 지시사항, 선전, 홍보, 대중소설 등이다.

Function	Expressive	Informative		Vocative
Core	Writer	Truth		Readership
Author's status	'Sacred'	'Anonymous'		'Anonymous'
Type		Topic———Format		
	Serious imaginative literature	Scientific	Textbook	Notices
		Technological	Report	Instructions
	Authoritative statements	Commercial	Paper	Propaganda
	Autobiography	Industrial	Article	Publicity
	Personal correspondence	Economic	Memorandum Minutes	Popular fiction
Other areas of knowledge or events				

3) 독자층(readership)에서는 독자를 'the level of education' 'the class' 'age' 'sex'라는 용어로 구별하고 있으며, '번역의 일

반적 텍스트의 독자층은 교육받은 중산층이며 구어체가 아닌 비격식체 문체로 되어 있다.'고 설명하고 있다. 그러면서 번역 초심자의 일반적인 어역(register)상 실수는 비격식식체로 번역할 것을 약간 구어체적으로 번역한다는 것이며 가끔은 지나친 격식체를 쓰기도 한다는 것이다. 비격식체인 increasingly, particularly, work, recovered로 써야 할 경우에 more and more, above all, job, got well 등의 구어체를 사용하는 것이다. 그리고 death를 써야 할 곳에 지나친 격식체인 decrease를 사용하는 것 등이다.

4) 문체(style)의 기준점으로는 공식성, 난이도, 정서적 음조 등으로 구분한다. 첫째, 'formality'를 기준하면 Officialese, Official, Foramal, Neutral, Informal, Colloquial, Slang, Taboo로 나눌 수 있다. '이곳에서 음식물을 먹지 마시오.'를 순서대로 정리하면 다음과 같다:

Officialese (The consumption of any nutriments what - soever is
    categorically prohibited in this establish- ment.);

Official (The consumption of nutriments is prohibited.);

Formal (You are requested not to consume food in this
    establishment.);

Neutral (Eating is not allowed here.);

Informal (Please don't eat here.);

Colloquial (You can't feed your face here.);

Slang (Lay off the nosh.);

Taboo (Lay off the fucking nosh.).

둘째, 'difficulty'를 기준하면 텍스트의 문체는 Simple, Popular, Neutral, educated, Technical, Opaquely technical로 분류

할 수 있다. 그 예는 생략한다.

셋째, 정서적 음조는 Intense, Warm, Factual, Understatement 로 나눌 수 있는데 그 예는 다음과 같다.: Intense ('hot' 상태이다. Absolutely wonderful … ideally dark bass … enormously successfully … superbly controlled); Warm (Gentle, soft, heart-warming melodies); Factual ('cool' 상태이다. Significant, exceptionally well judged, personable, presentable, considerable); Understatement (Not … dignified).

5) 텍스트 분석자의 태도(attitude)가 나타날 수 있다. 텍스트를 쓴 작가가 잘 썼다든지 못썼다든지 평할 수 있다. 비평에 사용될 수 있는 어휘로는 good, fair, average, competent, adequate, satisfactory, middling, poor, excellent 등이며 사용된 어휘가 positive, neutrally, negative할 수 있다.

예를 들면 regime이란 단어가 프랑스에서는 중립적인데 영어에서는 부정적이다. 비슷한 용어의 선택은 그 사회의 분위기를 직접 보여주는데 한국어의 경우 현재에도 공산주의와 매카시즘의 영향을 받고 있다. 한국어에서 김정일 정부와 김정일 정권은 느낌이 다를 수 있다. '남한 정부'와 '북한 정부'라는 말을 쓸 수 없는 분위기에선 '남북이 만났다'든지 '남북 당국자가 만났다'로 쓸 수밖에 없다. 누가 그리고 무엇이 우리의 언어생활을 제약하는가? 한동안 '내 고향 남쪽바다 그 파란 물이 눈에 보이네'로 시작하는 이은상의 "가고파"를 부를 수 없었다. '어린 제 같이 놀던 그 동무들 그리워라./ 어디 간들 잊으리오 그 뛰놀던 고향 동무/ …'라는 구절 때문이었다. 남북분단과 대치상황은 우리의 언어생활에 깊숙이 영향을 미치고 있다. 이전에는 휘트먼 시를 번역할 때 people을 '민중'으로 번역할 수도 없었다. 더군다나 출근길에 빨간 치마와 빨간 넥타이를 매기가 겁나던 시절이 있었음을 여러분은 이해할 수 있는가?

6) 다음으로 텍스트 분석에 사용되는 용어는 '배경'(setting)이다. 텍스트가 공표되는 장소와 시간이다. 장소로는 정기간행물, 신문, 교과서, 잡지, 공문서, 사문서 등이 될 것이다. 시간으로는 언제의 텍스트가 언제의 독자층에게 전달되는 것인지를 분석하여야 번역시 실수가 없다.

7) 작품의 질(the quality of the writing)은 상당히 주관적이지만 최대한 객관성을 확보해야 한다. 표현적 텍스트인지, 정보적 텍스트인지, 호소적 텍스트인지에 따라 달라질 수 있다.

8) 모든 텍스트에는 지시적 의미와 함축적 의미(denotations and connotations)가 있다. 문맥상 어떤 의미로 사용되었는지를 정확히 구별할 줄 알아야 한다. 물론 가끔은 두 가지 모두 의미가 가능한 경우도 있으나 대개는 그 구별을 할 줄 몰라 오역을 한다. 예비 번역가들 중에는 지시적 의미로 번역하는 것을 직역, 함축적 의미로 번역하는 것을 의역으로 착각하는 경우가 있다.

9) 마지막 읽기(last reading)에서는 텍스트의 문화차이로 인하여 동등한 어휘가 없을 때나 번역이 불가능할 때를 접하게 된다. 사전은 한계가 있을 수 있으므로 외래어 표기법에 따라 처리하든지 역자 주를 달 수 있다.

의미와 관련하여 소개할 다른 학자는 리처즈(I. A. Richards, Principles of Literary Criticism)이다. 그는 영문학비평을 과학적으로 접근한 선구자로서 위에서 이야기한 적이 있는 '지시적 의미'와 '함축적 의미'와 유사한 주장을 하였다. 그는 언어의 두 가지 용법 (two uses of language)을 '지시적'(referential) 용법과 '정서적'(emotive) 용법이 있다고 주장하였다. 그는 『실제 비평』(1929)에서 '우리가 말하든, 쓰든, 듣든, 읽든 간에' 그 전체적인 의미는 몇 가지 의미의 결합이라고 주장하고 '4종류의 기능 혹은 의미'(four kinds of functions or meanings)는 (1) 의미(Sense), (2) 느낌(Feeling), (3) 어조(Tone), (4) 의도(Intention)라고 말했다.5)

이를 간단하게 정리하면, 우리는 의사소통을 할 때 (1) 화자가 말하는 것 (2) 화자가 말하는 내용에 대한 자신의 태도 (3) 화자의 청자에 대한 태도 (4) 의식적-무의식적으로 화자가 증진하려고 하는 목적 등 네 가지의 의미를 전달하는 것으로 볼 수 있다. 리처즈가 문학비평가로서 주장한 내용이므로 아무래도 문학텍스트와 유사 장르 텍스트 번역을 위한 분석에 매우 유용하게 활용할 수 있을 것이다.

4.3 원어 텍스트의 거시항목 분석과 번역연습

다음에서는 다양한 영어 원천어 텍스트의 5가지 거시 항목을 분석하는 연습을 해본다. 이는 영한번역에서 필요한 거시항목 분석 연습이다. 뉴마크의 5가지 거시 항목은 다음과 같다.

1.a 필자의 의도
1.b 텍스트 유형
1.c 독자층
1.d 출판 장소와 시간
1.e 언어적 특징과 문체

영어 텍스트는 미국공보원 자료이다.6)

‖ Source Text ‖

The English were 1)<u>the dominant ethnic group</u> among early settlers of what became the United States, and English became 2)<u>the prevalent American language.</u> But people of other nationalities were not long in following. In 1776 Thomas Paine, a spokesman for 3)<u>the revolutionary cause</u> in the colonies and himself a native of England, wrote that 4)<u>"Europe, and not England, is the parent country of America."</u> These words described the settlers who came not only from Great Britain, but also from other European countries, including Spain, Portugal, France, Holland, Germany, and Sweden. Nonetheless, in 1780 5)<u>three out of every four Americans were of English or Irish descent.</u>

1.a 필자의 의도

미국초기에 영국 계 민족이 지배적이었으며, 영어가 주된
언어가 되었다는 사실을 묘사함.

1.b 텍스트 유형

역사적 사실을 담담하게 묘사하는 Descriptive Text-type이
며, 언어기능면에서는 정보적 텍스트 (informative text)이다.

1.c 독자층

미국을 알리려는 목적이 보이는데 미국 초등-중학교 학생
대상이거나 미국을 알려고 하는 외국인 대상을 위한 홍보
차원의 글로 보인다.

1.d 출판 장소와 시간

비교적 근래 (20세기나 21세기)의 글로 보이며, 교과서, 책,
공식사이트에서 볼 수 있을 듯하다.

1.e 언어적 특징과 문체

비교적 평이하고 담담하게 서술되어 있다. 좀 쉬운 비격식
체 글로 보인다.

한국어 텍스트

‖ Target Tex t‖

오늘날의 미국을 구성한 초기 정착자들 중에는 영국인들이 지배적인 민족이었고 주된 언어는 영어였다. 그러나 다른 국적의 사람들도 오래지 않아 영국인들의 뒤를 따랐다. 1776년 그 자신도 영국 태생으로서 식민지 독립을 주창했던 토마스 페인은 "미국의 모국은 영국이 아니라 유럽"이라고 했다. 이는 영국뿐 아니라 스페인, 포르투갈, 프랑스, 네덜란드, 독일, 스웨덴 등 다른 유럽 국가에서도 정착자 대열에 합류했음을 뜻했다. 그럼에도 불구하고 1780년 미국인 4명 중 3명은 영국인이나 아일랜드인의 후손이었다.

- 영어 텍스트의 밑줄 친 부분이 한국어로 어떻게 번역되었는지를 논하시오.

1) _____

_____

2) _____

_____

3) _____

_____

4) _____

_____

5)

_____

_____

- 번역가의 일상7)

  ‖ Source Text ‖

  Each day is different since a translator, particularly a freelance, needs to deal with a number of tasks and there is no typical day. I usually get up at around 7 in the morning, shower, have breakfast and get to my desk at around 8 just as my wife is leaving to drive to her office. Like most freelances I have my office at home.

  I work in spells of 50 minutes and take a break even if it is just to walk around the house. I try and take at least half an hour for lunch and try to finish at around 5 unless there is urgent work and then I will perhaps work in the evening for an hour or so. But I do the latter only if a premium payment is offered and I wish to accept the work. If I were to analyse an average working month of 22 possible working days, I would get the following:

1.a 필자의 의도

_____

_____

1.b 텍스트 유형

_____

_____

1.c 독자층

_____

_____

1.d 출판 장소와 시간

_____

_____

1.e 언어적 특징과 문체 (영국인이 저자라는 표시 포함)

_____

_____

_____

● 한국어 텍스트로 번역하기

_____

_____

_____

_____

_____

_____

_____

_____

_____

_____

연습 3

● 경영학 텍스트8)

‖ Source Text ‖

The 360-degree assessment is a commonly used tool in organizations as a way of giving and receiving feedback at all levels within the organization. Simply put, a 360-degree assessment is a system used to gather input on individual employees' performance, not only from managers and supervisors, but from coworkers and from direct reports as well. Some companies also involve customers in a 360 degree assessment, especially in the case of customer contact personnel. More traditional feedback tools, in which only the direct manager provides feedback, can very easily lead to a one-sided and incomplete employee review. The 360-degree assessment is much more likely to provide an accurate review and assessment of an employee's performance.

1.a 필자의 의도

_____

_____

1.b 텍스트 유형

_____

_____

1.c 독자층

_____

_____

1.d 출판 장소와 시간

_____

_____

1.e 언어적 특징과 문체

_____

_____

한국어 텍스트

‖ Target Text ‖

다면평가는 다양한 직급의 구성원들과 피드백을 주고받는 매우 보편화된 평가 방법이다. 간단히 말해서 다면 평가란 개별 구성원의 성과에 대한 정보를 직속 상사뿐만 아니라 동료나 자기 자신으로부터 얻어 이를 평가에 활용하는 방법이다. 일부 기업들은 고객과 접촉하는 구성원들에 대해서는 다면평가의 정보 원천으로 고객을 포함시키기도 한다. 전통적인 직속 상사에 의한 평가 방법은 일방적이고 불완전한 반면, 다면 평가는 다양한 관점에서 정보를 얻을 수 있으므로 성과 평가의 정확성을 향상시킬 수 있다.

• 영어텍스트를 뉴마크의 거시적 관점에서 분석하시오.

1) speaker's intention:

2) text-type:

3) readership:

4) place and time of publication:

5) style and linguistic features:

● 지문의 주요 어휘와 용어를 정리하시오. (Glossary: 어휘 및 주요표현)

_____

_____

_____

_____

_____

_____

연습 4

‖ Source Text ‖

"He Wishes for the Cloths of Heaven"

Had I the heavens' embroidered cloths,
Enwrought with the golden and silver light,
The blue and the dim and the dark cloths
Of night and light and half-light,
I would spread the cloths under your feet
But I, being poor, have only my dreams;
I have spread my dreams beneath your feet;
Tread softly because you tread on my dreams.

1.a 필자의 의도

1.b 텍스트 유형

1.c 독자층

1.d 출판 장소와 시간

1.e 언어적 특징과 문체

---

*출처: a poem of W. B. Yeats, Irish poet

● 영시는 한 행이 바뀌면 첫 단어의 첫 글자를 대문자로 쓴다는
시의 관습(convention)이 있다.

‖ Target Text ‖

<김영랑 번역>

내가 금과 은의 밝은 빛을 너어짜은

하날의 수노혼 옷감을 가젓스면,
밤과 밝음과 어슨밝음의
푸르고 흐리고 검은 옷감이 내게 잇스면

그대 발아래 까라 드리련
만은, 가난한내라, 내꿈이 잇슬뿐이여,
그대발아래 이꿈을 까라 드리노니,
삽분이 밟고가시라. 그대 내꿈을 밟고가시느니

<이양하 번역>
금빛 은빛으로 짜서
수놓은 천상의 비단
밤과 백광과 박명의
푸르고 구물고 검은 비단이 있다면
그것을 당신 발밑에 깔아드리오리다
그러나 가난하여 내 꿈을 깔았오이다
내 꿈 밟으시는 것이오니 사뿐히 밟으소서.

● 각각의 번역이 왜 좋은 번역인지를 구체적으로 적으시오.

_____

_____

_____

_____

_____

_____

‖Source Text‖

제1조(상품매매)

매수인과 매도인이 계약에 규정된 조건으로 신제품 [T.V. 세트](이하 상품)를 매매하기로 한다.

제2조(수량 규격 품질)

① [2010. 3. 1]부터 [2012. 2. 28]까지 향후 [5]년간, 매수인은 매도인으로부터 [매년 100만대]씩 총 [500만대]의 상품을 매입하고 매도인은 이를 매수인에게 판매한다.

② 상품의 명세는 첨부된 표 [1]의 명세서에 기재된 바와 같다.

제3조(가격)

① 합의된 상품의 단가는 [운임보험료 포함가격]으로 [미화 200불]이다.

② 위의 가격은 [2010. 9월말] 이전에 선적된 상품에 적용되고, 그 이후의 가격은 매도인의 요청에 의하여 매 [6월]마다 조정한다.

제4조(지급)

① 당사자 간에 달리 합의하지 않는 한, 상품대금은 매도인을 수익자로 하는 [매도인이 지정한 국제적인 1급 은행이 확인한] 취소불능 신용장으로 결제하여야 한다. 신용장은 표 [2]에 기재한 예정 선적일자보다 최소한 [2개월] 전에 개설되어야 하며 동 신용장은 일람출급 화환어음으로 결제되며, 허용된 최후 선적일로부터 최소한 [30일] 동안 유효한 조건이어야

한다. 매수인은 신용장 개설과 관련한 은행비용을 부담한다. 분할선적, 환적, 신용장에 의한 부분적인 결제 등이 허용되는 조건이 신용장에 명시되어야 한다.

1.a 필자의 의도

_____

_____

1.b 텍스트 유형

_____

_____

1.c 독자층

_____

_____

1.d 출판 장소와 시간

_____

_____

1.e 언어적 특징과 문체

_____

_____

*힌트: 수출물품 매매계약서

영어 텍스트

‖ Target Text ‖

Article 1. Sale of Goods

1.1 The Buyer shall purchase from the Seller and the Seller shall sell to the Buyer newly manufactured [T.V.Set]("Goods") subject to the terms and conditions herein provided.

Article 2. Quantity, Specification and Quality

2.1 For [5] years commencing [March 1, 2010], the Buyer shall purchase from the Seller and the Seller shall sell to the Buyer [one million (1,000,000) pieces] of the Goods per year to make the total quantities of the sale of the Goods [five million(5,000,000) pieces] during [March 1, 2010] to [February 28, 2012.]

2.2 Specification and Quality

2.2.1 The specification of the Goods shall be prescribed and specified in Specification attached hereto as Exhibit [I].

Article 3. Price

3.1 The agreed unit price of each Goods ("Price") is [Two Hundred United States Dollars(US$200)] on [C.I.F. New York] basis.

3.2 The Price is fixed and effective up to shipments performed on or before [the end of September, 1997] and thereafter the Price shall be readjusted every [6] months according to Seller's request.

Article 4. Payment

4.1 Except otherwise agreed by the parties, all the payment for the Goods shall be made in United States Dollars by an irrevocable letter of credit in favor of the Seller, [confirmed by first class international bank designated by the Seller]. The letter of credit shall be established by the Buyer at least [two months] prior to each scheduled shipment date to be stipulated in Exhibit [II] and to be negotiable at sight against draft and to be valid for no less than [thirty (30) days] after the latest date allowed for the shipment.

The Buyer shall bear all banking expenses associated with the establishing of the letter of credit. Partial shipment, transhipment and partial negotiations of letter of credit shall be permitted and the letter of credit shall be worded accordingly.

- <한국어: 영어> 방식으로 주요 용어 (어휘와 구)를 정리하시오.
  eg) 물품: goods / 규격: specification
  /Glossary/

  _____

  _____

  _____

  _____

  _____

  _____

  _____

  _____

● 경복궁 안내문[9)]

‖ Source Text ‖

강녕전과 교태전 康寧殿. 交泰殿

왕실의 생활이 묻어 있는 곳.

왕과 왕비가 일상생활을 하는 곳을 침전(寢殿)이라고 한다. 강녕전은 왕의 침전으로 수(壽), 부(富), 강녕(康寧), 유호덕(攸好德, 덕을 좋아하여 즐겨 행하는 일), 고종명(考終命, 명대로 살다가 편안히 죽는 것)의 오복에서 가운데에 해당하는 '강녕'의 의미를 담아 이름 붙여졌다. 왕은 이곳에서 독서와 휴식 등 일상생활뿐 아니라 신하들과 은밀한 정무를 보기도 했다. '정(井)'자 모양으로 9개의 방을 구성하여 한 가운데 방은 왕이 사용하고 주위의 방에서는 상궁이 숙직을 하였다. 교태전은 경복궁 창건 당시 지어진 건물이 아니라 1440년(세종 22)에 세워진 것으로 추정된다. 이곳은 왕비의 침전으로 궐 안의 살림살이를 총지휘하던 곳이다.

1.a 필자의 의도

_____

_____

1.b 텍스트 유형

_____

_____

1.c 독자층

1.d 출판 장소와 시간

1.e 언어적 특징과 문체

영어 텍스트

‖Target Text‖

Gangnyeongjeon and Gyotaejeon

A glimpse into everyday life in the royal household.

Gangnyeongjeon was named after the third of the Five Blessings (longevity, wealth, health, love of virtue, peaceful death) and served as the king's living quarters. Here the king read, rested, and attended to state affairs privately with his entourage. Each room at both sides of Gangnyeongjeon is divided into nine sections and arranged in a "井" layout. Court ladies stayed at night in the rooms surrounding the center room, which was used exclusively by the king. Gyotaejeon is presumed to have been built in 1440.

Gyotaejeon was the queen's main residence, where she oversaw the efficient operation of the palatial household.

- <한국어: 영어> 방식으로 주요 용어 (어휘와 구)를 정리하시오.

eg) 강녕전: Gangnyeongjeon / 왕의 침전: the king's living quarters, the king's bedroom

/Glossary/

_____

_____

_____

_____

_____

_____

_____

_____

_____

_____

_____

연습 7

- 어린이를 위한 문화재 안내서[10]

‖ Source Text ‖

▶ 숭례문과 흥인지문은 어떤 역할을 하였을까요?

<숭례문: 국보 제1호>　　　　　<홍인지문: 보물 제1호>

성문은 성의 안과 밖을 연결하는 통로로서 유사시 적의 공격을 막거나 공격하기도 하는 통로였어요. 그래서 성문은 통행이 편리한 곳에 만들어 놓아 쉽게 사람들이 드나들 수 있도록 했답니다.

서울 성곽에도 사람들이 드나들 수 있도록 남쪽의 숭례문(남대문), 동쪽의 흥인지문(동대문), 서쪽의 돈의문(서대문), 북쪽의 숙정문 등 이렇게 사대문이 있었어요. 문을 열고 닫는 것도 시간이 정해져 있었는데 북문인 숙정문은 평상시에 닫아 두었었고, 새벽 4시에 종 33번을 치면 일제히 열고 저녁 10시에 종 28번이 울리면 일제히 닫혔죠. 하지만 전차가 다니면서 성벽이 헐리기 시작하였고, 이후 성문을 열고 닫던 것도 없어지고 말았어요. 나머지 성벽도 일본에게 나라를 빼앗겼을 때 대부분 헐리어 오늘날의 모습으로 남았지요.

1.a 필자의 의도

_____

_____

1.b 텍스트 유형

_____

_____

1.c 독자층

_____

_____

1.d 출판 장소와 시간

_____

_____

1.e 언어적 특징과 문체

_____

_____

_____

▶ 영어 텍스트(TT)로 번역하기

_____

_____

_____

_____

_____

_____

_____

_____

_____

_____

4.4 『어린왕자』 번역과 비교문체론

『어린왕자』 번역에 관한 논문의 비평도구로는 비네이와 다르벨네(Vinay and Darbelnet, 1977)의 비교문체론을 택하고 있다. 이들은 번역전략을 직접번역과 간접번역으로 나누고 총 7가지의 번역절차로 영어와 프랑스어간의 번역이 가능하다고 주장하였다. 이 이론은 지금도 여전히 좋은 기본 번역이론으로 손꼽히고 있다. 이승권(2004, 226-227)에 따르면 7가지 절차 중에서 "처음의 세 가지는 언어의 수준에서 이동이 가능하다고 생각되는 번역의 방식(traduction directe)이고, 나머지는 순수하게 언어적 차원의 고려만으로는 전언의 이동이 불충분한 경우를 번역하기 위한 번역 방법(traduction indirecte)이다. 따라서 이 두 방식은 대립이 아니라 상보적 관계에서 제시된 번역 방법이다"라고 분석하였다. 그리고 같은 페이지의 주석에서 7가지 절차를 간단하게 설명하였다.

1) 차용(l'emprunt)은 형태나 의미를 다른 언어에서 직접 빌려 오는 경우로 문체적 효과를 기대할 수는 없다.
2) 모사(le calque)는 외국어를 모방하여 자국어로 표현하는 것을 말한다. 모사에는 표현의 모사(calque d'expression)와 구조적 모사(calque de structurale)가 있다.
3) 직역(la traduction littérale)은 언어적 요소의 고려만으로도 정확한 전달이 가능한 경우의 번역을 가리킨다.
4) 치환(la transposition)은 원문의 의미를 변화시키지 않고 품사를 바꾸어 전달이 가능한 경우의 번역을 말한다.

5) 변조(la modulation)는 시각을 바꾸어서 동일한 의미를 얻는 번역의 방법이다.

6) 등가(l'équivalence)는 문체적이고 구조적인 방법을 달리하면서도 동일한 상황을 표현하는 번역방법을 말한다.

7) 번안(l'adaptation)은 전언과 관련된 상황이 번역어에 존재하지 않을 때 사용하는 번역의 방법이다.

이어서 이승권(230)은 비네이와 다르벨네가 번역학에 크게 기여한 '번역단위' 개념을 탐구한다. 우리가 번역을 할 때 어느 정도가 가장 적합한 번역단위가 되는지를 말한다. "번역에서 번역단위를 정의하는 것은 간단하지 않다. 번역단위를 찾는 일은 언어적 전환을 위한 최소한의 요소를 확인하는 것이기 때문이다. 언어 체계에서 최소의 의미 단위는 형태소(morphème)다. 그러나 담화의 차원에서는 단어나 그 이상의 단위가 최소 의미 단위가 된다. 번역단위의 한계를 정확하게 규정할 수는 없지만 크게는 텍스트 전체가 될 수도 있다." 이처럼 번역단위의 범주가 형태소, 단어, 텍스트 전체가 될 지는 매우 유동적이지만 "대부분의 번역단위는 단어보다 크고 문장보다 작은 규모에서 결정된다. 이런 점에서 다양한 형태의 구들이 가장 매력적인 번역단위다."라고 선언하고 있다." 따라서 우리 번역가들은 일단 다양한 구 단위로 번역하는 습관을 기르면 좋을 것이다.

위에서 언급한 번역의 7가지 절차와 번역단위에 관한 개념이 정립되면 번역가는 매우 효율적인 번역을 할 수 있게 된다. 비네이와 다르벨네는 프랑스어 - 영어간의 비교 문체론적 분석(Comparative stylistic analysis)을 수행했는데, 두 언어로 쓰인 텍스트를 보면서 양 언어 간의 차이점에 주목하고 서로 다른 번역 전략(translation strategy) 과 '절차(procedure)'를 규명한다. 그들의 공저 *Stylistic comparée du Français et de L'anglais*(1958/95)은, 비록 프랑스어와 영어만의 분석 에 근간을 두고 있지만, 그 영향은 두 언어권의 영역을 넘는 것이 었다. 비네이와 다르벨네가 제시한 두 가지의 번역 전략은 직접 번역(direct translation)과 간접번역(oblique translation)이었으며, 이는 '직역 대 의역'의 논쟁과 매우 유사한 느낌을 준다. 이들이 제시한 두 가지 번역 전략은 아래와 같이 모두 7가지 절차(procedures)로 구 성되는데, 그 중 앞의 세 가지가 직접 번역에 해당한다.

제레미 먼데이(Jeremy Munday)(2001)[11])에 따라 비네이와 다르벨 네의 번역의 7가지 절차를 정리하면 다음과 같다.

1. 차용(borrowing): 원천어(SL)의 단어는 그대로 목표어(TL) 에 전이(轉移, transfer)된다. 목표에서의 의미 간극(semantic gap)을 메우기 위해 영어 등 다른 언어에서 그대로 사용된다. 어떤 경우에는 이국적 분위기를 가미하기 위해 의도적으로 차용하기도 한다. (예, 램프, 센터, 햄버거 등 음차, 음역을 그 대로 가져 오는 것)

2. 모사(calque): '특별한 종류의 차용(a special kind of borrowing)' 으로서, 원천어(SL)의 특정 표현이나 구문이 그대로 목표어에 서 사용된다. 비네이와 다르벨네는 차용과 모사를 통해 번역 된 단어나 표현들은 목표어에 완전히 편입되어, 본래부터 목 표어(TL)의 한 부분인 것처럼 사용되기도 한다고 강조한다.

그리하여, 때로는 그 의미가 바뀌어 의사 등가어(false translation)를 만들기도 한다. <구로서 두 단어 이상의 축어역이다. 예는 Fußball → foot ball, skyscraper → 마천루, marché aux puces → flea market, hot dog → perros calientes, Meisterstück → masterpiece, 중국에서 온 running dug → brain - washing, Long time no see → paper - tiger 등이다>

3. 직역 (literal translation): '단어 對 단어'번역에 해당하며, 비네이와 다르벨네는 동일 어족(語族) 또는 동일 문화의 언어 간의 번역에서 가장 흔하게 나타난다고 설명한다. (의미에 약간 차이가 있을 수도 있다. 그래서 footnote를 많이 쓴다)

이들은 직역이야말로 좋은 번역이라 주장하면서, "구조적(structural) 또는 메타 언어적 필요 (metalinguistic requirements)에 의해서만 직역 (literalness)을 포기해야하며, 이를 포기한다 해도 원천어의 의미가 완전히 보존되는지를 확인해야 한다고 말한다. 이때 비네이와 다르벨네는 번역자가 직역을 "받아들일 수 없다(unacceptable)"고 판단하는 기준은 다음과 같다고 제시한다.

(가) 다른 의미가 된다.
(나) 말이 되지 않는다. (has no meaning)
(다) 구조적인 이유(structural reasons) 때문에 불가능하다.
(라) "목표어의 메타 언어적 경험(metalinguistic experience)내에
　　서 대응(corresponding)되는 표현이 없다"
<예, Lamb of God → Seal of God 이누이트족은 Lamb을 본
적이 없다.>

(마) 어떤 것과 상응하긴 하지만, 층위(Level)가 동일하지 않다.
<예, 영미권의 friends와 한국에서의 '친구'라는 표현의
느낌은 다르다>

이처럼 직역이 불가능한 경우, 비네이와 다르벨네는 간접번역
(oblique translation) 전략을 구사해야 한다고 주장한다. 여기에는 아
래 네 가지 절차(procedures)가 포함된다.

4. 치환(transposition): 이는 하나의 품사 (part of speech)를,
의미를 바꾸지 않고, 다른 품사로 대체하는 방식이다. 치환은
의무적이거나 선택적일 수 있다.
<위치가 바뀌는 것 또는 품사가 바뀌는 것 예, I'll be with you.
I am happy. 특히 영어는 명사중심의 언어이고 한국어는 서술
어 중심의 언어라고 할 수 있다.>

비네이와 다르벨네는 치환이야말로 "아마도 번역자가 가장 일
반적으로 사용하는 구조 변화(structural change)일 것"이라고 말한
다. 이들은 적어도 10가지의 다른 범주를 열거한다.

5. 변조(modulation) : 여기에서는 원천어의 의미(semantics)
와 관점(point of view)이 변하게 된다. 변조는 의무적이거나
선택적일 수 있다. 비네이와 다르벨네의 영역판에 따르면 "직
역 또는 치환의 번역이 문법적으로 정확한 발화(utterance)를
낳았음에도 목표어에서 부적절하거나 관용 어법에 어긋나거
나, 어색할 경우"에 변조를 해야 한다. 비네이와 다르벨네는,
변조가 "우수한 번역자의 시금석(the touchstone of a good

translator)"인 데 반해, 치환(transposition)은 번역자의 "TL 구사 능력이 뛰어나다는 점을 입증할 뿐"이라고 한다. 메시지의 층위(level)에 따라 변조는 아래와 같이 세부적으로 분류된다.

- 구체를 추상으로(abstract for concrete)
- 원인(cause) - 효과(effect)
- 부분(part) - 전체(whole)
- 부분 - 다른 부분(another part)
- 용어의 역(reverse of terms)
- 반대의 부정(negation of opposite)
- 능동을 수동으로(active to passive), 수동을 능동으로
- 시간을 공간으로(space for time)
- 시공간적 간격(intervals) 또는 한계(limits)의 조정
- 신·구 은유(metaphor)를 포함한 상징(symbol)의 변화

따라서 위에서 열거한 범주들은 매우 광범위한 현상에 관한 것이다. 또한 본래는 자유롭게 변조되어 생긴 표현이 아예 굳어진 표현이 되는 경우도 발생한다.

6. 등가(equivalence): 비네이와 다르벨네는 동일한 상황을 묘사하면서도 언어에 따라 서로 다른 문체론적(stylistic) 또는 구조적 수단(structural means)들을 이용하는 경우에 '등가'라는 용어를 사용한다. 등가는, 특히 관용어구(idiom)나 속담을 번역할 때 유용하다. (여기에서 등가는 등가개념을 중요시하는 대부분 학자들의 등가개념과는 꽤 다르다.)

7. 번안(adaptation): 원천 문화의 특정한 상황이 목표 문화에 존재하지 않는 경우, 그러한 문화적 지시물(cultural reference)을 바꾸는 것을 일컫는다. 이들은 번안 사용을 거부한다면 그 외의 부분이 아무리 "완벽하게 정확(perfectly correct)"한 목표어 텍스트가 뭐라 해도 "뭐라고 단정 짓기는 힘들지만, 뭔가가 어색(something that does not sound right)하다는 느낌을 받을 수 있다"고 주장한다. 그러나 실제로 뮤지컬, 연극, 가요 등에서 보듯이 번안을 잘하여 상업적으로 성공한 경우가 꽤 있다. <예: Good morning!(안녕하십니까?), Yours sincerely(안녕히 계세요), Help yourself(많이 드세요), 100miles (160km, 사백리)이는 사회적, 문화적으로 다른 상황 때문에 발생하는 번역전략이다.>

위에서 열거한 일곱 가지의 번역 범주는 다시 크게 세 개의 층위(levels)로 대별될 수 있는데, 비네이와 다르벨네(1958)의 비교문체론도 이러한 세 층위에 따라 구성되어 있다.

1. 어휘(the lexicon),
2. 통사 구조(syntactic structures),
3. 메시지

여기에서 '메시지'는 대략적으로 발화와 그 메타 언어적 상황(metalinguistic situation) 또는 맥락을 뜻한다. 두 개의 개념이 추가로 소개되는데, 이 또한 단어 층위(word level)이상을 다룬다.

비네이와 다르벨네가 고려한 또 하나의 중요한 변수(parameter)는 의무적 영역과 선택적 영역이다.

- 의무적 영역(servitude)은 번역되는 두 언어 체계(language systems)간의 차이로 어쩔 수 없이 해야 하는 치환(transposition) 과 변조(modulation)를 가리킨다.
- 선택적 영역(option)은 번역자 자신만의 문체(style)와 선호 (preference)에 따라 이루어지는 비의무적인 변경을 뜻한다.

위 두 가지 영역 간의 차이는 명백하다. 비네이와 다르벨네는 번역자가 선택적 영역, 즉 문체론적 측면을 최우선적으로 고려해 야한다고 강조한다. 따라서 번역자의 역할은 "가용한 선택 사항들 중에서 골라 메시지의 뉘앙스를 전달하는 것이다." 이들은 나아가 원천어에서 목표어로 옮길 때 번역자가 지켜야 하는 다섯 가지 단계(steps)를 제시한다.

1. 번역 단위(units of translation)를 확인한다.
2. 번역 단위의 기술론적(descriptive), 정의적(affective), 지적 내용(intellectual content)을 평가하는 등 원천어 텍스트를 검토한다.
3. 메시지의 메타 언어적 맥락(metalinguistic context)을 재구 성(reconstruct)한다.
4. 문체론적 효과(stylistic)를 평가한다.
5. 목표어를 생산하고, 수정(revise)한다.

민난식(2005, 83)은 「문체론적 번역방법론: Le Petit Prince의 영어· 한국어 번역본 비교」에서 번역의 7 가지 절차를 프랑스어, 영어, 한국어 순으로 예시하였다.12) 그리고 비교문체론에 근거한 설명 을 덧붙인다.

첫째, '차용'절차를 사용하는 경우를 이종극을 인용하여 한국어에서 영어의 차용동기는 다음과 특징을 지닌다고 규정하였다.

① 절대적 필요성
② 우월적 문화에 대한 맹종성
③ 편의주의에 입각한 임의성
④ 특수목적에 따른 의도성 내지는 재생산성

이는 매우 적확한 지적으로 보인다. 그리고 민난식(84)은 그 작품 첫 번째 차용의 예를 프랑스 원천어(ST) 'geraniums'가 영어텍스트(ETT)에 'geraniums'로 한국어텍스트(KTT)에는 '예쁜 화분' 또는 '제라늄'으로 번역된 것을 비교하였다. '제라늄'은 절대적 필요성에 의하여 차용된 것이고, '예쁜 화분'은 한국독자의 편의를 위하여 일반화하여 번역한 것이다. 두 번째 차용의 예는 프랑스 화폐단위인 프랑(franc)에 관한 것이다.

ST: une maison de cent mille francs
ETT1: a house worth a hundred thousand francs
ETT2: a house that cost $20,000
KTT1: 십억 짜리 집
KTT2: 십만 프랑 짜리 집

ETT1은 프랑을 그대로 사용하였으나 ETT2는 미국 화폐 단위인 달러로 바꾸었고, KTT1은 한국화폐 단위로 바꾸었으나 KTT2는 프랑스의 화폐단위를 그대로 사용하여, 돈의 액수를 자국화하기도

하고 이국적인 느낌으로 그대로 두기도 하였다.13)여기에서 화폐
단위가 프랑, 달러, 원으로 바뀌는 것을 사회문화적 상이한 상황으
로 보아 번안전략으로 보기도 한다.

둘째, 모사의 예는 다음과 같다.

ST: un congres international d'astronomie
ETT1: an International astronomical Congress
ETT2: the International astronomical Congress
KTT1: 국제 천문학 총회
KTT2: 국제 천문 학회

여기에서 원어 프랑스어에는 독특한 피수식어+수식어 순서를
가지고 있는데, 영어와 한국어 번역에서는 이 순서를 따르지 않고
각 언어의 특징을 반영하여 구(句)단위의 차용을 하여 모사를 실
행하고 있다.

셋째, 축어역 또는 직역의 예는 다음과 같다.

ST: C'est un chapeau.
ETT1: That's a hat.
ETT2: That is a hat.
KTT1: 모자로구먼.
KTT2: 그건 모자로군.

영어번역은 관사까지 정확히 일치하나, KTT1은 주어를 생략한
직역이 되며, KTT2는 관사가 생략된 직역이라고 볼 수 있다.

직역의 다른 예는 주어와 술어관계가 두 개 있는 문장이다.

ST: Le mouton que tu veux est dedans.

ETT1: The sheep you want is inside.

ETT2: The sheep you asked for is inside.

KTT1: 네가 바라는 양은 그 안에 있다.

KTT2: 네가 갖고 싶어 하는 양은 그 안에 들어 있단다.

원어에서 영어로는 단어 대 단어로 번역되었다. 원어와 한국어는 수식하는 말과 피수식어 위치가 다른 통사구조를 가진다. 프랑스어와 영어는 수식하는 관계대명사절이 'sheep'의 뒤에 오고 있는데 반하여 한국어 텍스트들에서는 관계대명사절에 해당하는 수식어가 먼저오고 피수식어인 '양'이 나중에 오는 점을 제외하면 비교적 직역에 해당한다.

넷째, 비교문체론의 치환이 나오는데 이는 앞의 세 가지인 직접번역과 다르게 간접번역의 시작단계이다. 이는 같은 의미이지만 품사를 바꾸어 번역하는 방법이다.

ST: chez toi?

ETT1: where I live

ETT2: where I live

KTT1: 내 집

KTT2: 내가 사는 곳

ST에서는 '전치사+강세형 인칭대명사' 방식이나, ETT1과 2에서는 부사절로 치환되었으며, KTT1에서는 주어로 쓰인 명사구로 치환되고 KTT2에서는 명사절로 치환되었다. 각 언어에서의 자연스러운 번역을 위하여 뜻은 같으나 품사를 변경하면서 문법적 성격이 바뀌는 경우이다.

또 다른 치환의 예는 다음과 같다.

ST: eternal (cache-nez d'or)
ETT1: (the scarf he) always (wore)
ETT2: (the golden muffler that he) always (wore)
KTT1: 끌러 본적이 없는 (금 목도리를 풀렀다)
KTT2: 항상 (두르고 있는 금빛 목도리를 풀러졌어요)

ST에서 형용사인 'eternal'이 ETT1, 2에서 부사로 치환되었다. KTT1에서는 '금 목도리' 명사를 꾸미는 형용사구로 치환되었고, KTT2에서는 '항상'이라는 부사로 치환되었다.

다섯째, 치환에 이어서 변조는 "직역이나 치환이 문법적으로는 정확하나 목표언어와는 잘 어울리지 않아 어색할 대 사용한다."(민 난식, 90)고 하였다. 비네이와 다르벨네는 전언체의 변화를 변조라 정의하고 유형을 임의적 변조와 의무적 변조로 구분하였다.

ST: N'oubliez pas
ETT1: Don't forget
ETT2: Remember
KTT1: 알고 있기 때문이었다
KTT2: 기억하고 있죠?

ETT1은 ST의 직역이다. ETT2의 remember은 N'oubliez pas의 변조이다. KTT1와 KTT2는 부정문을 긍정문으로 변화시킨 변조라고 볼 수 있다.

여섯째, 등가는 다른 학자들의 등가의 개념과는 다르다고 볼 수 있다. 비네이와 다르벨네는 등가는 두 텍스트가 완전히 서로 다른 구조적, 문체적 방법들을 사용하면서 동일한 상황을 옮기는 것이라 하였다. 이는 대개 상투적 문구, 속담, 격언, 고유어법, 감탄사 등에서 사용된다. 이 소설 번역에서는 감탄사 번역이 이에 해당한다.

ST: Hem! hem!
ETT1: Well, well!
ETT2: Hum! Hum!
KTT1: 흠! 흠!
KTT2: 에헴! 에헴!

ST: Ah!
ETT1: Ah!
ETT2: Ah!
KTT1: 오!
KTT2: 아!

일곱째, 마지막 번역절차는 번안(adaptation)이다. 언어에 의하여 표현되는 사태를 전달하기 위하여 이용하며 가장 변화가 많은 번역절차이다. 원문텍스트 맥락이 목표어 텍스트에 존재하지 않을 때 사용하는 방법이기도 하다.

ST: qui manquait a ta machine
ETT1: what was the matter with your engine
ETT2: what was the matter with your engine
KTT1: 기계고장을 고치게 돼서
KTT2: 아저씨가 비행기를 수리했으니 말예요

ST의 monquer은 '부족하다' '빠지다'의 의미이지만, ETT1, 2에
서는 what was the matter로 번안되었고, KTT1에서는 '고치다'로
KTT2에서는 '수리하다'로 번안되었다. 원문 그대로 번역하면 부
적절한 번역이 되기 때문이다.

번안의 두 번째 예는 격언과 관련이 있다.

> ST: Pour mon businessman elles etaient de l'or.
> ETT1: For my businessman, they were gold.
> ETT2: For my businessman, they were wealth.
> KTT1: 그 상인에게는 금이고.
> KTT2: 내가 만난 상인한텐 별은 돈이고요.

ST의 l'or를 ETT1에서는 직역인 gold로 번역했지만 ETT2에서는
추상명사인 wealth로 번역하였다. KTT1에서는 '금'으로, KTT2에
서는 '돈'이라는 어휘로 번안을 하였다. 여기에서 번안에 따른 예
는 지정숙의 주장과는 거리가 있다.

1) 정연일. 「번역수업에 있어서 '번역브리프'의 역할」. 『통번역학연구』 제7집 (2003): 176-177.
2) 한규만. 『영한번역의 이론과 실제』 증보판. 울산: 울산대출판부, 39-44.
3) Newmark, Peter. *A Textbook of Translation*. New York: Prentice-Hall, 1988: 5.
4) Newmark, Peter. *A Textbook of Translation*. New York: Prentice-Hall, 1988: 40.
5) Richards, I. A. *Practical Criticism: a Study of Literary Judgment*. London: Kegan Paul, 1929, 175.
6) 미국 대사관 공보원. http://info-pedia.americancorners.or.kr/ENG/_f_030701.html
7) Samuelsson-Brown, Geoffrey. *A Practical Guide for Translators*. Fifth Edition. MULTILINGUAL MATTERS, 2010.
8) Stralser, Steven. *MBA in a Day*. Hoboken, NJ: John Wiley & Sons Inc., 2004, 13.
9) 문화재청. 「경복궁 안내 브로셔」 2013년 7월 제작. (gyeongbokgung_kor201307)
10) 어린이.청소년 문화재청. http://kids.cha.go.kr/kids/school/ explanation/02 . jsp?mc= KD_02_06_01
11) Munday, Jeremy. *Introducing Translation Studies* London: Routledge, 2001, 56-60.
12) 민난식. 「문체론적 번역방법론: Le Petit Prince의 영어·한국어 번역본 비교」. 『번역학연구』, Vol.6 No.2, 2005, 83.
13) 지정숙. 『번역의 기초이론』. 문예림, 2002, 121-132.

5장. 번역비평: 동화와 단편소설

번역비평은 번역의 결과물이 잘된 번역인지, 잘못된 번역인지를 가려내는 작업이다. 그리고 왜 잘된 것이지, 왜 잘못된 것인지를 기준을 세움으로써 번역을 좀 더 발전시키려는 것이다. 이는 좋은 번역인지를 설명하는 기준과도 관련이 있다. 첫째는 뉴마크의 원천어 텍스트와 목표어 텍스트가 거시적 기준에서 상응해야할 것이며, 등가의 원칙에도 맞아야 할 것이다. 등가의 원칙이란 1) 내용적 등가 2) 형식적 등가 3) 텍스트적 등가 4) 의사소통적 등가 5) 결과적 등가가 일치해야 좋은 번역이라고 말할 수 있다.

5.1 번역비평: 현대동화

번역비평은 번역의 원리와 방법을 이해하고 숙지하는 연습으로 번역공부의 기초 작업이다. 번역비평을 통한 번역학적 사고가 형성되면 자신의 실제 번역작업이 과거와 다른 결과를 가져올 것이다. 영국작가 로알드 달(Roald Dahl)의 『찰리와 초콜릿 공장』(Charlie and the Chocolate Factory)은 현대동화로 영화화되어 많은 어린이들에게 감동을 준 작품이다.

여기에서는 『찰리와 초콜릿 공장』 제5장의 원문과 번역문을 번역비평 연습한다. 적용할 비평개념은 뉴마크 교수의 오역(mis-translation), 과다번역(over-translation), 과소번역(under-translation)과 '강조점의 변화'이며 여기에 '잘된 번역'을 비평개념으로 추가하고자 한다. 그리고 판단하는 기준은 여러분이 학습한 모든 지식 즉 거시적 관점, 어휘, 문법, 문화 등이다.

연습

1. 다음 영-한 텍스트를 비교하고 [나의 번역]을 제시한 후, [번역원리와 방법 & 이유 설명]을 작성하시오. (Source Text, Target Text, Your Translation, Translation Criticism or Rules and Reasons Applied)

‖ e. g.1 ‖

[영어원문: ST] p.19 제일 아랫줄

These lucky five ㉠will be shown around ㉡personally by me, and they will ㉢be allowed to see ㉣all the secrets and ㉤the magic of my factory.

[한국어 번역문: TT1]

　이 행운의 다섯 어린이들에게 공장을 ⓐ보여주고, 지금까
지 공개하지 않았던 우리 공장의 ⓑ모든 제조비법과 신기한
기술을 ⓒ보여드립니다.

[나의 번역: TT2]

이 행운의 다섯 어린이들에게 ①제가 직접 공장을 보여주고, 우리
공장의 ②모든 비밀과 마법 같은 기술을 ③보여주도록 할 것입니다.

[번역원리와 방법 & 이유 설명]

1) 거시적 분석: 독자층이 한국어린이이고 현대동화이므로 가능한 한
　　　　　　　쉬운 현대 한국어와 문체를 사용할 예정이다.

2) 잘된 번역: ST의 ㉠ ㉢에서 수동형이 쓰였으나, TT1의 ⓐ ⓒ에
　　　　　서 능동으로 번역한 것은 자연스러운 한국어로 잘 번
　　　　　역되었다. 영어는 타동사가 발달하였지만 한국어에
　　　　　서는 피동표현을 잘 쓰지 않으므로 능동으로 번역하
　　　　　는 것이 자연스럽기 때문이다.

3) 오역: 원문에는 'personally by me'라는 말이 쓰여 있는데 이것은
　　　　Willy Wonka씨가 직접 아이들을 데리고 공장을 견학시켜
　　　　준다는 뜻이다. TT1에는 이 부분이 빠진 채 단순히 '아이들
　　　　에게 공장을 보여 준다' 정도로만 번역이 되어있다. 회사주
　　　　인이고 비밀에 싸여 사는 Wonka씨가 나타나 직접 구경시
　　　　켜준다는 것은 어린이들에게는 대단한 영광이 될 것이다.

4) 과소번역: ST의 all the secrets가 TT1에는 '모든 제조비법'이라고
　　　　　번역이 되어있는데 여기서는 secrets라는 것이 단순히

제조법만을 지칭하는 것이 아니며 제조법을 포함한 Willy Wonka씨 공장의 '모든 비밀'이라고 보는 것이 맞다. TT1의 ⓒ'보여드립니다'는 괴짜 Willy Wonka씨의 말씨로는 너무 점잖고 약한 듯하여, TT2와 같이 '③ 보여주도록 할 것입니다'로 고쳐서 Wonka씨의 의지를 좀 더 강하게 전달하고자 하였다.

<hr>

연습1~7

다음 영-한 텍스트를 비교하고 [나의 번역]을 제시한 후, [번역원리와 방법 & 이유 설명]을 작성하시오. (Source Text, Target Text, Your Translation, Translation Criticism or Rules and Reasons Applied)

‖ ST ‖

5. The Golden Tickets

"YOU MEAN people are actually going to be allowed to go inside the factory?" cried Grandpa Joe. "Read us what it says —quickly!"

"All right," said Mr. Bucket, smoothing out the newspaper. "Listen."

‖ TT1 ‖

5. 행운의 황금빛 초대장

조 할아버지가 큰 소리로 물었다.

"아니, 그게 정말이냐? 뭐라고 썼는지 읽어 봐라, 어서!"

아빠는 신문을 펼쳐 들고 읽기 시작했다.

[번역비평]

우선 제목을 보면 'The Golden Tickets'이 '행운의 황금빛 초대장'으로 바뀌어 있다. 이는 '행운의'를 첨가한 명시화 번역전략이다. 영화제목 영한번역의 경우에도 자주 나타나는 전략이다. ST에서 나타난 세 번의 발언내용이 생략되어 있다. 왜 그랬을까? 이해하고 생각해보자면, 인용문(직접화법 문장)이 여러 번 나오면 이야기의 맥이 끊긴다고 생각했거나, 단순한 이유로 양을 줄이고자 했을 수 있다. 여러분은 생략된 세 문장을 모두 번역해 보시오.

‖ ST ‖

Evening Bulletin

Mr. Willy Wonka, the candy-making genius whom nobody has seen for the last ten years, sent out the following notice today:

I, Willy Wonka, have decided to allow five children—just *five*, mind you, and no more—to visit my factory this year. ㉠ These lucky five will be shown around personally by me, and they will be allowed to see all the secrets and the magic of my factory. Then, at the and of the tour, as a special present, all of them will be given ㉡ enough chocolates and candies to last them for the rest of their lives! So watch out for the Golden Tickets! Five Golden Tickets have been printed on golden paper, and ㉢ these five Golden Tickets have been hidden underneath the ordinary wrapping paper of five ordinary candy bars. These five candy bars may be anywhere—in any shop in any street in any town in any country in the world—upon any counter where Wonka's candies

are sold. ㉣And the five lucky finders of these five Golden
Tickets are the only ones who will be allowed to visit my factory
and see what it's like *now* inside! Good luck to you all, and ㉤
happy hunting! (Signed Willy Wonka.)[1]

‖ TT1 ‖

제과업계의 귀재, 윌리 웡카 10년 동안 모습을 감추었던 인물이 오늘 다음과 같은 광고를 냈다.

저, 윌리 웡카는 다섯 명의 어린이에게 딱 다섯 명입니다,
명심하십시오, 더 이상은 안 됩니다. 올해 안에 우리 공장을
견학시켜 드립니다. ⓐ 이 행운의 다섯 어린이들에게 공장을
보여주고, 지금까지 공개하지 않았던 우리 공장의 모든 제조
비법과 신기한 기술을 보여 드립니다. 또 공장 견학을 마친
후 이 어린이들에게 평생 먹을 수 있는 ⓑ 초콜릿과 사탕을
기념품으로 드립니다! 이 행운의 황금빛 초대장을 잘 살펴보
세요! 초대장은 금색 종이에 인쇄해서 초콜릿 포장지 밑에 ⓒ
숨겨 놓았습니다. 이 다섯 개의 초콜릿은 어느 나라, 어느 도
시를 막론하고 웡카의 초콜릿을 파는 곳이면 어디서나 발견할
수 있습니다. 모두에게 행운을 빕니다. ⓓ 신나게 찾아보세요!

윌리 웡카[2]

[번역비평]

1) 양 텍스트의 길이를 보면 내용이 축약되어있다. 따라서 이는 완역
본은 아니다. 일부 문장을 왜 생략했는지는 여러 가지 이유가 있
을 수 있다. 원칙적으로는 잘못된 일이지만, 번역본은 대개 길어
지는 경향이 있으므로 과감하게 일부를 잘라내는 작업을 하면서,
내용의 흐름에 큰 영향이 없는 한도 내에서 생략했을 수 있다.

2) 소제목부분 텍스트를 비교하자면, TT1에서는 신문이름 'Evening Bulletin'이 사라졌고, 'notice'가 '광고'로 바뀌었다. 오역과 과소 번역이 동시에 나타난다. 신문이름이 없이 일반 활자로 나온 설명이므로 책 저자의 글로 오해할 수도 있으며, 광고가 어디에 나온 것인지 알 수 없다. 'notice'를 '광고'로 번역한 것은 좋은 번역이기는 하지만 동화의 독자층에 맞게 '알림'으로도 번역이 가능하다고 본다.

3) 'the candy - making genius' 가 '제과업계의 귀재'로 번역되었다. 이 번역은 참 잘된 번역이다. ST를 직역을 한다면 '캔디제조 천재'가 될 터인데, '캔디'의 상위개념인 '제과'로 처리하고, 윙카가 장사꾼이므로 '천재'보다는 '귀재'가 더 적합하다.

4) (five와 now)의이탤릭체 부분 번역전략에 대하여 쓰시오.

_____

_____

5) ㉡에 대하여

_____

_____

6) ㉢에 대하여

_____

_____

7) ㉣에 대하여

8) ㉤에 대하여

‖ ST ‖

"The man's dotty!" muttered Grandma Josephine.

"He's brilliant!" ㉠cried Grandpa Joe. "He's a magician! Just imagine what will happen now! The whole world will be searching for those Golden Tickets! Everyone will be buying Wonka's candy bars in the hope of finding one! ㉡He'll sell more than ever before! Oh, how exciting it would be to find one!"

"And all the chocolate and candies that you could eat for the rest of your life—㉢*free!*" said Grandpa George. "Just imagine that!" "They'd have to deliver them in a truck!" ㉣said Grandma Georgina. ㉤"It makes me quite ill to think of it," ㉥said Grandma Josephine.

‖ TT1 ‖

조세핀 할머니가 중얼거렸다.

"별 미친 사람 다 보겠네!"

조 할아버지는 할머니하고 ⓐ생각이 달랐다.

"정말 대단한 사람이야! 마술사가 틀림없다니까. 앞으로 벌어질 일들을 상상해 봐요! 온 세상 사람들이 이 황금빛 초대장을 찾느라 얼마나 혈안이 되겠나! ⓑ초콜릿이 불티나게 팔릴 거야! 야, 초대장만 찾아내면 얼마나 좋을까!"

조지 할아버지도 말했다.

"평생 먹을 초콜릿과 사탕도 준다잖아요! ⓒ그것도 공짜로!"

ⓓ조지아나 할머니도 한마디 끼어들었다.

"트럭으로 배달해야겠네요."

ⓔ조세핀 할머니는 불만이었다.

ⓕ"난 생각만 해도 속이 울렁거리네."

[번역비평]

1) 문단편집상 문제점이 노출된다. ST에서는 "The man's dotty!" muttered Grandma Josephine.이 줄(line)을 바꾸지 않고 한 문단으로 처리되어있는 반면에, <조세핀 할머니가 중얼거렸다.// "별 미친 사람 다 보겠네!">로 줄을 바꾸어 두 문단으로 처리되어 있다. 편집상 독자를 매우 혼돈스럽게 만들고 있다. 이러한 문제점은 번역본의 처음부터 끝까지 반복되는 심각한 문제점이다. 아무리 내용번역을 잘했다하더라도 이렇게 편집상의 문제점이 발생되면 상상이상으로 독자를 혼동시킬 우려가 있다. 번역작업에서 문단과 구두점은 최대한 존중하는 것이 원칙이다.

2) 전체적으로 말하는 행위를 지칭하는 동사처리가 탁월하다. 번역가가 내용을 파악한 후 상황에 맞게 좀 더 명시화한 것이다.

⊙ cried, ㉣ said, ㉓ said를 '생각이 달랐다' '한마디 끼여들었다' '불만이었다'로 번역하였다. ㉣과 ㉓이 동일한 영어단어인데도 불구하고 과감하게 한국어로 다르게 번역하였다.

3) ㉡ ⓑ에서 주어가 'He'에서 '초콜릿'으로 바뀐데 대하여

_____

_____

4) ㉢ ⓒ에서 이탤릭체의 강조방법에 대하여

_____

_____

5) ㉣에서 할머니 이름의 변형에 대하여

_____

_____

6) ㉤에서 '울렁거리네'의 문맥상 안 맞는 번역에 대하여

_____

_____

‖ ST ‖

"Nonsense!" cried Grandpa Joe. "Wouldn't it be something. Charlie, to open a bar of candy and see a Golden Ticket glistening inside!"

"It certainly would, Grandpa. But there isn't a hope," Charlie said sadly. "I only get one bar a year."

"You never know, darling," said Grandma Georgina. "It's your birthday next week. You have as much chance as anybody else."

"I'm afraid that simply isn't true," said Grandpa George. "The kids who are going to find the Golden Tickets are the ones who can afford to buy candy bars everyday. Our Charlie gets only one a year. There isn't a hope."

‖ TT1 ‖

조 할아버지가 반박을 했다.

"무슨 소리! 찰리, 정말 멋진 일 아니니? 초콜릿을 사서 뜯어보니 안에 행운의 황금빛 초대장이 반짝거리고 있다…… 응?"

하지만 찰리는 시무룩이 대답했다.

"그렇겠죠. 하지만 저한텐 그런 행운이 오지 않을 거예요. 일 년에 한 개밖에 가질 수가 없으니까요."

조지아나 할머니는 찰리를 위로했다.

"그건 모르는 일이란다. 마침 다음 주에 네 생일이 돌아오잖니. 다른 사람이나 너나 기회는 다 똑같은 거야."

조지 할아버지가 김빠지는 소리를 덧붙였다.

"단정할 수는 없지. 매일매일 초콜릿을 사 먹는 아이들이 아무래도 기회가 더 많은 법이니까. 우리 찰리 녀석은 일 년에 겨우 하나 손에 쥐는데 그걸 가지고 행운을 바라기는 어려운 일 아니겠소."

[번역비평]
밑줄 친 부분을 중심으로 위 번역의 품질을 논하시오.

_____

_____

_____

_____

_____

_____

_____

_____

5.2 번역비평: 현대 단편소설

이곳에서 다룰 작품은 영국 작가 John Collier의 "The Chaser"라는 단편소설이다. 이 작품은 Allen Austen 이라는 한 젊은이가 짝사랑하는 여인과 결혼하기 위해 사랑의 미약을 사 가는데, 그 약의 효과에 분별력을 잃고 흥분한 나머지 그 약을 파는 노인의 경고를 심각하게 받아들이지 않으며, 궁극적으로는 파국을 암시하는 흥미진진한 이야기이다. 번역비평연습을 위하여 ST와 TT1이 제시된다. 여러분은 잘된 번역, 오역, 과다번역, 과소번역, 강조점 변화 등으로 판정한 후 그 이유를 5가지 등가개념으로 설명하는 연습을 시도할 것이다.

등가개념과 유형에 관하여 김효중은 「번역등가의 개념과 유형 설정」에서 자세하게 논하고 있다. 등가(equivalence)란 번역의 핵심 개념으로서 "언어학에 기초한 모든 번역학파는 번역이론의 중심 개념을 등가로 삼는다는 공통성을 지니고 있다"고 지적하였다. 더 나아가, 번역의 등가개념은 다음사항을 충족해야 한다는 주장을 하고 있다.

등가의 기준은 형식적인 유사함보다는 언어의 표현 관계나 그 외적 요인에 기초를 둔다. 그래서 Wilss(1977, 181)는 번역 학에서의 등가개념을 아래와 같이 몇 가지 측면에서 이해하고자 했다.

1) 기능적 등가 funktionale Gleichwertigkeit
2) 내용적 불변성 Invarianz auf der Inhaltsebene
3) 동일한 효과 Wirkungsgleichheit
4) 기능적 불변성 funktionale Invarianz
5) 의도의 충족성 Intentionsadaquatheit[3]

필자의 분석에 따르면 르드레르는 '내용적 등가' '형태적 등가' '텍스트적 등가' '의사소통적 등가' '결과적 등가' 5원칙을 제시한다. 그 개념은 다음과 같다.

등가의 기준을 밝히려는 노력은 캣포드, 나이다와 테블러, 윌스, 예거 등에 의하여 진행되어 왔는데, 르드레르(Marianne Lederer)는 콜러(W. Koller)의 저서를 인용하여 '내용적 등가' '형태적 등가' '텍스트적 등가' '의사소통적 등가' '결과적 등가'의 5원칙을 제시하고 있다.[4]

1) 번역은 원본이 언어 외적 현실에 대해 제공한 정보를 전해야 한다. 콜러는 이를 '외시적 등가'라 부른다.
2) 번역은 언어사용역, 사회언어, 표현의 사용지역 등의 문체를 존중해야 한다. 그는 이러한 등가를 '공시적 등가'라 부른다.
3) 번역은 번역된 텍스트의 유형에 적합해야 한다. 예를 들어, 누구도 조리법을 법학개론처럼 쓰지 않는다. 콜러는 이 경우, '규범적 등가'라는 말을 쓴다.
4) 번역이 이해되려면 독자의 지식에 맞추어져야 한다. 이러한 경우의 등가는 '화용적 등가'이다.
5) 마지막으로 번역의 형태는 원문과 동일한 미적 결과를 산출해야 한다.

김효중(42)은 번역등가의 개념과 번역평가를 다음과 같이 연결시키고 있다.

번역등가의 개념은 Dressler(1972, 98-106)가 천명한 바와 같이 문장론적, 어휘론적, 문체론적 차원을 조화시키는 개념이다. 번역등가 설정을 위하여 바람직한 방향을 요약하면 아래와 같다.

(1) 번역할 원문을 문장론, 어휘론, 문체론 측면에서 분석한다.
(2) 필요한 경우 일차적으로 번역을 하여 야기되는 문제점 혹은 어려운 점을 추출해 냄으로써 최적의 번역문을 만드는 데 도움을 얻는다.
(3) 의미론적, 문체론적 번역등가의 측면에서 번역결과를 평가해 본다.

(4) 마지막 단계로서 원어를 모국어로 말하는 이로 하여금 번역본을 다시 번역하여 평가해 보면, 최소한 특별한 목적을 위한 텍스트 번역분야에 유용한 방법이 될 수 있다.

- ST와 TT1을 비교하여 위 등가개념으로 번역비평하고 여러분의 번역문(TT2)을 작성하시오.

> Alan Austen, as nervous as a kitten, went up certain dark and creaky stairs in the neighborhood of Pell Street, and peered about for a long time on the dim landing before he found the name he wanted written obscurely on one of the doors.
>
> 새끼고양이처럼 긴장한 오스틴은 펠 스트릿(Pell Street)가의 이웃에 위치한 어둡고 삐걱거리는 계단을 올라가, 한참동안 어두운 층계참을 뚫어지게 바라보다가 그가 찾던 이름이 흐릿하게 씌여진 문 하나를 발견했다.

[번역비평]

전반적으로 잘된 번역이나 부분적으로 오류가 보인다. Pell Street는 '펠 스트리트'이지'펠 스트릿가'가 아니다. 'peered about on the dim landing' 은 '층계참을 뚫어지게 바라보는' 것이 아니라, '층계참에 서서 이리저리 살펴보는' 것이다. 그러다가 무언가를 발견하게 된다. 층계참을 바라본다면 층계참 밑에서 보는 것이다. 중간쯤은 올라와서 무언가를 살핀다고 말하는 것이 더 맞다. '이름이 씌여진 문 하나'는 '이름이 쓰인 문'일 것이다.

[새 번역문 작성]

_____

_____

_____

_____

_____

_____

_____

_____

_____

_____

He pushed open his door, as he had been told to do, and found himself in a tiny room, which contained no furniture but a plain kitchen table, a rocking-chair, and an ordinary chair. On one of the dirty buff-colored walls were a couple of shelves, containing in all perhaps a dozen bottles and jars.

그는 들은 대로 문을 밀어 열고는, 평범한 식탁과, 흔들의자 그리고 일반의자 하나를 제외하고 가구라고는 없는 작은방에 서 있었다. 낡은 황갈색으로 칠하여진 벽엔 서너 개의 선반위에는 열두 개의 병과 항아리들이 올려져 있을 뿐이었다.

[번역비평]

_____

_____

[새 번역문 작성]

An old man sat in the rocking-chair, reading a newspaper. Alan, without a word, handed him the card he had been given. "Sit down, Mr. Austen," said the old man very politely. "I am glad to make your acquaintance."

한 노인이 흔들의자에 앉아 신문을 읽고 있었다. 한마디 인사말도 없이 앨란은 그가 받은 명함을 남자에게 건네주었다. "오스틴씨, 앉으세요," 노인은 예의를 갖추어 매우 공손하게 말했다. "이렇게 알게 되어서 반갑습니다."

[번역비평]: 계속하여 작성하시오.

'남자에게'는 앞에서 노인이라는 표현이 나왔으므로 '그 노인에게'가 더 좋을 듯하다.

_____

_____

_____

_____

_____

_____

[새 번역문 작성]

_____

_____

_____

"For indifference, said the old man, they substitute devotion. For scorn, adoration. Give one tiny measure of this to the young lady---its flavor is imperceptible in orange juice, soup, or cocktails---and however gay and giddy she is, she will change altogether. She will want nothing but solitude and you."

"이 묘약들은 무관심을 헌신적인 사랑, 냉대함을 흠모하는 마음으로 바꾼단 말이지. 이 소량을 젊은 여인에게 주시오. <u>쥬스나, 스프나</u> 칵테일 안에서 향이 거의 나지 않을 것이오. 그리고 사교적이고 충동적인 그녀가 완전히 변할 것이오. <u>여인은 혼자 살든가</u> 아님 당신과 사는 것 이외엔 아무것도 원하지 않을 것이오."

[번역비평]

'For scorn, adoration.'부분은 번역을 포기했다. 일단은 오역이다. 앞 문장과 동일한 문장구조이다. 'for'는 '~대신에'의 뜻이다. 따라서 '경멸대신에' '찬미'로 대체될 것이라는 뜻이다.

[새 번역문 작성]

_____

_____

_____

_____

_____

_____

_____

"I like to oblige," said the old man. "Then customers come back, later in life, when they are better off, and want more expensive things. Here you are. You will find it very effective."

"Thank you again," said Alan, "Good-bye."

"Au revoir," said the man.

"베풀어야지" 그리고 노인이 말하길 "손님들은 인생 황혼기에 배우자와 헤어질 때 다시 찾아와선 더 비싼 물건(독약)을 사길 원하지. 자 여기 있어요. 일 달러의 위력을 느끼게 될 것이오."

"고맙습니다. 그럼 안녕히 계십시오." 앨란이 인사를 하였다.

"다음에 볼 때까지 잘 지내게나." 라고 그 남자가 인사를 했다.

[번역비평]

등장하는 두 인물간의 관계를 나타내는 어조처리는 훌륭하다.
다만 의미에 맞는 번역을 하면서도 의사소통이 되어야 하는데, 이
런 점에서는 실패하고 있다._____

_____

_____

_____

_____

_____

[새 번역문 작성]

_____

_____

_____

_____

_____

_____

_____

_____

_____

1) Roald Dahl. *Charlie and the Chocolate Factory*. New York: Penguin Putnam, 1964.
2) 달, 로알드. 『찰리와 초콜릿 공장』. 지혜연 역. 시공주니어, 2000.
3) 김효중.「번역등가의 개념과 유형 설정」.『번역학연구』 1권 2호 (2000): 30-42.
4) 르드레르(1994). 전성기 옮김. 『번역의 오늘』. 고려대학교 출판부 (2001): 57.

6장. 번역과 세상

　일상생활에서 누군가 이상한 영어를 쓰는 경우, 흔히 하는 말로 '영어가 한국에 와서 고생 한다'고 말한다. 이는 영어가 한국이라는 세상에 와서 쓰이면서 변형된 것이다. 콩글리시의 정확한 개념을 알아본다. 이는 대개 영어식 영어가 아닌 한국식 발음, 어휘, 문장구성 등을 말한다. 이에 대한 올바른 표현을 익혀서 영어다운 문장을 쓰도록 하는데 도움을 주고자 한다.

　다음으로는 세상 돌아가는 일을 매일 문자나 음성으로 전달하는 언론계에서 영어와 관련하여 무슨 이야기들이 오가는지를 살피고자 한다. 이러한 일은 영어가 세상 사람들에게 어떤 의미로 다가오는 것인지를 알게 해 줄 것이다. 특히 공공분야에서의 오역의 문제는 심각하다. 전문가들은 '번역청' 설치를 주장한다. 긴밀한 유대 속에서 살아가는 한국과 미국 사이에는 자주 영어표현의 문제 즉 오역의 문제가 개입한다. 무언가 의사소통이 안 되면 통역과 번역의 탓으로 돌린다. 한국 대통령과 미국의 고위관리들의 발언, 한국문학 번역의 성과, 한국에 오는 외국인관광객을 위한 표기와 번역문, 한국통상문서에서의 각종 오역사건 등을 다루고자 한다.

6.1 번역과 콩글리시

6.1.1 콩글리시란 무엇인가?

어혜은(2008, 4)에 따르면 영어에 대한 "한국인의 관심과 국제화의 영향으로 한국인의 영어에 대한 접촉이 빈번해"지는 상황에서 발생한 콩글리시는 잘못된 영어로 인식되고 있다. 콩글리시는 Korean+English의 합성어로[서], 영어문장을 표현할 때 한국식 영어가 사용되어 원어민이 알아듣지 못하는 것을 뜻한다.1) 실제로 콩글리시란 '한국식으로 잘못 발음하거나 비문법적으로 사용하는 영어를 이르는 말'로서 발음이 콩글리시일 수도 있으며 단어나 문장이 콩글리시일 수도 있다. 여기에서는 발음을 제외한 어휘와 문장상의 오류를 지칭하는 말로 사용한다.

단어 차원에서 콩글리시의 발생 원인은 낱말을 빌려올 때, 뜻의 일부만을 빌려오게 된다는 점이다. 모르는 길을 알려주는 기계를 뜻하는 '내비게이션'은 영어에서는 바다와 하늘 등에서 여기저기를 다니는 것을 가리키지만, 한국어에서는 새로운 용어에 새로운 의미를 부여하여 '자동차에 부착하여 사용하는 길안내 기기'가 된 것

이다. 해방을 전후하여 생겨난 영어 단어들을 한국식 조어법으로 서로 결합하거나, 긴 단어를 한국인이 사용하기 편하게 줄여 사용하게 되는데, 이러한 것들이 소위 '한국어식 영어'이며 '콩글리시'이다. 또한 문법적으로나 문장구성에서도 한국식 사고가 반영되어 문장을 구성하기도 하는데 이것 또한 콩글리시라고 말한다. 일본을 통하여 영어가 수입되면서 생겨난 콩글리시에는 와이셔츠, 미싱, 아파트, 오토바이, 핸들, 커닝 등이 있으며 해방이후에 만들어진 콩글리시는 데모, 디시, 리모콘 등이 있는데 아래에서 자세히 설명하기로 한다.

6.1.2 한국어와 영어의 어휘와 문법적 특징

한국어 문법과 문화의 영향으로 번역 실수를 저지르기도 하는데 대표적인 유형은 다음과 같다.

1) 한국어의 능동태가 영어에서는 수동태로 사용되어야 할 때, 이를 혼동하여 일어나는 실수이다. 2) 한국어에서는 주어 또는 목적어 생략현상이 허다한데, 영어에서도 동일한 방식으로 번역을 하는 경우이다. 영어문장을 만들기 위해서는 주어와 목적어를 만들어내고 주어-술어관계를 설정하는 일이 가장 중요한 일이다. 3) 한국어의 조사와 영어의 전치사가 1:1 대응관계로 정해지지 않기 때문에 생기는 혼동이 오류를 낳는다. 예를 들면 한국어에서는 장소를 나타내는 '~에'가 있다면 영어에서는 in, at, on 등 여러 가지가 가능하기 때문이다. 4) 한국어에서는 자동사로 쓸 말을 영어에는 타동사로 써야하는 경우, 이를 혼동한다. 이는 영어에서는 무생

물 및 추상명사 주어사용이 자연스럽지만, 한국어에서는 어색하기 때문이다. 5) 문화적인 차이로 인하여 한국어를 영어로 직역함으로써 발생하는 오류가 있다. 6) 영어는 명사중심의 언어이며, 한국어는 서술어 중심의 언어라는 특징을 몰라서 저지르는 오류가 있다. 7) 영어의 부정의문문에 대한 반응 중 'yes' 'no'의 개념에 익숙하지 않기 때문에 생기는 오류도 발생한다.

이에 대하여 한규만(23-26)은 영한 번역시 유의해야 할 한국어와 영어의 어휘 및 문법적 특징을 지적하고 있는데 요약하면 다음과 같다.

> … [번역작업에서] 영어 원문을 잘 이해하기 위하여 영어문법 지식을 충분히 숙지하고 있어야 하며, 어휘가 … 기계적[으로] 대응되는 것이 아니라 고도의 언어감각과 능력이 복합적으로 작용하는 것임을 알아야 한다. 어휘는 최소한 두 단계 많게는 네 단계(지시적, 비유적, 기술적, 구어적) 의미를 가지며, 문맥(언어 문맥과 상황문맥)에 따라 의미가 최종 결정된다. …2)

1) 한국어의 문법적 특징
목표어/ 도착어로서의 한국어의 문법적 특징을 정리하면 다음과 같다.

① 한국어는 S-O-V 형 언어이다. 또한 순서가 자유롭다.
   [반면, 영어는 S-V-O 형 언어이고 순서가 비교적 고착적이다.]

② 한국어는 어미와 조사가 발달한 언어이다.(교착어 또는 첨가어와 관련)

③ 영어는 수식어가 피수식어 앞이나 뒤에 오지만, 한국어는 수식어가 피수식어 앞에 온다.

④ 한국어에는 이른바 이중 주어문이 있다.

  - 철수는 머리가 좋다.(대주어-소주어)

⑤ 한국어는 주제 부각형 언어이다.

  - 나는 음악이 좋다. (주제-언급; topic-comment)

⑥ 한국어는 경어법이 발달된 언어이다.(주체 높임법, 객체 높임법)

  - 아버님께서 오늘 서울로 올라가셨다.

  - 마마, 수라상을 받으시옵소서.

  - 저는 이제 그만 물러가겠습니다.

⑦ 한국어 명사는 문법적인 성(gender)을 가지지 않는다.

⑧ 한국어 명사에서 복수표현은 필수적이지 않다.

⑨ 한국어에는 관사가 없다.

⑩ 한국어에는 관계대명사가 없다.

⑪ 한국에서는 피동 표현을 잘 쓰지 않는다.

⑫ 영어의 Yes/No가 화자중심적이라면 한국어의 '예/아니오'는 상대지향적이다.

⑬ 영어는 인간주어중심적, 한국어는 상황중심적 표현을 선호한다.(주어번역 생략가능)

  - I found the book interesting.(그 책은 재미있었다.)

  - I've been married to him for four years.(그와 결혼한 지는 4년이 돼요.)

⑭ 영어는 명사선호 구문이, 한국어는 동사선호 구문이 발달하였다.

   - Gentlemen have a preference for blondes.(신사는 금발을 좋아한다.)

   - Excessive drinking will do you a lot of harm.(과음은 몸에 해롭다.)

2) 한국어의 어휘적 특징

목표어/ 도착어로서의 한국어의 어휘적 특징을 [수정-정리하면] 다음과 같다.

① 한국어는 기원적 측면에서 고유어, 한자어, 외래어로 이루어진다.

② 한자어는 한국어 전체 어휘의 60-70%를 차지한다.

③ 한국어 외래어는 과거에는 중국어, 일본어에서 주로 도입되었다. 현재 영어 및 서구어에서 도입된 외래어는 외래어 표기법에 따라 한글로 표기한다. (국립국어연구원 자료실)

④ 한국어에서 고급개념을 나타내는 말은 대부분 한자어이거나 외래어이다.

⑤ 한국어는 감각어가 발달한 언어이다.(달다, 달콤하다, 달코름하다)

⑥ 영어의 명사는 사물명사, 형용사명사, 동사명사 등으로 다양하나, 한국어 어휘에는 명사가 부족하고 서술어가 발달하였다.

⑦ 한국어는 대명사가 발달되지 않은 언어이다.(그, 그녀;

당신, 어르신, 자기; 소인, 쉰네) [그러므로 영한번역시
에 영어의 대명사는 한국어의 명사로 번역한다.]
⑧ 'of'나 '영어 형용사구'에서 최대한 '의'는 생략한다.

이러한 오류가 자주 발생하는 것은 그만큼 한국과 미국간에 교
류가 활발하다는 증거이기도 하다. 이에 대하여 여행 가이드북인
*Korean Phrasebook*은 한국어에 대한 미국의 영향을 다음과 같이
지적하고 있다.

American Influence

America's media and economic domination since WW II, not to
mention its strong military presence in Korea since the Korean War
(1950-53), have led to hundreds of words of purported English origin
in everyday use in Korean. Words like <핸드폰> ('mobile phone'
literally 'hand phone'), <삐삐> ('beeper/pager) and <백미러>
rear-view mirror; literally 'back mirror') have made their way into
everyday Korean.[3]

• 위 글(ST)의 첫 문장을 한국어(TT)로 번역해보시오.

_____

_____

_____

_____

_____

콩글리시란 위에서 설명한 한국어와 영어의 어휘와 문법적 차이를 무시하고, 한국어 중심으로 만들어진 영어라고 보아야 한다. 이러한 콩글리시를 방지하기 위해서는 위에서 언급한 원칙과 언어상 특징을 정확히 숙지하여 영어학습의 매순간마다 어휘, 문법과 문장구성 등에서 많은 주의를 기울여야 한다. 단기간, 또는 한 학기동안 번역수업을 한 두 개 듣는다고 영어번역 실력이 갑자기 느는 것은 아니다.

일반적으로 어휘와 문장구성에서 콩글리시가 어떻게 발생하는지를 예문으로 살펴본다.

> 선생님, 질문 있습니다!
>
> → Teacher, I have a question!(×)
> Sir/ M'amm, I have a question!(○)

> 나 새 핸드폰 샀어.
>
> → I bought a new handphone.(×)
> I bought a new cell phone.(○)

> 샤프 좀 빌려줄래?
>
> → May I borrow your sharp pencil?(X)
> May I borrow your mechanical pencil?(○)

> 시험 보는 중에 커닝하지 말도록.
> → Never cunning during the test.(×)
> Never cheating during the test.(○)

> 네 노트북이 고장 났으면 내 것을 써도 돼.
>
> → If your notebook doesn't work, you way use mine.(×)

If your laptop computer doesn't work, you may use mine.(○)

너 거짓말하는 거지? 뻥이지?

→ You're a liar!(×)

You're kidding!(○)

나는 개를 정말 좋아해.

→ I really like dog.(×)

I really like dogs.(○)

6.1.3 콩글리시와 올바른 영어표현

한국에서 영어를 가르치는 외국인이 경험하고 적은 콩글리시의 데이터는 매우 소중하다. 불필요한 것은 생략하고 핵심적인 어휘 차원의 콩글리시를 정리해 본다. 번역을 하는 경우에 주의할 일은 우선 올바른 어휘의 사용이다. 콩글리시의 또 다른 유형은 줄임말 이다. 이는 언어의 경제성 때문이다. 음절수를 줄임으로써 발음을 편리하게 하려는 것이다. 콩글리시 또는 외래어와 올바른 영어표 현으로 정리해본다.

-What is the vampire's fav drink?
-koh-pee

-What do you call
a cute guy with no ears?
-Gwee-up-dah!

게임 룸(game room) → vi___eo game room

나이트(night) → night club

노트(note) → note___ook

더블 재킷(double jacket) → double-breasted jacket

데모(demo) → dem___nstration(protest)

드라이버(driver) → screw driver

디비(D/B) → Datab___se

디시(D/C) → discount

랩(wrap) → pl___stic wrap

레미콘(remi-con) → ready-mix concrete truck

레포츠(le-ports) → l___isure sports

리모컨(remote con) → remote control

매직(Magic) → ma___ic marker(permanent marker)

미션(mission) → transmission

백 댄서(back dancer) → back___p dancer

백 뮤직(back music) → background music

백 싱어(back singer) → bac___up singer

볼펜(ball pen) → ball point pen

센치(centi) → ___entimeter

셀프(self) → self service

스포렉스(spo-lex) → sports ___omplex

아파트(Apart) → Apartment Building

에로(ero movie) → er___tic movie

에어컨(Air Con) → Air Conditioner

에이 에스(A/S) → A___ter Service

엘티(L.T.) → Leadership Training

오므라이스(omu-rice) → o___elet + rice

오에이치피(O.H.P.) → Overhead Projector

오티(O/T) → O___ientation

원룸(one room) → A bachelor-style studio apartment.

원샷(one shot) → bottom's_____p, finish his drink in one gulp

카세트(cassette) → cassette player

크림 샌드(cream sand) → cream sand___ich

클래식(classic) → classical music

트랜스(trans) → transf___rmer

트로트(trot) → foxtrot

~팅(~ting) → mee___ing

파마(perma) → perm (a hair style)

파이팅(fighting) → "way to ___o" "you can do it!" or "go team go!"

펑크(punc, puncture) → flat tire

프라이 팬(fry pan) → fry___ng pan

플래시(flash) → flash light

핸디(handi) → handica___(for golf)

화이트(white) → white out(correction fluid)

● 콩글리시 단어 10개 이상 추가하여 위 방식대로 정리하기

1)

2)

3)

4)

5)

6)

7)

8)

9)

10)

연습 2

● 콩글리시 단어를 분야별로 5개 이상 써보기

1) School

2) Stationery

3) House and Household Items

4) Sports

5) Music and Arts

6) TV and Entertainments

7) Food and Drinks

8) Shopping

9) Clothes and Shoes

10) Automobile

11) Work

한편, 콩글리시에 대한 부정적인 견해만 있는 것은 아니다. 일반 한국인이 일상 언어생활에서 영어발음과 문법 등을 정확하게 사용하기 위하여 지나치게 구속받을 필요는 없다. 결국에는 한국인이 사용하기 편리하고 경제적인 방법으로 발전해 나갈 것이다. 물론 영어교실이나 외국인과의 의사소통에서는 한국어식 영어가 아닌 영어식 영어를 구사하는 것이 바람직하다. 그러나 현실과 이상 간에는 어느 정도 괴리가 있음을 인정해야 한다. 일본어식 영어와 중국어식 영어는 어느 정도까지는 불가피한 현실로 받아들여야 한다.

국내 일간 신문은 콩글리시에 대한 영국 국영방송 BBC의 호의적인 태도를 전하고 있다. "영어는 세계에서 가장 많이 쓰이는 언어로 군림하며 세계를 지배하고 있지만, 그 영어 역시 다양한 인종과 계층의 사람들 덕분에 새로운 언어가 창출되며 또다시 진화하고 있다"는 분석이 나왔다. 미국역사 초기에 미국화한 철자로 된 단어를 웹스터 사전에 등재 하였을 때, "이 사전엔 영국식 영어에서 쓰이는 theatre(극장) 대신 theater를, colour 대신 color를, traveller 대신 traveler 등 요즘 말로 '미국식 언어'를 수록했다."고 한다. 처음에는 어색했겠지만, 영국식 철자보다는 미국식 철자가 간편하고 편리한 것이 사실이다.

현대 학자들은 인터넷의 발달과 더불어 "영어가 10년 내에 인터넷 제1의 공용어로 통용되고 인터넷 세상을 지배할 것"이라고 전망하고 있다. "페이스북이나 문자 메시지가 발달하면서 '세계어'로서의 영어의 발전을 늦추게 하진 않을 전망이다." 그런데 특히 눈에 띄는 건 '혼용어'들의 급부상이다. BBC는 이의 대표적인 사례로 한국식 영어인 콩글리시, 스페인식 영어인 스팽글리시, 인도식 영어인 힝글리시를 꼽았다. 각각 개별 문화에 오래 존재하던 언어들이 온라인을 통해 급속하게 퍼지게 됐다는 것이다. "특히 페이스북 같은 SNS 사용자들을 통해 이 언어들은 재빠르게 알려졌고, 서로 이들 언어에 대해서 배우게 된다고 전했다." BBC가 소개한 한국어식 변용 영어 '스킨십'(skinship)은 콩글리시로서 '친밀한 신체 접촉'을 뜻하는 단어가 되었다는 것이다. 영어식으로 표현하자면 kissing, touching, making out 등이 가능하다. 미국 컴퓨터

언어학자 로버트 먼로는 BBC와의 인터뷰에서 "사람들은 영어를
디지털 시대의 언어로 꼽고 있다 … 영어는 세계의 링구아 프랑카
(lingua franca: 모국어를 달리하는 사람들이 상호이해를 위하여 습
관적으로 사용하는 언어)로서의 독보적 위치를 차지하겠지만 남의
언어를 배척하는 게 아니라 다른 나라 언어가 영어에 녹아들어 새로
운 언어를 창조하는 방식으로 발전하게 될 것"이라고 밝혔다.4)

콩글리시와 관련하여, 끝으로 지적할 것은 한국문화와 언어에서
유래되어 세계언어와 문화에 정식으로 기여하는 어휘가 있다. 대
표적인 것인 '태권도' '김치' '불고기' 등일 것이다. 외국인에게 사
용해도 전혀 거리낄 것이 없는 어휘들이다. 물론, 영어번역가로서
이 어휘들을 영어로 설명할 수 있으면 더욱 좋을 것이다. 그 예는
다음과 같다.5)

<영어사전에 나오는 한국어 단어>

bulgogi
from 불고기, thin strips of marinated beef
chaebol
from 재벌, family-controlled conglomerate facilitated by
government credit
hapkido
from 합기도, a modern martial art
kimchi/ gimchi
from 김치, spicy vegetable dish, usually cabbage or radish
fermented with chili and salt.
kisaeng/ gisaeng
from 기생, female Korean entertainers

Korea

from Goryeo (고려, 高麗), a historic dynasty of Korea

sijo

from 시조, a Korean style of lyrical poetry

taekwondo

from 태권도, a globally-popular sport and martial art

<사전에 나오지는 않지만 비교적 알려진 단어>

bibimbap

from 비빔밥, white rice mixed with vegetables, beef, and chili paste

chobo

from 초보, a novice, especially in Internet gaming

gosu

from 고수, a person with great skill, especially in Internet gaming

Hyundai

from 현대, Korean company, the name of which also means "modern"

kalbi/ galbi

from 갈비, barbecued marinated beef ribs

Samsung

from 삼성, Korean conglomerate

soju

from 소주, Korean liquor

필자는 이상에서 단어와 구 차원의 일상적인 오류인 콩글리시를 논하여 영어 관련 오류를 줄이려고 시도 하였다. 이 글을 통하여 학습자는 영어 학습 및 영어번역에 관한 지식을 습득하고, 예비 번역가로서 각오를 달리 할 수 있을 것이다.

6.2 언론 속 번역과 오역

여기에서는 각종 언론에 나타난 번역이슈를 살핌으로써 번역가 지망생이 번역의 현장과 이슈를 파악할 수 있고 번역에 관한 올바른 태도를 가지도록 한다. 번역과 관련하여 사회적 이슈가 되었던 대표적인 것은 미국과 유럽연합과 한국사이의 FTA 체결 협정문 오역사건일 것이다. 한국과 미국의 FTA 협정문 때문에 온통 나라가 시끄러웠고 광우병 방송보도이후 촛불시위로 발전하여 사회구성원 간 이해가 첨예하게 대립되었던 이슈인데 여기에 불성실한 번역문제까지 불거져 외교통상부가 망신살이 뻗혔던 사건이다. 그 외에도 미국 부통령의 '베팅'발언 그리고 한국대통령의 '통일은 대박'이라는 발언 등이 번역 또는 오역논란과 연결되어 있다. 따라서 정확한 영어표현능력과 번역능력을 갖춘다면 세상을 앞서 나갈 수 있는 미래의 지도자가 되리라 의심치 않는다.

언론에서 번역이슈가 나오면 늘 등장하는 것이 오역의 문제이다. 서옥식은 『오역의 제국: 그 거짓과 왜곡의 세계』(도서출판 도리, 2013)를 편저로 출판하면서 그동안 있었던 광우병 보도, FTA 협정문, 수능교재 오역사례들 뿐만 아니라, 성서, 문학, 영화, 가요 및 외교문서 등의 각종 오류들을 집대성하고 있다. 오역과 관련한 또 한권의 책은 전문번역가 안정효의 『오역 사전 (당신을 좋은 번역가로 만드는 깐깐한 번역 길라잡이)』(열린책들, 2013)이다. 안정효 선생의 38년 번역경험으로 '10년의 작업 기간, 3,000여 편의 영화 자료 수집, 2,000여 개의 오역 사례를 수록한 대한민국 최초의 오역 사전'이라는 광고 문구가 눈에 띈다. 이들의 말에 따르면 한국의 번역수준은 아주 저급한 상태에 있다고 느껴진다.

6.2.1 번역청 설치 의견

한국에서 번역이 사회적 문제가 되는 것은 그럴 만도 하다. 학문적으로는 교수들이 아무리 많은 시간을 할애하여 번역물을 내놓아도 한편의 논문으로도 인정해주지 않는 현실이 도사리고 있다. 사회적으로는 번역이란 아는 사이에 좀 해주면 되는 작업으로 보고 금전적 보상은 꼭 하지 않아도 되는 일이라는 한국인들의 잘못된 생각이 널리 퍼져있다. 심지어 국가의 FTA 문서를 초보인턴에게 맡기어 번역시키는 고위관리들의 한심한 사고방식이 통용되는 나라에 우리는 살고 있다. 따라서 국가의 격을 높이려면 '번역청'을 설치하여야 한다는 주장과 '번역가'를 국가차원에서 양성해야 한다는 주장이 설득력을 얻고 있다.

<매일경제>(2014. 1. 15)는 정호정 통역번역학회 회장의 '번역청' 설치 주장을 보도하고 나섰다. "미국 관광객에게 포천 이동갈비를 포천의 '살아 움직이는 갈비(moving rib)'로 소개한다면 얼마나 비웃을까."로 시작되는 기사내용은 상당히 자극적이다.

정호정 한국통역번역학회장은 "이런 어처구니없는 일들이 벌어지는 건 공공번역 업무에 대해 국가적 컨트롤타워가 없기 때문"이라며 "국격을 떨어뜨리는 번역 실수가 나오지 않게 하려면 번역청 신설이 필요하다"고 강력하게 주장했다. …

정 회장은 "다른 나라들이 역사 교과서를 만들 때 일본은 알아서 독도, 위안부, 동해 문제와 관련된 자료를 해당 국가 언어로 번역해 돌린다."며 "한국은 번역 전담 기관이 없다보니 이같은 공격적 대응을 전혀 못하고 있는 게 현실"이라고 지적했다. 정부 부처들이 중복해서 공공번역에 예산을 쏟아 부으며 세금이 낭비되고 있는 것에도 아쉬움을 표했다. 문화재 소개에 대해 문화재청, 한국관광공사, 국립국어원이 서로 공공번역을 요청하며 각기 다른 결과물을 발표하는 게 비일비재하기 때문이다.6)

6.2.2 한국 대통령과 번역

단어 하나 번역을 어떻게 하느냐에 따라 동맹이라고 하는 한국과 미국 간에 감정싸움이 발생할 수 있다. 2014년 1월 17일 조선일보는 미국의 로버트 게이츠 전 미국 국방장관이 회고록에서 고(故)노무현 전 대통령에 대해 '크레이지(crazy)'라는 표현을 썼다고 보도했다. 'crazy'에 대한 의미 분석을 다음과 같이 하고 있는데 생각보다 이 단어의 쓰임새 파악이 쉽지 않다.

원문은 "President Roh Moo-Hyun was anti-American and probably a little crazy." 여기서 'crazy'를 보통 '미쳤다'라고 번

역하는데 미국에선 '정상이 아니다'라는 의미에서부터 '정신 이상'이라는 뜻까지 범위가 넓다.

이성하 한국외대 영어학과 교수는 "구두로 한 말이라면 '이 해하기 어려운' 정도의 의미로 받아들일 수 있지만 문어체에 서는 '제정신이 아니라'는 심각하게 부정적인 뜻"이라고 했 다. 'crazy'는 정신 이상을 뜻하는 'insane'보다 약하면서 이상 하다는 뜻의 'strange'보다 강한 표현이다.[7]

"Korean Unification would be an immeasurable BONANZA for any nations with interests in the Korean Peninsula," reads the ad, installed on a main street of the bustling square.

2014-02-05

The Korea Herald

bonanza[bənænzə]
1. 노다지, 아주 수지맞는 일
2. 신나는 일이 많이 일어나는 것

경우에 따라서는, 대통령이 던진 한 단어를 어떻게 번역하느냐 에 따라 정부정책의 방향이 차분한 느낌을 줄 수도 있고, 도박판 같은 느낌을 줄 수도 있다. 번역에 대한 정부의 공식적인 판단이 필요할 때도 있다. 오애리 문화일보 국제부 선임기자는 <'대박' 遺 憾> (2014년 02월 13일자)에서 미국 뉴욕 맨해튼의 타임스스퀘어 한 복판에 한 재미교포가 사비(私費)를 들여 세운, 일명 '통일은 대박 이다' 메시지 광고판을 소개하고 있다. 기자의 관심 부분은 '대박' 이란 단어가 각국어로 어떻게 번역되었나 하는 점이었는데 영어로는 'bonanza'로 번역되어 있다고 한다. 한편, 박 대통령이 지난 1월 22일 스위스 다보스포럼에서 "통일은 남한뿐만 아니라 동북아시아의 모든 인접국에도 잭팟이 되리라 생각한다."고 말한 것을 보면, '대박'의 우리 정부 공식 영어 번역은 '잭팟'임에 틀림없어 보인다라고 전하고 있다.

통일이 과연 '대박'인지에 대해선 논하지 않겠다. 통일에 대한 무조건적인 비관론이나 부정적 시각을 걷어내고 , 논의의 장으로 끌어냈다는 것만으로도 '대박론'은 의미가 적지 않다. 하지만 '대박'이 과연 적절한 표현인지, 통일을 도박판의 '잭팟'이미지로 비치게 하는 것이 과연 바람직한지에 대해선 따져볼 구석이 있다는 생각이다. 독일 통일 10주년인 지난 2000년, 20주년인 2010년에 베를린 등 구 동독과 구 서독지역을 돌아다니며 전·현직 관리부터 환경운동가, 민주화운동 투사, 관광가이드 등 여러 독일인을 만났지만, 그 누구의 입으로부터도 '통일이 잭팟'이란 말을 들어본 기억이 없다. 분단된 국가의 국민으로서 그들에게 통일은 어렵지만 가야만 하는 길이자 목표였을 뿐이었다.[8]

국가안보와 외교차원에서는 영어 단어하나에 언론과 국민이 예민하게 반응하기도 한다. <오마이뉴스>(2013.12.7)와 여러 언론은 미국부통령이 사용한 'bet'라는 단어에 매우 민감한 반응을 보이기도 했다. 여러분은 여기에서 무엇이 논란이 되는지 잘 살펴보기를 바란다. 이 매체는 다소 비판적인 의견을 보이고 있다.

"I want to make one thing absolutely clear: President Obama's decision to rebalance to the Pacific basin is not in question. The United States never says anything it does not do. As I said in my visits thus far in the region, **It's never been a good bet to bet against America, and America is going to continue to place its bet on South Korea.**" (한 가지 절대적으로 분명히 말하고자 합니다. 오바마 대통령의 태평양 유역 재균형 (정책) 결정은 의심이 없습니다. 미국은 실행할 수 없는 그 어떤 것도 절대 말하지 않습니다. 제가 이번 방문에서 말해 왔듯이 **미국에 반하는 것에 베팅을 하는 것은 절대 좋은 베팅이 아닙니다. 미국은 한국에 베팅하는 것을 계속할 것입니다**)

외교적으로 보자면 이러한 말은 공개된 장소가 아니라 양자 간의 비공개 회담에서 거론했어야 하는 것이 마땅하나 조 바이든 부통령은 여과 없이 그의 속내를 드러내고 말았다. '미국에 반하는 베팅은 절대 좋은 베팅이 아니다'라는 이 말은 미·중 간의 패권 경쟁이 본격화되고 있는 동북아 정세에서 한국 정부에 중국 측에 대해 베팅하지 말라는 다소 직설적인 의미였다.

하지만 이러한 해석이 나오고 파문이 확대하자 외교통상부가 수습을 자처하고 나섰다. 외교부는 "주한 미국대사관은 '바이든 부통령의 말(It's never been a good bet to bet against America)을 미국의 반대편에 베팅하지 말라는 것으로 해석하는 것은 잘못'이라며 '이는 바이든 부통령의 발언이 정확하게 통역되지 않은 데서 발생한 것"이라고 외교부에 밝혀 왔다고 밝혔다.

이어 "주한 미국대사관은 '그 말은 미국이 아태지역을 떠나지 않겠다는 의미'라며 '바이든 부통령은 미국에 대한 신뢰를 강조하는 차원에서 **미국에 반해 베팅하지 말라**는 표현('Never bet against the America') 등을 써 왔다'고 밝혔다"고 전했다. 이어 "'그 표현은 미국이 **아태 재균형 정책 강화 의지를 설명할 때 일상적으로 사용하는 표현**'이고 '미국의 아태 재균형 정책에 대한 추진 의지나 능력이 약화될 것이라고 보는 건 잘못된 생각이라는 뜻'이라고 밝혔다"고 덧붙였다. …

윤병세 외교부 장관도 7일 국회에서 바이든 미국 부통령의 발언 파문과 관련하여 "**미국식 구어를 잘 이해하지 못하는 쪽에서 오해하거나 정확히 통역하지 않은 것 같다**"며 "바이든 부통령의 발언은 한·미 동맹의 강고함과 아·태 중시 정책을 강조하는 의미에서 나온 것"이라고 밝혔다. 이어 그는 "**통역이 잘못됐다**"며 "**미국 측 통역이 '반대편'**"이라는 단어를 써서 잘못 이해된 측면이 많다"고 이 파문을 통역 문제로 돌렸다.

윤 장관은 이어 "**미국에서 베팅이란 용어는 구어로 쓰는 흔한 표현이고, 바이든 부통령은 중국 지도자에게도 (같은) 말을 했다**"면서 "따라서 중국을 겨냥한 발언이 아니다"라고 강조했다. 다시 말해 이 발언은 미국의 이른바 아시아 재균형 정책에 대한 의지를 강조한 발언이었다고 한 것이다.[9]

<코리아 중앙데일리> (2013.12.20)에서는 'bet'의 해석과 반응에 대하여 다음과 같이 보도하고 있다. 이 신문은 중국의 출현보다는 한미일 동맹을 강조하는 의미로 보고 우호적인 해석을 보여준다.

Many things have changed between then and the visit to Seoul by Vice President Joseph R. Biden Jr. In a meeting with President Park Geun-hye on Dec. 6, Biden said, "It's never been a good bet to bet against America," and "America will continue to place its bet on South Korea." No matter how we interpret it, **the comments sound like a warning not to be stirred by China's emergence, to continue the close alliance with the United States and not to leave the cooperative union with the United States and Japan.** Vice President Agnew was concerned of America getting "entrapped" in Korean Peninsula issues and tried to abandon Korea, but Biden revealed Washington's intention to involve Korea in America's new Asia-Pacific strategy.[10]

한국의 대통령과 번역에 관한 네 번째 예는 'Strongman's Daughter'의 번역사건이다. 이와 관련하여 '강력한 지도자의 딸'인지, '독재자의 딸'인지 논란이 일어났는데, 정작 사건의 시작은 윗분에게 잘 보이고 싶어서 과잉 충성하는 이들의 입에서 출발하였다. 이에 대한 뉴스는 다음과 같다.

박근혜 타임지 표지 strongman 번역 논란,
"독재자 딸 VS 실력자 딸"

입력 : 2012-12-08 17:47:49 | 수정 : 2012-12-08 18:59:27
타임 인터넷판 7일 기사 제목 '독재자의 딸(The Dictator's Daughter)'

새누리당 박근혜 대선후보가 미 시사주간지 '타임'의 표지 모델로 등장했다. 표지 제목으로 설정된 'The Strongman's Daughter'에서 'Strongman'이란 단어의 해석을 두고 인터넷에선 '독재자' 또는 '실력자'로 해석이 엇갈리고 있다. (연합)

미국 주간지 타임지가 새누리당 박근혜 대통령 후보를 표지 사진에 게재하면서 설정한 제목을 두고 논란이 일고 있다.

타임은 오는 17일자 최신호 표지 제목을 '독재자의 딸' 또는 '실력자의 딸'로 해석될 수 있는 'The Strongman's Daughter'로 설정했다. 이를 두고 새누리당은 '강력한 지도자의 딸'로 번역했다. 그러나 'Strongman'이란 단어의 해석을 두고 인터넷에서 의견이 분분하다.

'Strongman'은 특정 조직의 실력자라는 의미도 있지만 '독재자'라는 뜻도 내포돼 있다. 이에 인터넷에서는 기사 맥락상 '독재자'라는 의미가 더 적확하지 않느냐며 새누리당의 번역에 의문을 제기했다. 이 가운데 7일 오후(이하 한국시간) 타임 인터넷판에 게재된 해당 기사의 제목에는 '역사의 자녀(History's child)'와 '독재자의 딸(The Dictator's Daughter)'로 올라와 편집부 의도에 궁금증을 불러 일으켰다.[11]

연습

● 시사영어와 관련하여 오류나 오역사건의 예를 찾아 논점을 설명하시오.

_____

_____

_____

_____

_____

6.2.3 한국문학과 번역

　한편, 한국문학번역과 관련한 뉴스도 종종 보인다. 한국소설 번역활동을 하는 외국인 교수의 소식도 있다. <뉴스와이어>는 2013년 10월 31일 뉴스로, 건국대 제니퍼 리 교수가 현기영 소설가의 작품 「지상에 숟가락 하나」를 번역하여 출간했다고 밝혔다. 제니퍼 리 교수는 UCLA에서 동양문학학과 박사과정을 수료했으며, 한국 문학을 영어로 번역해서 세계에 알리는 일을 꾸준히 진행해 오고 있다고 한다. 미국 일리노이 주에 본사를 둔 달키 아카이브는 … 세계적으로 유명한 작가들의 책을 내는 번역 문학 전문 출판사로 지난 2011년 11월 한국문학번역원과 한국문학총서 25권을 출간하기로 협약한 바 있다. 그로부터 2년 만에 출간된 이번 1차분은 흙(이광수), 마당깊은 집(김원일), 너무도 쓸쓸한 당신(박완서), 홍어(김주영), 사과는 잘해요(이기호) 등 국내 소설가들이 집필한 작품 10권이 수록되어 있으며, 오는 11월 16일(토) 미국에서 공식 출판될 예정이다.12)

● 위에 언급된 작품 이름을 영어로 번역하시오.

1) 흙(이광수)

---

2) 마당깊은 집(김원일)

---

3) 너무도 쓸쓸한 당신(박완서)

---

4) 홍어(김주영)

---

5) 사과는 잘해요(이기호)

　둘째로 <시사제주>(2014. 2. 5) 는 지역 여고생들이 제주도의 신화를 영어로 번역하는 작업을 했다는 뉴스를 전하고 있다. 제주중앙여자고등학교 영자신문동아리(미네르바)가 제주신화를 영어로 번역해 만든 동화책 '제주신화(Jeju Myths)'가 지역에 배부된다고 한다. 정말 가상하고 기특한 일이다. 아마도 고향에 대한 열정으로

번역작업에 수많은 시간과 노력을 들였을 터인데 분명 그만큼 진짜 영어실력이 늘었을 것이다.

현대 정몽구 재단, 온드림 동아리 스쿨 창의인성프로젝트 일환으로 지원받아 제작된 이 동화책의 그림은 중앙여고 미술부 학생들이 그렸다. 내용은 미네르바 동아리 1, 2학년 학생 40명이 번역했다.

이번 '제주신화(Jeju Myths)'제작에 참여한 학생들은 "제주에 대한 이해가 더 깊어지고, 우리가 살고 있는 제주를 다시금 돌아보는 계기가 되면 좋겠다."고 제작 소감을 전했다.

'제주신화(Jeju Myths)'는 총 100부가 인쇄돼 지역아동센터, 다문화 센터, 학교도서관에 기증된다.13)

셋째로 <경북매일>(2013.11.1)은 본격적인 한국문학번역작품집 출간을 보도하고 있다. 한국어와 영어 대조본으로 역량 있는 분들이 번역을 맡았다. 한국 문단을 대표하는 작가들의 단편 작품을 한글과 영어로 동시에 읽을 수 있는 '바이링궐 에디션 한국 대표소설 '시리즈'의 세 번째 세트가 출간됐다.

아시아 출판사는 지난 반세기 동안 한국에서 나온 가장 중요하고 첨예한 문제의식을 가진 작가들의 작품들을 선별해 총 100권의 시리즈를 기획했다. 이번에 출간된 세 번째 세트는 서울, 전통, 아방가르드라는 카테고리로 나누어 김소진, 조경란, 하성란, 김애란, 박민규(서울), 박범신, 성석제, 이문구, 송기원,

서정인(전통), 박상륭, 배수아, 이인성, 정영문, 최인석(아방가르드) 등 한국의 대표 작가들의 단편 소설들을 기획, 분류해 수록했다.

이 시리즈는 하버드 한국학 연구원 및 세계 각국의 우수한 번역진들이 참여해 외국인들이 읽어도 어색함이 느껴지지 않는 손색없는 작품으로 재탄생해 원작의 품격과 매력을 살렸다. 영어 번역의 질을 최우선으로 삼고 브루스 풀턴(브리티시 컬럼비아대), 테오도르 휴즈(컬럼비아 대학교), 안선재(서강대학교 영문학 명예교수), 전승희(하버드대학교 한국학 연구소 연구원) 등 한국 문학 번역 권위자들은 물론 현지 내러티브 감수자들이 대거 참여하면서 그간 한국 문학을 영어로 번역했을 때 느껴지는 외국 문학이라는 어색함을 벗어던진, 영어 독자들도 자연스럽게 읽을 수 있는 텍스트로 인정받았다.14)

> **연습**
>
> - 위의 두 작업 결과물을 입수하여 한영번역차원에서 비교해보시오.

넷째로 <경기일보>(2013.7.9)는 경기외고 학생들이 한국문학작품을 번역한 사실도 보도하고 있다. 한국단편소설을 영어로 번역하여 세계로 알린 경기외고 백진우군 등의 '멋진 도전'을 소개하고 있다.

경기외국어고등학교에 따르면 재학생 8명은 최근 1920
년~50년대 발표된 한국 단편소설을 영어로 번역해 책을 출간
했다. 주인공은 경기외고 2학년 백진우·김희기·박수현·오선
주·이민영·전문선·정준적·정혜진 학생이다. 이들은 △김동인
의 '배따라기', '감자', '태형' △김유정의 '봄봄', '금따는 콩
밭' △이효석의 '메밀꽃 필 무렵' △현진건의 'B사감과 러브
레터', '고향' 등 8편을 영문으로 번역하여 책을 펴냈다.

특히 이들은 한국문학을 처음 접하는 외국인들을 위해 각 소
설의 시대배경과 작품 설명을 영어로 덧붙여서 작품 이해를 도
왔다. 이들은 책 쓰기 수행평가를 계기로 지난해 3월부터 올해
6월까지 번역활동을 시작해 외국인, 전문 번역자에게 검토를
받고 한남대 영어영문학 김일구 교수의 감수를 거쳐 최근 완성
했다.15)

• 위에서 언급한 한국문학작품 제목을 영어로 번역하시오.
1) 김동인의 '배따라기', '감자', '태형'

_____

_____

2) 김유정의 '봄봄', '금따는 콩밭'

_____

_____

3) 이효석의 '메밀꽃 필 무렵'

_____

_____

4) 현진건의 'B사감과 러브레터', '고향'

끝으로 한국문학과 번역에 대한 언론기사는 '민주화'에 대한 품격 없는 번역으로 출판사가 사과문을 발표하게 된 사건이다.

역자가 2012년 번역하여 그해 8월 도서출판 미래인이 출간한 청소년소설『내 인생 최악의 학교 2』의 92쪽에서 '민주화'를 '바보같이 당하다'란 부정적인 의미로 사용하여 민주화와 민주주의의 참뜻을 훼손하고, 민주주의를 위해 희생하신 그리고 민주주의를 갈망하는 모든 분께 큰 누를 끼쳐드린 데 대해 진심으로 사과드립니다.

"What are you doing?" I said. "Get out of here!"

"They've got a name for that, you know," he said.

"Huh? A name for what?"

"At the crit. You just *got dinked*," the kid told me. "Don't take it personally. It's like a school sport around here. And Zeke McBonehead's the captain of the team."

Dinked...crit...it was like Planet Cathedral really did have its own secret language.

"Okay," I said. "Well, um...thanks." I didn't know what to say. He was just standing there, looking at me.

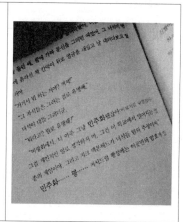

6.2.4 한국관광과 번역

외국인을 위한 한국음식 표기 및 번역작업이 시도되고 있다. 문화체육관광부, 국립국어원과 농림수산식품부가 공동으로 번역 표준화 작업에 참여한 전문가들의 의견을 모아, 주요 한식 200가지에 대한 우리말 로마자 표기와 영문 번역, 중국어 번역 표준안을 발표하였다. 음식메뉴를 쓰고 인쇄할 때, 한식번역표준안을 참고하면 좋을 듯하다. 'Bibimbap', 'Bulgogi', 'Kimchi'는 옥스퍼드 영어사전에도 그대로 올라와 있는데, 김밥 역시 영어로 따로 번역하지 않고 로마자 표기인 'Gimbap'을 제시한 점이 제일 눈길을 끈다. 이는 일본식 김밥인 Norimaki와 구분되도록 한 것으로, 우리 '김밥'도 세계화 가능성이 충분하다고 판단했기 때문일 것이다.

메뉴판 예시

| 갈비탕 | Galbi-tang
 <로마자 표기> | Short Rib Soup / 牛排骨湯
 <외국어 번역 표준안 (영/중)> |

순번	대분류	음식메뉴명	로마자 표기	영어번역
1	상차림	한정식	Han-jeongsik	Korean Table d'hote
2	밥	곤드레나물밥	Gondeure-namul-bap	Seasoned Thistle with Rice
3	밥	김밥	Gimbap	Gimbap
4	밥	김치볶음밥	Kimchi-bokkeum-bap	Kimchi Fried Rice
5	밥	낙지덮밥	Nakji-deopbap	spicy Stir-fried Octopus with Rice
6	밥	누룽지	Nurungji	Scorched Rice
7	밥	돌솥비빔밥	Dolsot-bibimbap	Hot Stone Pot Bibimbap
8	밥	돼지국밥	Dwaeji-gukbap	Pork and Rice Soup

순번	대분류	음식메뉴명	로마자 표기	영어번역
9	밥	밥	Bap	Rice
10	밥	보리밥	Bori-bap	Barley Rice
11	밥	불고기덮밥	Bulgogi-deopbap	Bulgogi with Rice
12	밥	비빔밥	Bibimbap	Bibimbap
13	밥	산채비빔밥	Sanchae-bibimbap	Wild Vegetable Bibimbap
14	밥	새싹비빔밥	Saessak-bibimbap	Sprout Bibimbap
15	밥	소고기국밥	So-gogi-gukbap	Beef and Rice Soup
16	밥	순댓국밥	Sundae-gukbap	Korean Sausage and Rice Soup
17	밥	쌈밥	Ssambap	Leaf Wraps and Rice
18	밥	영양돌솥밥	Yeongyang-dolsot-bap	Nutritious Hot Stone Pot Rice
19	밥	오곡밥	Ogok-bap	Five-grain Rice
20	밥	오징어덮밥	Ojingeo-deopbap	Spicy Squid with Rice

연습

위 한국음식의 표기 및 번역 시안에 대하여 여러분의 의견을 써
보시오.

한국관광과 관련하여 두 번째 소개할 신문기사는 <donga.com>의 문화재 안내문 번역에 관한 기고문이다. 전반적으로 나아지고 있기는 하나, 한국의 문화재에 관한 설명이나 안내문 등에 문제가 많은 것은 주지의 사실이다. 이재희 교수의 강화지역 문화재에 관한 글을 살펴보자.

[죽기전에 이것만은…/이재희]
잘못된 문화재 설명 바로잡았으면

기사입력 2012-07-11 03:00:00 기사수정 2012-07-11 03:00:00

나는 연애시절부터 강화도를 자주 다녔다. 신화와 역사의 현장이 많아서 가볼 만한 곳이다. …그런데 갈 때마다 눈에 거슬리는 것이 있으니 문화재 안내문이다. … 강화읍 내에 있는 용흥궁(龍興宮) 안내판은 이렇게 설명하고 있다. '조선 철종이 왕위에 오르기 전에 거처하였던 잠저(潛邸).' 글 맥락으로 보면 '왕위에 오르기 전 머물던 집'이다. '집'이라 쓰면 그만일 것을…. 문맥으로도 뜻을 짐작하기 어려운 용어가 나오면 나는 영어 안내판에 나오는 낱말을 보고 대답을 해주곤 했다.
　아이들이 영어에 눈뜨면서 나는 또 당혹스러울 때가 많았다. 때로는 나를 부끄럽게 만들곤 했다. 용흥궁 안내판의 영어

설명을 보자. 'This palace, in which the 25th King Chel-jong (1849-1863) of the Joseon dynasty had stayed before ascending the throne, has been reported named 「Yongheunggung palace」 which was constructed by Jeong gi-she, the governors of Ganghwa in 1853.' 이 짧은 문장에 사소하기는 하지만 문법적으로 틀린 부분이 많다. 우선 눈에 띄는 'before'는 'until'로 고쳐야 맞다. 'was constructed' 뒤에는 'and named'를 덧붙여야 한다. 그리고 'governor'는 단수로 써야 옳다.

우리말을 영어로 옮길 때 생기는 어처구니없는 사례도 있다. 강화군 선원면 조선시대 사당인 충렬사(忠烈祠)의 영어 안내문에는 '전사청(제사 때 제수용품을 준비하던 곳)'을 'Jeonsa-cheong(Hall of complete history)'이라고 옮겨 놓았다. '典祀廳'을 '全史廳'으로 잘못 번역한 것이다.16)

6.2.5 한국통상과 번역

언론에 나타난 번역과 오역에 관하여 마지막으로 언급할 일은 2011년 온 나라를 아수라장으로 만들었던 FTA 문서번역 오류 사건이다. 기사를 쓴 남희섭은 변리사로서 '한·미 FTA 저지 범국민 운동본부' 정책위원장을 맡았다. "한·미 FTA 한국어본은 일반 회사로 치면 과장 결재도 받지 못할 수준의 번역이다. 영어본과 의미가 다르고, 내용을 알 수가 없어 정본으로서의 자격도 없다."라고 혹평의 일부이다. "협정문의 오류는 한·EU FTA에만 있는 것이 아니다. 한·미 FTA 협정문에는 심각한 번역 오류가 너무 많다. 의미를 알 수 없는 엉터리 번역은 물론, 심지어 영어본과 의미가 다른 것도 있다. 국회 상임위를 통과한 지 2년이나 지난 협정문에 이런 오류가 버젓이 살아있다는 게 그저 놀라울 따름이다."(2011.3.4) 그런데 이러한 전문분야번역은 일반번역가는 접근하기 어려운 부분이 있다. 이 정도의 대규모 작업이라면 번역팀을 꾸려 해당분야에 대한 전문지식 훈련을 먼저 한 후, 용어집을 만들어가면서 해야 하는 작업으로 본다. 그런데 아무 책임질 권한이 없는 무급 인턴에게 이 일을 맡겼으니 한심할 따름이다. 총책임자가 번역에 대한 의식이 전무한 것으로 보인다. <프레시안>은 이에 대한 자세한 기사를 실었다.

의미가 달라지는 오역

영어본과 의미가 달라지는 오역도 있다. 저작권 보호기간에 관한 18.4조 5항에는 저작물의 발행 연도가 하나만 있어야 하는데, 한국어 본에는 마치 2개가 있는 것처럼 번역되어 있다. 영어 본에서는 2번 표현된 발행 연도가 서로 같은 것임을 강조하기 위하여 두 번째 발행 연도에는 "such"란 단어까지 사용하여 "such authorized publication"이라고 표현했다. 그럼에도 불구하고 한국어 본은 서로 다른 표현, "최초로 허락되어 발행", "승인된 발행"을 사용했다. 이렇게 되면 저작권 보호기간을 정하는 기준이 영어본과 달라진다.

앞에서 '인삼주스'를 예로 든 조항(18.2조 8항)에는 영문 본에는 있는 "likely"가 아예 번역이 되어 있지 않다. '~할 염려가 있다'는 의미의 "likely"가 한국어 본에는 빠져 있기 때문에, 예컨대 '인삼주스'로 "오인을 초래하는 경우"만 포함되고 "오인을 초래할 염려가 있는 경우"는 포함되지 않는다. 그러나 영어 본에서는 이와 달리 "오인을 초래할 염려가 있는 경우" 까지 포함된다. 이러한 차이는 상표권 행사에서 엄청난 결과를 초래한다. 가령 영어 본에서는 "오인을 초래했다는 점"을 입증하지 않아도 상표권을 행사할 수 있지만, 한국어 본에서는 "실제로 오인을 초래했다는 점"을 입증해야 상표권을 행사할 수 있다.

협정문 18.10조 19항과 20항에서 "상표위조 의심상품, 혼동을 일으킬 정도로 유사한 상표 상품, 또는 불법 복제된 저작권 상품"은 영어본의 "suspected counterfeit or confusingly similar trademark goods, or pirated copyright goods"를 잘못 번역해서 의미가 달라지게 했다. 영어 본에서 "suspected"는 '침해의 혐의 또는 의심이 있는'이란 뜻인데, 해당 조항에서 얘기하는 3개의 상품(상표 위조 상품, 혼동을 일으킬 정도로 유사한 상표 상품, 불법 복제된 저작권 상품)에 모두 적용된다.

그런데 한국어 본에는 마치 상표 위조 상품에 대해서만 의심 상품인 것처럼 규정하고 있다. 이 조항이 적용되는 국경조치는 법원에 의해 침해품으로 판정된 상품에 대한 조치가 아니라, 행정관청(보통 관세청 산하의 세관)에 침해의 의심이 있다고 권리자가 신고한 상품에 대한 행정조치이다. 따라서 상표 위조 상품뿐만 아니라 유사 상표 상품, 저작권 침해품에 대해서도 모두 '의심' 상품으로 표현해야 한다. 한국어 본에 따르면 상표 위조품에 대해서는 위조의 의심이 있는 경우 세관이 조치를 취할 수 있지만, 유사 상표 상품이나 저작권 침해 상품은 의심이나 혐의만으로는 부족하고 권리 침해가 확실한 경우에만 세관이 조치를 취할 수 있게 된다.

의약품 분야의 대표적인 독소조항으로 꼽히는 허가-특허 연계 조항도 오역이 많다. 조문이 길어서 일부만 인용하면, 협정문 18.9조 5항 가호의 "제품 또는 그 승인된 사용방법을 대상으로 하는 것으로 승인당국에 통보된 특허존속기간동 안"에는 최소한 3가지 오류가 있다.

첫째, "제품"은 "의약품"으로 번역해야 한다. 마치 의약품 이외의 제품도 포함되는 것으로 오해할 수 있기 때문이다. 둘째, 한국어본의 "대상으로 하는 것으로"에서 "것"이 무엇을 말하는지 불분명하다. 영어 본에 따르면 "대상으로 하는 특허"를 말하는데, 한국어 본에서는 "대상으로 하는 특허존속기간"으로 바뀌어 버렸다. 그래서 승인당국에 통보되는 대상도 특허가 아니라 특허존속기간이다. 셋째, 앞에서 지적한 오류와 관련하여, "특허존속기간"은 "특허의 존속기간"으로 바꾸고, "대상으로 하는 것"은 "대상으로 하는 특허"로 고쳐야 한다.

의미를 알 수 없고 엉뚱한 결과를 초래한 오역

무슨 말인지 도무지 알 수도 없고 영어본과 의미도 다른 이 조항을 한 번 보자.

-협정문 18.8조 10항 가호
청구된 발명의 공개가 그 기술 분야에 숙련된 인에게 그 지침을 청구의 전체 범위로 확장할 수 있도록 허용하고, 그렇게 함으로써 출원인이 출원일에 인지하거나 기술하지 아니한 대상이나, 또는 소유하지 아니하였던 대상을 청구하지 아니한다는 것을 보여주는 경우, 청구된 발명은 그 공개에 의하여 충분히 뒷받침된다.

Each Party shall provide that a claimed invention: (a) is sufficiently supported by its disclosure if the disclosure allows a person skilled in the art to extend the teaching therein to the entire scope of the claim, thereby showing that the applicant does not claim subject matter which the applicant had not recognized and described or possessed on the filing date; and

이게 도대체 무슨 말일까? 특허 실무를 20년 가까이 한 필자로서도 영어 본을 참조하지 않고서는 도무지 무슨 말인지 알수가 없다. 내용이 어려워서 그런 게 아니라 번역을 엉터리로 했기 때문이다. 이 번역이 왜 엉터리인지 이해하려면 간단한 배경 지식이 필요하다. 특허를 받기 위해서는 특허청에 서류를 제출하고 심사를 통과해야 하는데, 이 때 제출하는 서류에는 발명의 내용을 설명하는 항목(이를 '발명의 상세한 설명'이라 함)과 특허의 권리로 청구하는 항목(이를 '특허청구 범위'라 함)이 있다.

문제의 조항은 '발명의 상세한 설명'을 어떻게 기재해야 하는지 그 요건을 정한 것이다. 쉽게 설명하면 2가지 요건이 필요하다. 첫째, '발명의 상세한 설명'에 기재된 내용(teaching)이 특허청구 범위에 기재된 권리범위를 다 포괄(extend to)해야 한다. 둘째, 출원인이 출원 당시에 인식하지 못했거나, 출원 당시에 '발명의 상세한 설명'에 기재하지 않았거나, 출원 당시에 발명을 완성하지 못했던 대상을 특허 권리로 청구하지 않아야 한다. 발명을 완성하지도 못했던 자가 권리를 취득한다는 것은 상식에도 반하는 결과이므로 이런 요건을 두는 건 당연하다.

지면의 제약으로 위 조항의 오역을 다 지적하기는 어렵고, 2가지만 지적한다. 첫째, 영어본의 "the teaching therein"을 뜻도 모른 채 "그 지침"으로 옮긴 것은 명백한 오역이다. "그 지침"에서 "그"가 무엇을 가리키는지 알 수 없고, "지침"은 또 무엇을 말하는지 알 수가 없다. 둘째, 영어본의 "possess"를 "소유"로 번역한 것은 오역의 정도를 넘었다. 특허 제도를 조금만 알고 있어도 "possess"를 "소유"로 번역하면 안 된다는 점을 쉽게 이해할 것이다. 이 조항에서 "possess"는 무엇을 "소유"하는 것과는 관계가 없고, '발명의 완성'을 의미한다. 발명을 완성했는지를 판단하는 가장 유력한 기준은 완성된 발명의 내용을 서류에 설명(describe)하는 것이다. 그래서 영어 본에는 "described"와 "possessed"가 "or"로 연결되어 있다.

"possess"를 "소유"라고 오역한 결과는 엄청나다. 한국어 본을 따를 경우, 출원인은 출원 당시에 소유하지 않았던 대상에 대해서는 특허를 받을 수 없다. 가령 자동차 엔진을 발명한 자는 출원 당시 엔진을 생산하여 실제로 소유하고 있지 않다면 특허를 받을 수 없게 된다는 말이다. 이는 영어본과는 완전히 다른 결과다. 영어 본에 따르면 출원 당시 자동차 엔진을 소유할 필요까지는 없고, 자동차 엔진 발명을 완성했다는 점을 보여주기만 하면 특허를 받을 수 있다. 한국어 본을 정본으로 삼는 한·미 FTA가 통과되면, 수많은 등록 특허들이 줄줄이 무효로 될 판이다.[17]

해당 문서(영어본과 한국어본)를 입수하여, 수정전과 수정후를 비
교분석하여 무엇이 변경되었는지를 정리해보자.

1) 어혜은. 「콩글리시의 줄임말 형성: 형태·음운론적 연구를 중심으로」, 세종대학교 일반 대학원, 2008, 4.
2) 한규만. 『영한번역의 이론과 실제』. 울산: 울산대학교 출판부, 2011, 23-26.
3) *Korean Phrasebook*. 3rd edition. Victoria(Australia): Lonely Planet Publications, 2002, 12.
4) http://news.chosun.com/site/data/html_dir/2012/12/25/2012122500801.html
5) http://en.wiktionary.org/wiki/Appendix:English_words_of_Korean_origin
6) http://dbplus.mk.co.kr/index.php?TM=PDJ&MM=VM&year=2014&no=76534&IC=101&R
7) http://news.chosun.com/site/data/html_dir/2014/01/17/2014011700232.html
8) http://www.munhwa.com/news/view.html?no=2014021301033032071002
9) http://www.ohmynews.com/NWS_Web/View/at_pg.aspx?CNTN_CD=A0001934587
10) http://koreajoongangdaily.joins.com/news/article/article.aspx?aid=2982333
11) http://www.newshankuk.com/news/content.asp?fs=1&ss=1&news_idx=201212081747491711
12) http://www.newswire.co.kr/newsRead.php?no=720778
13) http://www.sisajeju.com/news/articleView.html?idxno=207446
14) http://www.kbmaeil.com/news/articleView.html?idxno=302251
15) http://www.kyeonggi.com/news/articleView.html?idxno=690191
16) http://news.donga.com/3/all/20120711/47677005/1
17) http://www.pressian.com/news/article.html?no=35818

7장. 영한번역 프로젝트

제 6장에서는 다양한 영어텍스트를 한국어로 바꾸는 작업을 진행한다. 1) 대중적이고 감성적인 짧은 글의 번역 2) 아름다운 영시의 한국어번역 3) 청소년을 위한 미국역사책의 번역 4) 라틴어 성경이 영어로 번역되면서 겪었던 사건 5) 미국의 민주와 자유개념의 확산과 한국어성경 번역작업이 거의 동시에 이루어진 사실 등을 다룬다. 여기에서는 그동안 배운 여러 가지 번역의 원리를 적용하여 더 나은 한국어 번역문을 생산하는 능력을 개발한다.

7.1 감성적인 짧은 글

The Mystery of 3:30 am

I live in an apartment on the 7th floor.
My balcony overlooks a parking lot.

Ever since I moved into this apartment,
I hear a car starting every morning
At 3:30 am.

There are no exceptions.

Maybe I am too sensitive
But the noise wakes me up.
It gets on my nerves every day.

"Why does someone use a car at this time
every day?"
I thought to myself, wondering
But I could not go out in my pajamas and see
What was happening.

One day, rain poured down.
I was half-asleep and suddenly
I realized that I had parked my car and left
the window open! I hurriedly went
to the parking lot.
It was 3:30 am.

When I came down to the parking lot,
I saw who was making the noise —
a garbage truck.
"A garbage truck in the middle of the night?"
The garbage collectors were working
Even in a heavy rain!

There are people who work hard

Even when you are asleep

Even when you are dreaming.

You can sleep safely, thanks to their hard work.

       - There are people who work for you in the shadow. -

● 위 글을 거시적 관점에서 분석하시오.

1.a 필자의 의도

1.b 텍스트의 장르

1.c 독자층

1.d 공간과 시간

1.e 언어적 특징과 문체

● 아래의 ST와 TT를 비교하면서 질문에 답하시오.

The Mystery of 3:30 am
새벽 3시 30분의 비밀

1 I live in an apartment on the 7th floor.

2 My balcony overlooks a parking lot.

저는 아파트 7층에 살고 있습니다.

베란다 문을 열면 바로 앞에 주차장이 있습니다.

---

3 Ever since I moved into this apartment,

4 I hear a car starting every morning

5 At 3:30 am.

6 There are no exceptions.

그런데 이곳으로 이사오고 부터는

매일 새벽 3시 30분이면 어김없이

차 시동 소리를 동반한

소음이 들리는 것입니다.

1) 제목부분에서 직역이 아닌 것은?

_____

_____

2) 2행의 번역은 자유번역에 가깝다. 이를 최대한 직역으로 좋은 번역을 하시오.

_____

_____

3) 4-5행은 문장구조가 한 묶음인데 왜 두 줄로 처리했는지에 대해 논하시오.

_____

_____

4) 3-6행을 TT의 구두점(, 와 .)을 준수하면서 한국어로 번역하시오

_____

_____

_____

7 Maybe I am too sensitive

8 But the noise wakes me up.

9 It gets on my nerves every day.

제가 예민한 편이어서인지

이상하게 그 시간에는 꼭 잠이 깨다보니

하루 이틀 지날수록 신경이 쓰였습니다.

10 "Why does someone use a car at this time every day?"

11 I thought to myself, wondering

12 But I could not go out in my pajamas and see

13 What was happening.

'늘 같은 시간에 주차하는 차가 있나?'

궁금하고 신경 쓰이면서도

나가서 확인할 생각은 안 했습니다.

잠옷 차림인데다 귀찮았기 때문이죠.

5) 7-9행을 TT의 구두점(, 와 .)을 준수하면서 한국어로 번역하시오.

_____

_____

_____

6) 11행과 12행에서 행 끝의 동사 다음 목적어가 연속되지 않고 다음 행으로 넘어간 이유는 무엇인가? 그 이유가 느껴지도록 한국어 번역이 되었다고 생각하는가?

_____

_____

_____

14 One day, rain poured down.
15 I was half-asleep and suddenly
16 I realized that I had parked my car and left the window open! I hurriedly
    went to the parking lot.
17 It was 3:30 am.

그런데 어느 날 비가 무지하게 많이 왔습니다.
아뿔싸, 잠결이었지만 제 차의 창문을
반쯤 열고 주차했던 생각이 났습니다.
허겁지겁 일어나 주차장으로 달려갔습니다.
그 때가 바로 새벽 3시 30분이었습니다.

18 When I came down to the parking lot,
19 I saw who was making the noise — a garbage truck.
20 "A garbage truck in the middle of the night?"
21 The garbage collectors were working
22 Even in a heavy rain!

그리고 저는 드디어 그 소음의 주인공을 만났습니다.
그것은 다름 아닌 쓰레기 수거차였습니다.
'쓰레기를 이 새벽에 수거해 가다니'
더구나 이 폭우가 쏟아지는 새벽에도
환경미화원 아저씨들은
열심히 쓰레기통을 비우고 계셨습니다.

7) 원문 16은 내용이 길지만 한 행으로 처리되었다면 그 이유는 무엇
   이라고 생각하는가?

_____

_____

_____

8) 19행의 ST는 절(clause)인데 TT는 어떻게 번역되어있는가?

_____

_____

9) ST 제22행은 해당 연(stanza)의 마지막에 배치되어있는데, TT에서
   는 문장 중간에 들어가 있다. ST와 TT는 효과 면에서 어떠한 차이
   가 있는가?

_____

_____

23 There are people who work hard
24 Even when you are asleep
25 Even when you are dreaming.
26 You can sleep safely, thanks to their hard work.

우리가 잠든 시간에도
우리가 알지 못하는 시간에도
우리를 위해 쉼 없이 땀 흘리시는 분들이 계십니다.
그분들이 계심으로 오늘 편안히 잠들 수가 있는 것입니다.

27 - There are people who work for you in the shadow. -
- 보이지 않는 곳에서도 누군가가 당신을 사랑하고 있습니다. -

10) ST 23행과 해당 TT의 의미를 비교하시오.

_____

_____

11) ST 25행과 해당 TT의 번역을 비교하시오.

_____

_____

12) ST 26행과 해당 번역은 어떻게 다른가?

_____

_____

13) ST 27행과 해당 번역은 왜 잘된 번역인가?

_____

_____

7.2 영시의 한국어번역

다음은 아일랜드 시인이며 세계적으로 유명한 윌리엄 B. 예이츠 (William Butler Yeats)의 시이다. 사랑에 대한 아름다운 감성을 보여 주면서도 아주 평이한 단어로 쓰여 있다. 그러면서도 운율과 각운 에서 아름다운 소리도 느낄 수 있는 작품이다. 거시적 분석을 먼저 시도한 후, 여러분이 직접 번역해본다. 앞에서 나온 시를 좀 더 정 밀하게 학습한다.

"He Wishes for the Cloths of Heaven"

HAD I the heavens' embroidered cloths,
Enwrought with the golden and silver light,

The blue and the dim and the dark cloths
Of night and light and half-light,
I would spread the cloths under your feet
But I, being poor, have only my dreams;
I have spread my dreams beneath your feet;
Tread softly because you tread on my dreams.

연습1

‖ Glossary ‖ 계속하여 작성하시오.

1) embroider(ed): 수놓다→ 수놓은 _____

_____

2) enwrought: en+wrought(=work의 과거분사) = made form → 만
들어진 _____

_____

3) spread: 퍼뜨리다, 펼치다 _____

_____

4) tread: 밟다 _____

_____

5) Had I the cloths: 가정법과 도치로서 If I had the cloths

_____

● 위 영어텍스트를 뉴마크의 거시적 관점에서 분석하시오.

1) speaker's intention

2) text-type

3) readership

4) place and time of publication

5) style and linguistic features

연습3

● 여러분의 번역을 쓰고, 시 번역의 어려움은 무엇인지 말해보시오.

7.2.1 시 텍스트의 특징 해설

1) 시 텍스트는 5가지 이미지를 활용하여 청자의 감성을 자극한다.
2) 화자는 부드러운 톤으로 진행하지만 천의 직조는 정교하다.
3) 화자는 사랑을 고백하는 남성이다. 그러나 가난하다.
4) 화자는 하늘아래 가장 순수한 사랑을 꿈꾼다.
5) 각 행의 마지막 음절이 규칙적이다. 영시에서 이를 각운 (end-rhyme)이라고 한다. 1-3행, 2-4행, 5-7행, 6-8행의 마지막에 동일한 단어를 배치하고 있다.
6) 비교적 규칙적인 운율을 가진다.
7) 음절은 9-9-9-8, 9-9-9-10 이다.
8) 1-8행은 대부분 약강조인데, 마지막 행은 강약조로 시작하고 있다.

연습

- 여러분의 번역에서 시 텍스트의 특징이 어떻게 나타나 있는가?

7.2.2 한국시와 비교: 김소월의 "진달래꽃"

나 보기가 역겨워
가실 때에는
말없이 고이 보내 드리오리다.

영변(寧邊) 약산(藥山)
진달래꽃
아름 따다 가실 길에 뿌리오리다.

가시는 걸음 걸음
놓인 그 꽃을
사뿐이 즈려 밟고 가시옵소서

나 보기가 역겨워
가실 때에는
죽어도 아니 눈물 흘리오리다.

이 시는 사랑하는 이를 떠나보내는 데 대한 사무친 정과 한, 동양적인 체념과 운명관으로 빚어내는 아름답고 처절한 사랑의 자기희생적이고 이타적인 인고의 마음이 완벽하리 만큼 깊고 맵고 서럽게 표현되었다. (박두진, 『한국현대시론』, 일조각, 1974, 77.)

연습1

● 예이츠와 김소월의 두 시의 시공을 초월한 공통점을 논하시오.

_____

_____

_____

_____

_____

_____

- 다음은 "진달래꽃"의 영어번역이다. 빈칸에 알맞은 영어단어를 채우시오.

‖ TT ‖

THE AZALEAS

If you go aw_____
because you cannot bear with me
in sil_____ce I bid you Godspeed.

Azaleas aflame on Yaksan Hi_____
I will gather with fu_____ hands
and scatter them in your pa_____.

Tread with a tread,
lig_____ and gentle,
on the flowers as you go.

If you go away

because you cannot be_____ with me

no tea_____ will I weep though I perish.

(*Korean Poetry Today*. Translated by Jaihiun Kim. Hanshin Publishers, 1995, 39)

● ST와 TT를 비교하여 시적 특징을 중심으로 번역 비평하시오.
(각운, 운율, 리듬, 행의 길이, 응축미, 정서적 효과 등)

_____

_____

_____

_____

_____

7.3 미국 백성의 역사

영한번역 프로젝트의 일환으로, <번역의 실제>에서는 세계적인 역사학자 하워드 진의 『하워드 진 살아있는 미국역사』[1]와 하워드 진(Zinn, Howard)의 *A Young People's History of the United States*.[2] (New York: Seven Stories Press, 2007, xi-xii.) 를 다루고자 한다.

두 권의 책 중에서 나중 책은 하워드 진이 자신의 대표작『미국 민중사』를 어렵게 생각하는 독자들을 위해, 보다 이해하기 쉽게 풀어 쓴 대중적인 역사서이다. 신대륙 발견에서 부시정권에 이르 기까지, 민중을 중심으로 하는 참신하고 독특한 역사적 인식을 바 탕으로 쓰였다. 즉, 대부분 기존 미국 역사서들이 견지해 온 정복 자나 영웅 중심의 역사 해석이 아니라, 그들의 야욕에 희생당한 민중의 관점에서 역사를 재해석하고 있다. 따라서 그의 책은 역사 계와 대중으로부터 많은 호평을 받고 있으며, 미국의 양심을 대표 하는 '실천적 지식인'으로 자리매김 하고 있다. 역사학도나 영문학 도 또는 미국을 알고자 하는 지식인이라면 반드시 읽어 보아야 할 권장도서이다.

7.3.1 영한번역: 미국의 역사 1

‖ST‖

The basic principles of democracy are laid out in the Declaration of Independence, which was adopted in 1776 to explain why the colonies were no longer willing to accept British rule. The Declaration makes it clear that governments are not holy, not beyond criticism, because they are artificial creations, set up by the people to protect the equal right of everyone to "life, liberty, and the pursuit of happiness." And when governments do not fulfill this obligation, the Declaration says that "it is the right of the people to alter or abolish the government."

And, if it is the right of the people to "alter or abolish" the government, then surely it is their right to criticize it.

1) 거시적 분석: 윗글을 읽고 다음 항목에 대하여 간단히 적으시오.

- 필자의 의도: _____

- 독자층: _____

- 텍스트의 종류: _____

- 텍스트의 발행 장소와 시간: _____

- 문체 및 언어의 특징: _____

2) 미시적 분석

‖ Glossary ‖

- principles of democracy:

- be laid out:

- Declaration of Independence:

- colonies:

- beyond criticism:

- artificial creations:

- the pursuit of happiness:

- fulfill this obligation:

- alter[   ] or abolish[   ]:

- 어휘의 특징: 미국 중학생 수준의 비교적 쉬운 어휘이다.

- 통사구조의 특징: 수식구나 절(節)이 자주 사용되고 있으며, 주절 +종속절이 자주 나타난다. make it sure+that 절, say+that 절, explain+why 절 등 <동사+that/ why 절>의 구조이다. 목적어가 긴 편으로 주어+술어가 있는 절이 목적어가 된다.

- 특별한 문화어휘나 비유법, 상징은 없으므로 문학텍스트는 아니다.

3) 원어(Source Text) 문장단위 분석

<문장1>

The basic principles of democracy are laid out in the Declaration of Independence, which was adopted in 1776 //to explain why the colonies were no longer willing to accept British rule.

이 문장은 //을 중심으로 크게 두 부분으로 나누어 문장구조를 설명하면 다음과 같다.

- 주어[가]+are laid out(펼쳐있다)+in 무엇[에]//
- to explain(~을 설명하기 위하여)+why(왜) 주어[가] 더 이상 British rule을 받아들이려 하지 않는 지[를].
- 그리고 한국어번역에서는 목적을 나타내는 부사구인 to ~ 이하 를 먼저 번역한다.

왜 식민지인들이 더 이상 영국의 통치를 감내할 수 없는가 하는 **이유를 설명하기 위해**// 1776년 작성된 미국의 독립선언 서에는 민주주의의 기본 원리들이 잘 **펼쳐져 있다.**

<문장2>

The Declaration makes it clear/ that governments are not holy, not beyond criticism,// because they are artificial creations, set up by the people/ to protect the equal right of everyone to "life, liberty, and the pursuit of happiness."

- 이 문장은 //을 중심으로 크게 둘로 나뉜다. 그리고 각각 / 으로 작게 나뉜다.

- 주어[는] makes it clear(밝힌다)/ + that 정부가 ~아니며 ~아니다 [라는 것을]
- because they~ (they[가] ~하기 때문이다)/ to protect(보호하기 위하여) the equal right of everyone to ~ (~에 대한 모든 사람의 동등한 권리)[를]
- 문장이 주절인 The Declaration makes it clear 이하와 종속절인 because 이하로 나뉘는데. 문장번역이 길어지므로 (주절과 종속절의 주어와 술어가 뒤엉킬 수 있으므로), 주절과 종속절을 각각 문장으로 분리하기로 한다. 주절 다음에 나오는 종속절은 '왜냐하면 ~이기 때문이다.'로 분리한다.

독립선언서는 정부라는 것이 성스러운 존재도 아니며 비판에서 자유로운 초월적인 존재도 아니**라는 점을 분명히 밝혔다.**// **왜냐하면** 모든 사람들이 갖고 있는 '생명, 자유, 행복 추구'의 동등한 권리를 수호하기 위해/ 국민이 만들어낸 인공적인 창조물이 바로 정부이기 **때문이다.**

<문장3>
And when governments do not fulfill this obligation,// the Declaration says/ that "it is the right of the people to alter or abolish the government."

- 이 문장은 //을 중심으로 크게 둘로 나뉜다. 앞부분은 ~할 때라는 종속절이고, 뒷부분은 the Declaration says/ that 주어+술어로 구성된 주절이다.

- when governments(정부)[가] ~할 때 + do not fulfill 충족하지 못하다 + this obligation(이 의무)[를]
- the Declaration says(선언서는 말한다)/ that "it is the right of the people(그것은 국민의 권리이다) + to alter or abolish the government."(정부를 변경하거나 폐지하는 것)[이]]

그리고 정부가 이러한 의무를 충실히 이행하지 **않을 경우**// "국민은 정부를 갈아치우거나 폐지할 권리를 갖는다."라고/ **독립선언서는 명시하고 있다.**

‖ 주의! ‖

위 문장을 번역할 때, 주절을 <**독립선언서는** "국민은 정부를 갈아치우거나 폐지할 권리를 갖는다."라고 **명시하고 있다.**>로 번역할 수 있다. 그리하면 '독립선언서는 국민은~'으로 주어가 두 번 반복되어 번역문이 엉킬 수 있다. 모범번역문은 이를 피하기 위하여 <주어1+주어2+술어2+술어1>을 <주어2+술어2 + 주어1+술어1>로 구획지어 번역하고 있다.

<문장4>

And, if it is the right of the people/ to "alter or abolish" the government,// then surely it is their right/ to criticize it.

- 이 문장은 크게 //로 구분되고 /으로 세분하면 된다. 종속절인 if it is ~ to ~(to ~하는 것이 ~이라면)과 it is ~ to ~(to ~하는 것이 ~이다)라는 주절로 구성된 문장이다.

- to "alter or abolish" the government"(정부를 "변경하거나 폐지하는 것")[이] if it is the right of the people(국민의 권리이라면)을 뜻하는 종속절이다.

- to criticize it(정부를 비판하는 것)[은] + then surely it is their right(확실히 국민의 권리이다)의 가주어 it을 의미한다.

- 번역의 원리에 따라 대명사를 가능한 한 명사로 바꾸어 번역한다. it는 정부이고 their은 국민이다.

- 다음 모범번역(목표어 텍스트)은 위의 분석에 따른 번역문(~이 국민의 권리이라면, 확실히 ~은 국민의 권리이다)이 밋밋하다고 생각되어 <의미하기도 한다.>는 표현을 넣어 강조하고 있다.

4) 한국어번역문(Target Text)

> ‖TT‖
>
> 왜 식민지인들이 더 이상 영국의 통치를 감내할 수 없는가 하는 이유를 설명하기 위해 1776년 작성된 미국의 독립선언서에는 민주주의의 기본 원리들이 잘 펼쳐져 있다. 독립선언서는 정부라는 것이 성스러운 존재도 아니며 비판에서 자유로운 초월적인 존재도 아니라는 점을 분명히 밝혔다. 왜냐하면 모든 사람들이 갖고 있는 '생명, 자유, 행복 추구'의 동등한 권리를 수호하기 위해 국민이 만들어낸 인공적인 창조물이 바로 정부이기 때문이다. 그리고 정부가 이러한 의무를 충실히 이행하지 않을 경우 "국민은 정부를 갈아치우거나 폐지할 권리를 갖는다."라고 독립선언서는 명시하고 있다. 또한 정부를 '갈아치우거나 폐지할' 국민들의 권리라는 것은 당연히 정부를 비판할 권리를 의미하기도 한다.

위의 글, *A Young People's History of the United States*는 『하워드 진 살아있는 미국역사』로 번역 되었다. 한국어 번역서의 제목을 영어원서 제목과 다르게 번역한 이유에 대하여 논하시오.

1) _____

2) _____

3) _____

4) _____

7.3.2 영한번역: 미국의 역사 2

Patriotism, in my view, does not mean unquestioning acceptance of whatever the government does. To go along with whatever your government does is not a characteristic of democracy. I remember in my own early education we were taught that it was a sign of a totalitarian state, of a dictatorship, when people did not question what their government did. If you live in a democratic state, it means you have the right to criticize your government's policies.

애국심, 그것은 내가 생각하기에, 정부가 하는 일이라면 무엇이든 아무런 의심 없이 받아들이는 것을 뜻하지 않는다. 정부가 하는 일이면 무엇이 되든 간에 1)무조건 동참하는 것은 민주주의의 2)색채가 드러난 것이라고 볼 수 없다. 나의 어린 시절 3)수업시간을 돌이켜 보면, 4)국민이 정부가 하는 일에 아무런 의문도 제기하지 않는 것은 전체주의 국가나 독재정권의 징후라고 5)배웠던 기억이 난다. 여러분이 민주주의 국가에서 살고 있다면, 6)여러분에게는 정부의 정책에 대해 7)비판을 가할 수 있는 8)권리가 주어진 것이다.

- 원문(Source Text)와 한국어 번역문(Target Text)간에 직역(literal translation)이 아닌 부분에 밑줄을 그었다. 직역을 하지 않은 이유를 다음 용어를 활용하여 간단히 설명해보시오: 충실성(faithfulness), 가독성(readability), 번역자의 의도(translator's intention), 자유번역(free translation), 목표어의 특성, 생략, 삽입, 강조 등.

1) _____

2) _____

3) _____

4) _____

5) _____

6)+8) _____

7) _____

7.3.3 영한번역: 미국의 역사 3

‖ST‖

I am not worried /about disillusioning young people// by pointing to the flaws in the traditional heroes. We should be able to tell the truth //about people whom we have been taught/ to look upon as heroes,/ but who really don't deserve that admiration. Why should

we think it heroic// to do as Columbus did,/ arrive in this hemisphere
and carry on a rampage of violence,/ in order to find gold? Why
should we think it heroic// for Andrew Jackson to drive Indians out
of their land? Why should we think /of Theodore Roosevelt as a hero//
because he fought in the Spanish-American War,/ driving Spain out
of Cuba,/ but also paving the way/ for the United States to take control
of Cuba?

- 위 글을 끊어진 의미단위로 1차 번역하기: 작은 단위는 /, 큰 단위
  는 //로 표시함.

=I am not worried /
<나는 걱정하지 않는다.>
about disillusioning young people//
<젊은이들을 실망시키는 것에 대하여>
=by pointing to the flaws in the traditional heroes.
<전통적인 영웅들의 결점을 지적함으로써>

=We should be able to tell the truth//
<우리는 진실을 말할 수 있어야 한다.>
=about people whom we have been taught/
<우리가 배운 사람들에 대하여>
to look upon as heroes,/
<영웅으로 바라보도록>
but who really don't deserve that admiration.
<그러나 그러한 찬사를 받을 자격이 없는 사람들>

=Why should we think it heroic//
<우리는 왜 그것을 영웅적이라고 생각해야 하는가>
=to do as Columbus did,/
<콜럼버스가 했듯이 행동하는 것을>
arrive in this hemisphere and carry on a rampage of violence,/
<이 반구(半球)에 도착하여 폭력의 전횡을 수행하던>
in order to find gold?
<금을 찾기 위하여>

=Why should we think it heroic//
<우리는 그것을 왜 영웅적이라고 생각해야 하는가>
for Andrew Jackson to drive Indians out of their land?
<앤드류 잭슨이 인디언을 그들이 살던 땅에서 몰아내었던 일을>

=Why should we think /
<우리는 왜 생각해야 하는가>
of Theodore Roosevelt as a hero//
<시어도어 루스벨트를 영웅이라고>
=because he fought in the Spanish-American War,/
<그가 스페인-미국 전쟁에서 싸웠기 때문에>
driving Spain out of Cuba,/
<스페인을 쿠바에서 몰아내고>
but also paving the way/
<또한 길을 닦았기>
for the United States to take control of Cuba?
<미합중국이 쿠바를 통제할 수 있도록>

║ ST ║

I am not worried about <u>disillusioning</u> young people by pointing to <u>the flaws</u> in the traditional heroes. We should be able to tell <u>the truth</u> about people whom we have been taught to look upon as heroes, but who really don't deserve that admiration. Why should we think it heroic to do as Columbus did, arrive in this hemisphere and carry on a rampage of <u>violence</u>, in order to find gold? Why should we think it heroic for Andrew Jackson to drive Indians out of their land? Why should we think of Theodore <u>Roosevelt</u> as a hero because he fought in the Spanish-American War, driving Spain out of Cuba, but also paving the way for the United States to take <u>control</u> of Cuba?

● 다음 빈칸에 알맞은 한국어를 찾아 쓰시오.

> 보기: 결점/ 루스벨트/ 미국/ 진실/ 통제권/ 폭력/ 환상

　나는 역사를 장식한 오랜 영웅들의 (　　)을 지적함으로써 젊은이들의 (　　)이 깨지는 일에 대해서 염려하지 않는다. 우리는 여태껏 영웅으로 간주되어 왔지만 실상은 그런 찬사를 들을 자격이 없는 사람들이 관해 (　　)을 말할 수 있어야 한다. 왜 우리는 콜럼버스가 했던 일에 대해서 영웅답다고 생각해야만 하는 것인가? 이 땅에 도착해서 황금을 찾기 위해 광란의 (　　)을 휘두른 게 그가 했던 일인데 말이다. 왜 우리는 앤드루 잭슨이 인디언들을 살던 곳에서 내몬 일을 영웅답다고 생각해야 하는가? 왜 우리는 시어도어 (　　)를 영웅이라고 생각해야 하는 걸까? 그는 (　　)-스페인 전쟁을 일으켜서 스페인 세력을 쿠바에서 축출했지만, 그것은 미국이 실상 쿠바에 대한 (　　)을 **빼앗기** 위해 했던 일인데 말이다.

　* Spanish - American이 미국 - 스페인으로 순서가 바뀌고 있음에 유의!

7.3.4 영한번역: 미국의 역사 4

‖ ST ‖

Yes, we all need heroes, ㉠people to admire, to see as examples
of how human beings should live. But I ㉡prefer to see Bartolomé
de Las Casas as a hero, for exposing ㉢Columbus's violent behavior
against the Indians ㉣he encountered in the Bahamas. I prefer to see
the Cherokee Indians as heroes, for resisting their removal from the
lands on which they lived. To me, it is Mark Twain who is a hero,
because he ㉤denounced President Theodore Roosevelt

㉥after Roosevelt had praised an American general who had
massacred hundreds of people in the Philippines. I ㉦consider Helen
Keller a hero ㉧because she protested against ㉨President Woodrow
Wilson's decision to send young Americans into ㉩the
slaughterhouse of the First World War.

‖ TT ‖

그렇다. 우리는 모두 영웅을 필요로 한다. ⓐ사람들을 감탄하게
할, 나아가 인간이라는 존재가 살아가야 할 바를 보여줄 모범사례가
필요한 것이다. 그러나 나는 오히려 바르톨로메 데 라스 카사스를
영웅으로 ⓑ내세우고 싶다. ⓒ콜럼버스가 바하마 제도에서 마주친
인디언들에게 ⓓ행했던 폭력을 폭로했기 때문이다. 또한 체로키 인
디언들을 영웅으로 내세우고 싶다. 원래 살던 땅에서 쫓겨나지 않기
위해 저항했기 때문이다. 나에게는 영웅이다. 시어도어 루스벨트 대
통령이 필리핀에서 수백 명을 학살한 장군을 ⓔ칭찬하자 ⓕ과감히

그것을 비판하고 나섰기 때문이다. 나는 헬렌 켈러도 영웅ⓖ이라고 본다. 우드로 ⓗ-1윌슨 대통령이 미국의 젊은이들을 ⓘ제1차 세계 대전이라는 도살장으로 ⓗ-2보내기로 결정한 것에 ⓙ반대했기 때 문이다.

• ST와 TT가 직역관계가 아닌 부분에 밑줄을 그었다. 비네이와 다 블레네가 말하는 간접번역에는 치환, 변조, 등가, 번안이 있으며, 이외에도 첨언을 통한 명시화와 역동적 번역 등의 번역전략이 있 다. **직역이 아닌 의역 또는 자유번역으로서 위 글의 번역전략을 설 명하시오.**

1) ㉠ ⓐ ST에서는 people이 주체인데, TT에서는 객체로 변조 되어있다. _____

2) ㉡ ⓑ _____

3) ㉢ ⓓ _____

4) ㉣ ⓒ ST에서 대명사를 TT에서는 한국어의 특성상 명시화 하였다._____

5) ㉤ ⓕ _____

6) ㉥ ⓔ _____

7) ㉦ ⓖ _____

8) ㉧ ⓙ _____

9) ㉨ ⓗ _____

10) ㉩ ⓘ ST의 'of'를 TT에서 '이라는'으로 동일체로 보면서 비유로 처리하였다._____

7.3.5 영한번역: 미국의 역사 5

> ‖ ST ‖
>
> (The Spanish-American War/, which was fought in 1898,) **(marked a turning point)** (in American history). (Within a few years/ after the war ended), (the United States) **(was exercising** control or influence/ over islands) (in the Caribbean Sea, the mid-Pacific and close to the Asian mainland).

- **영한번역의 과정: 각 언어의 어순과 번역단위를 의식하면서 ST 를 TT로 전환한다.**

1) ST를 통독한다.

2) 괄호를 이용하여 의미단위(meaning unit)로 묶는다. 기본 의미 단위는 구(句; phrase)이다.

2) ST를 이해하고 분석 할 때, 동사(구)를 중심으로 한다. 서술동 사(구) 앞이 주어이며, 뒤가 목적어 또는 상세한 부연설명이 나온다.

3) 첫 문장은 작게 보면 mark(표시하다)가 동사이고, 크게 보면 mark a turning point(전환점을 표시하다)가 술어부분이다.

4) 둘째 문장은 작게 보면 was exercising이 동사이고, 크게 보면 was exercising control or influence(통제력이나 영향력을 발휘하고 있었다)가 술어부분이다.

5) 3)과 4)에서 보듯이, 크게 한 묶음으로 동사구를 보면 번역이 쉬워진다. 번역에서는 동사와 명사가 따로 분리되는 것이 아

니고, 동사+명사가 한 묶음으로 서술어가 된다.

6) 같은 동사를 쓰더라도 한국어로 번역할 때에는 그 목적어인 명사를 기준으로 자연스럽게 번역해야 한다. 일반적으로 동사+명사가 있으면 명사를 먼저 번역하면 동사부분은 반자동적으로 번역이 된다. take를 예로 들어보자. take a trip, take his own life, take a break, take her to the wonderful restaurant 등 표현들이 있다면, '여행을' '생명을' '휴식을' '그 여자를' 이 핵심어이다. 'take'의 대응어는 핵심명사번역에 따라온다. 연어개념이라고 보아도 좋다. 따라서 '여행을 <u>하다</u>' '생명을 <u>빼앗다</u>' '휴식을 <u>취하다</u>' '그 여자를 멋진 식당으로 <u>데려가다</u>' 가 된다.

‖ TT 초안 ‖

(스페인-미국 전쟁은/ 1898년에 싸워진) (한 전환점을 가져왔다) 미국 역사에. (몇 년 안에/ 이 전쟁이 끝난 후), (미국은) (통제력이나 영향력을 발휘하고 있었다)(도서들에 대해) (카리브해역과), (멀리 떨어진 태평양 중부 해역과), (그리고 더 멀리는 아시아 본토에 가까운 곳에 있는).

연습

• 위 분석과 전이를 바탕으로 한국어 문장으로 재구조화하여 TT를 완성하시오.

1898년 치러진 미국-스페인 전쟁은

_____

_____

_____

_____

_____

_____

_____

7.4 성경과 번역

　번역을 공부하는 사람은 성경번역의 역사를 알아야 한다. 번역
의 많은 핵심 원리와 방법들이 성경 번역학자들로부터 나왔으며,
이들은 이 세상에서 가장 오랫동안, 가장 많은 곳에서 조직적으로
실제로 번역을 하고 있는 집단이기 때문이다. 영국에서 라틴어 성
경을 영어로 번역하다가 사형에 처해진 일, 나중에는 왕이 직접
영어번역본을 추진했던 일, 그리고 한국에서 다양한 한글성경이
출간되는 일 등은, 성경번역이라는 이름으로 수백 년에 걸쳐서 국
경을 초월하여 이루어져 온 작업이며 앞으로도 계속 이어져 나갈
작업이기 때문이다. 영국이나 한국에서 성경번역의 역사를 시대사
와 견주어 보면 자유와 민주주의의 투쟁의 역사이기도 하다. 여기
에서는 성경번역의 역사를 간략하게 정리하고 영한번역의 입장에
서 간단하게 번역비평을 하기로 한다.

7.4.1 라틴어 성경의 영어로의 번역

영어 성경번역 역시 영국사회가 왕권중심에서 시민사회로 나아가는데 결정적인 역할을 하였다. 당대의 교회와 정치권력은 영어로의 성경번역을 불온한 것으로 보아 성경번역자들을 죽이기도 하였다. 연도별로 라틴어 성경과 영어 성경의 번역 역사를 정리하면 다음과 같다.

\<Latin Vulgate\> (불가타 성경, 라틴어, 로마 가톨릭 공식 성경)

AD 404년: 제롬이 번역완성, 중세시대 때 사용.

1546 트렌트공의회에서 표준성경으로 인정

1590: 개정판

1598: 최후개정

\<영어성경\>

1382: John Wycliffe's Version(위클리프 역 성경)

위클리프가 라틴어로 된 불가타 성경에서 영어로 번역하였고, 가톨릭에 반대해 평신도의 손에 성경을 주겠다는 목적으로 번역하자 이단자로 몰려 처형당했다.

1525-35: Tyndale's Version

틴들(William Tyndale)이 히브리어와 헬라어에서 영어로 번역하였는데 나중에 붙잡혀 화형 당했다.

1453-55: 구텐베르크의 최초 인쇄 성경

1517 10월 31일: 마틴 루터 종교개혁 시작

1535: Coverdale Version, 틴들의 조수가 처음으로 인쇄된 영어 성경을 발행하였다.

1611: King James Version(KJV; 흠정역) 제임스 1세의 지시로 제네바성경의 결점을 검토 개정, 300년간 최고의 성경으로 군림

1885: English Revised Version(영어개역성경)

1901: American Standard Version(미국표준역성경) ERV 번역에 참여했던 학자들이 미국영어로 번역

1978: The New International Version(NIV; 새 국제성경)

| 존 위클리프 | 윌리엄 틴들 | 마틴 루터 |

존 위클리프(John Wycliffe, 1320년경 ~ 1384년)는 영국의 종교 개혁자이다. 옥스퍼드 대학을 졸업하였으며, 1374년 교황이 납세 문제로 영국 왕 에드워드 3세를 불러들였을 때 위클리프도 사절단으로 따라갔다. 그 후 교구장이 되어 로마 교회의 부패를 탄핵하기 시작하였다. 로마 교황 그레고리우스 11세로부터 이단이라는 비난을 받았으나, 계속해서 교황의 권력과 로마 가톨릭교회의 교리를 공격하였다. 후에 종교 개혁 운동의 여러 원리는 모두 그의 교설 가

운데서 싹텄다고 하며 위클리프 파 사람들에 의해 각지에 퍼졌다. <대한성서공회>에 따르면 위클리프가 최초로 라틴어에서 영어로 성경을 번역하였다고 한다.

'번역'이라고 부를 수 있는 최초의 영어번역 성서는 「위클리프역(Wyclif's Version)」이다(1382년). 이것은 영어로 번역된 최초의 성서(the complete Bible)이다. 영국에 기독교가 들어간 지 실로 천여 년 만에 번역되어 나왔다. 위클리프(John Wyclif)가 번역했기 때문에 「위클리프역」이라고 한다. 그는 일반 신도들에게 읽힐 목적으로 성서를 번역하였다. 그를 일컬어 종교개혁의 새벽별(the morning star of the Reformation)이라고 하는 이유가 여기에 있다. 번역을 맡았으나 후에 추방되었다. 위클리프는 1380년에 신약을 번역해 내었고, 구약까지 완역된 것은 1382년이었다. 이것이 최초의 완역 영어 성서이다. 그러나 아직 이것은 인쇄된 성서가 아니고 손으로 쓴 성서이다. 위클리프는 1384년에 죽는다. 그런데 44년 후인 1428년에 그가 성서를 번역했다는 이유로 교회는 그의 묘를 파헤치고 그의 시신을 꺼내어 화형에 처한다. 위클리프가 번역한 성서는 나온 지 33년 밖에 안되어 1415년에 불태워지고 만다. 당시 교회는 신도들이 성서 읽는 것을 금했다.3)

위클리프 다음으로 영어성경번역과 관련하여 기억해야 할 사람은 틴들이다. <donga.com>은 [책갈피 속의 오늘]에서 1535년 틴들이 영어로 성경을 완역한 사실을 싣고 있다. 오늘날처럼 번역을 영어실력 향상 또는 취업을 위해서가 아니라, 그 당시의 번역 행위는 목숨을 걸고 하는 행위이었으며 자유와 민주를 획득하기 위한 투쟁이었다. 다음 글은 지식을 전달하는 평이한 매스미디어 글이지만, 필자는 번역을 하고 있는 사람으로서 정말 감동적으로 읽었던 글이다. 여러분도 한번 그 감동의 깊이를 느껴보기 바란다.

"주여, 영국 왕의 눈을 열어 주소서."
근대 성경의 선구자라고 불리는 윌리엄 틴들이 화형장에서 마지막으로 남긴 말이다. 그의 죄목은 '이단', 성경을 영어로 번역했다는 것이 그 이유다.

기독교가 로마 황제 콘스탄티누스에게서 공인받은 이후 성경은 라틴어로만 쓰여 보급되었다. 당시 널리 통용된 성경은 4세기 제롬이 번역한 라틴어 성경이었다. 귀족, 사제, 학자 등 고등 교육을 받은 계층만이 성경을 읽을 수 있었고 일반 민중은 철저하게 외면당했다. 기득권층은 성경을 아전인수 격으로 해석해 많은 사회적 폐단을 야기했다. 가톨릭교회가 돈을 내면 죄를 사해 준다고 내건 '면죄부' 판매가 대표적 사례. 이런 폐단을 바로잡기 위해 일반인들이 성경을 직접 읽을 수 있게 해야 한다고 주장하는 지식인들이 나타나기 시작했고 1523년 가톨릭 사제였던 틴들이 대중어인 영어로 번역하는 작업에 착수했다.

그러나 이는 큰 저항에 부닥쳤다. 성경이 일반에게 보급되는 것에 두려움을 느낀 고위 사제들이 조직적인 방해공작을 펼쳤다. 이 같은 방해에 생명의 위협을 느낀 틴들은 "만약 하느님이 내 생명을 보존해 주신다면 나는 몇 년 안 되어 쟁기질을 하는 소년들이 당신보다 성경을 더 잘 알 수 있게 하겠다"며 독일에 가서 번역을 계속했다. 함부르크와 비텐베르크를 오가며 비밀리에 히브리어와 헬라어 원문 성경을 영어로 번역하기 시작했으나 독일에서도 상황은 여의치 못했다. 경찰의 습격으로 인쇄 작업이 중단되는 어려움을 겪기도 했고 영국에서는 그를 체포하려고 비밀요원을 파견하기도 했다. 인쇄공의 배신, 도피, 경제적인 어려움 등 숱한 방해와 난관 가운데서도 그는 결국 1535년 10월 4일 성경 완역 작업을 마쳤다. 비밀리에 출판된 영역 성경은 영국으로 수출되는 술통과 밀가루포대, 혹은 짐짝 등에 숨겨 반입됐다.

[틴들은 친구라고 생각했던, 그러나 실제로는 주교가 보낸 첩자였던 필립스의 밀고로 체포되었고 1536년 재판도 없이 화형장의 이슬로 사라졌다. 틴들은 비록 헨리 8세에 의해 화형을 당했지만, 그 딸인 엘리자베스 1세 통치 말기에 성경 번역에 대한 논의가 시작되었다. 그 다음 왕인 제임스 1세는 1611년 틴들의 번역 성경을 기초로 현재 영어 성경의 기본이 되는 '킹 제임스역 성경'을 발행했다.]

틴들이 화형장에서 드린 마지막 기도는 75년이 지난 후 응답을 받은 것이다.4)

- [틴들은 ... 발행했다.] 문단을 영어로 번역하시오.

_____

_____

_____

_____

_____

_____

틴들 다음으로 기억해야할 성경번역가는 종교 개혁가이자 번역
가는 루터이다. 로마 가톨릭 교회의 교황 레오 10세(1513-1521)는
성 베드로 성당 공사비 때문에 면죄부를 팔았다. 면죄부를 파는
일행이 비텐베르크(Wittenberg)에 왔을 때 이를 본 마틴 루터(Martin
Luther, 1483-1546)는 '돈으로 구원을 살 수 있다'는 로마 가톨릭 교회
의 가르침에 순응할 수 없었고, 침묵할 수도 없었다. 그는 로마 가
톨릭 교회의 잘못을 95개 조항으로 작성하여 1517년 10월 31일에
비텐베르크 교회의 벽에 붙임으로써 종교개혁이 시작되었다. 그는
독일어로 성경을 번역하였다. 번역은 곧 시대의 소명인 종교개혁
과 연결되는 시대이었다.

마틴 루터에 대한 전기(biography)의 한 부분을 소재로 영한번역
연습을 하고자 한다.

‖ST‖

While he followed his father's wishes and enrolled that year in legal
studies, he almost instantly dropped out of them, explaining that in
his mind law represented nothing but uncertainty. At Erfurt the edgy

> law professors liked to call theologians asses. Luther returned the
> compliment ever after by showing his disdain for lawyers. In the
> academy he now began to ask himself whether theology might offer
> him the certainty he was seeking in life, the assurance his soul and
> mind demanded, and a boon he could provide to others.5)

연습1

● 위 ST에 대하여 거시적 관점으로 분석하시오.

1.a 필자의 의도

1.b 텍스트 유형

1.c 독자층

1.d 텍스트의 발행 장소와 시간

1.e 언어적 특징과 문체 (영국인이 저자라는 근거도 함께 제시)

연습2

● 아래 ST를 어휘, 문법, 문장구조 면에서 미시적 분석하시오.

1) At Erfurt two living teachers and three dead philosophers especially caught his interest. 2) Bartholomaus Arnolidi von Usingen and Jodocus Trutfetter were the professors who instructed Luther in the thought of the ancient thinker Aristotle and, from more recent centuries, William of Ockham and Gabriel Biel. 3) Usingen and Trutfetter staged disputations, dead-serious debates, about their philosophies, ostensibly to seek truth. 4) They taught students to be suspicious of even the greatest authors, men who might give the impression of being certain about assertions and claims when they were not or had no reason to be.

문장 1)
_____

_____

문장 2)
_____

_____

문장 3)
_____

_____

문장 4)
_____

_____

● 다음은 같은 내용의 두 영어본이다. 번역학도 입장에서 각 언어와
  문체적 특징을 논하시오.

> ‖ KJV ‖
>
> (요 3:16) "For God so loved the world, that he gave his only
> begotten Son, that whosoever believeth in him should not perish, but
> have everlasting life."
>
> ‖ NIV ‖
>
> (요 3:16) ""For God so loved the world that he gave his one and
> only Son, that whoever believes in him shall not perish but have
> eternal life."

7.4.2 한국어로의 성경번역

라틴어에서 영어와 독일어 등으로 번역된 성경은 19세기 말부터 한국어로 번역되기 시작하였다. 처음에는 영어성경을 한국어로 나중에는 히브리어 본과 그리스어 본을 함께 고려하면서 한국어로 번역되었다. <대한성서공회>『성서한국』(2011 여름 통권 제 57권 2호)에 따르면, '한글 성경 완역 및 출간 100주년 기념사업 심포지엄 자료집'(242)에서 현길언은 「성경 번역이 한국 문화와 문학에 끼친 영향」이라는 주제로 강연을 하였다. 그는 여기에서 한글로 번역된 "성경은 2천여 년 동안 왕조의 역사에 갇혀 살던 사람들에게 새로운 세계와 가치가 있음을 알려주었다. 그래서 성경 번역은 당시 조선 사회와 문화에 큰 충격을 주면서 사회 문화 변동의 견인차 역할을 했다. 뿐만 아니라, 일제강점기의 어두운 역사를 거쳐 해방기와 전쟁의 혼란기에는 메시아적 언어로서, 경직된 정치 상황과 산업화 과정에서는 자유와 민주주의의 언어로서 오늘의 한국을 이룩해 온 큰 동력이 되었다."라고 주장하였다. 그의 말과 같이, 미국의 자유 민주주의가 한국으로 전이되는 과정은 한글성경 번역의 역사와 그 궤를 같이 해왔던 것이다.

한국 내에서 개신교와 가톨릭 성경을 만들어 출판하는 역할을 수행하고 있는 곳이 <대한성서공회>(http://www.bskorea.or.kr/)이다. 이 기관의 글에 따르면 "로스 목사를 중심으로 매킨타이어(John Macintyre), 이응찬(李應贊), 백홍준(白鴻俊), 서상륜(徐相崙), 이성하(李成夏) 등이 누가복음과 요한복음을 각각 개별 낱권으로 번역해서 출판한 것이 1882년이었다." 이때부터 1911년까지 성서는 본격

적으로 번역되었는데, 한국어는 서북방언을 사용하였고 띄어쓰기
가 이루어지지 않고 있음을 밝히고 있다.

이렇게 하여, 1887년에는 우리말로 번역된 최초의 완역 신
약 「예수셩교젼셔」가 나온다. 「예수셩교젼셔」(1887)는 띄어
쓰기가 되어있지 않은것, 서북(西北) 방언으로 번역된 것, 번
역이 미숙한 것, 번역 본문이 우리말 어법에 잘 맞지 않는 것,
어휘 선정이 현대 한국어와 많이 다른 것 등이 특징이다. 물
론 번역 내용도 지금의 것과 비교해 보면 많이 다르다.

"주의 기도" 번역문과 서북방언 표현은 다음과 같다.

우리하날에게신아바님아바님의일홈이셩ᄒ시며아바님나라이님ᄒ시며아바님ᄯᆺ이쌍에이루기롤하날에힝ᄒ
심갓치ᄒ시며쓰는바음식울날마당우리롤주시며사롬의빗샤홈갓치우리빗올샤ᄒ시며우리로시험에드지안케
ᄒ시며오직우리롤악에구완하여늬소셔 (마태 6:9-13)

"요단강"을 "올단기굴"(막 1:5), "소리를 불러 제키고"를 "소리롤불우제기고"(막 1:24), "새벽"을 "서
박"(막 1:35), "지붕"을 "집엄"(막 2:4), "쉽겠느냐"를 "쉽갓느냐"(막 2:9), "못 하겠으니"를 "못ᄒ가
스니"(막 3:20), "산비탈"을 "산켠들마기"(막 5:13), "장터"를 "담니"(막 6:56), "속임질"을 "쇠우리
질"(막 7:22), "아침"을 "아젹"(막 13:35) "아버님"을 "아바님"(막 1:24) 등

이렇게 시작된 한국어 성경번역은 1961년부터 1999년까지 6가지
다양한 번역본이 출간되었다. 이렇게 성경이 왜 자주 새롭게 번역
되고 수정되는가에 대한 설명을 하는데, 이 설명은 영어번역을 공
부하는 사람들에게 매우 유익한 내용을 담고 있다. 즉 '성경'과 언
어에 관한 것을 번역가가 원하는 텍스트, 원천어, 목표어로 대체하
면 번역가에게 아주 유용한 지침이며 번역원리의 틀이 된다.

1) 말과 글의 내용이 계속 바뀌기 때문이다.

2) 기존의 번역에 잘못된 곳이 있거나 부정확하게 번역된 곳이 있을 때에도 새로운 번역은 시도된다.

3) 성경을 읽을 사람이 어린이인지, 성인, 신학도인지 등 대상이 누구냐에 따라 ... 읽을 대상에 맞는 번역을 하게 된다.

4) 히브리어나 그리스어의 뜻 표현의 다양성이 여러 가지 번역을 허용한다.

5) 이 밖에 성경원문에 대한 연구의 발전도 새롭게 성경을 번역하게 하는 요인이다.6)

연습1

- 다음은 같은 내용의 두 한국어본이다. 번역학 입장에서 각 언어와 문체적 특징을 논하시오.

> ‖ NIV ‖
>
> (요 3:16) “"For God so loved the world that he gave his one and only Son, that whoever believes in him shall not perish but have eternal life."
>
> ‖ 개역한글판 ‖
>
> (요 3:16) “하나님이 세상을 이처럼 사랑하사 독생자를 주셨으니 이는 저를 믿는 자마다 멸망치 않고 영생을 얻게 하려 하심이니라”
>
> ‖ 공동번역 ‖
>
> (요 3:16) “하느님은 이 세상을 극진히 사랑하셔서 외아들을 보내주시어 그를 믿는 사람은 누구든지 멸망하지 않고 영원한 생명을 얻게 하여 주셨다.”

_____

_____

_____

_____

_____

_____

_____

● 다음은 창세기의 바벨탑 이야기와 베드로 이야기이다. 어떤 번역이
현대인에게 의미전달이 잘되는 좋은 번역인지 논의해 보시오.

The Tower of Babel 창세기 11: 8-9

‖ 개역한글(TT1) ‖

8 여호와께서 거기서 그들을 온 지면에 흩으신고로 그들이 성 쌓기
를 그쳤더라 9 그러므로 그 이름을 바벨이라 하니 이는 여호와께서
거기서 온 땅의 언어를 혼잡케 하셨음이라 여호와께서 거기서 그들을
온 지면에 흩으셨더라.

‖ 공동번역(TT2) ‖

8 야훼께서는 사람들을 거기에서 온 땅으로 흩으셨다. 그리하여 사
람들은 도시를 세우던 일을 그만두었다. 9 야훼께서 온 세상의 말을
거기에서 뒤섞어 놓아 사람들을 온 땅에 흩으셨다고 해서 그 도시의

이름을 1)바벨이라고 불렀다.

갈대아어로 "신의 문"이라는 뜻이지만 "뒤섞어 놓는다"라는 히브리어와 소리가 비슷해서 여기서는 "혼란"이라는 뜻으로 해석되었다.

‖ CEV(Contemporary English Version; TT3) ‖

8-9 So the people had to stop building the city, because the LORD confused their language and scattered them all over the earth. That's how the city of Babel got its name.

Babel: In Hebrew "Babel" sounds like "confused."

<비교설명>

TT1의 특징: _____

TT2의 특징: _____

TT3의 특징: _____

어원설명 면에서: TT1보다는 TT2와 TT3가 의미가 분명하게 다가온다.

연습3

Peter (마태복음 16:18)

‖ 개역한글(TT1) ‖

또 내가 네게 이르노니 너는 베드로라 내가 이 반석 위에 내 교회를 세우리니 음부의 권세가 이기지 못하리라

‖ 공동번역(TT2) ‖

잘 들어라. 너는 베드로이다. 내가 이 반석 위에 내 교회를 세울

터인즉 죽음의 힘도 감히 그것을 누르지 못할 것이다.

‖ CEV(TT3) ‖

So I will call you Peter, which means "a rock." On this rock I will build my church, and death itself will not have any power over it.

연습4
─────────────────────────

●비교설명

TT1의 특징: _____

TT2의 특징: _____

TT3의 특징: _____

어원설명 면에서: TT1과 TT2보다는 TT3가 의미가 분명하게 다가온다. 즉 'Peter'가 'a rock'이라는 어원설명이 잘 되어 있다. 석유가 영어로 petroleum 인데 어원사전을 보면 'rock oil'이 라고 분명하게 나온다: early 15c. "petroleum, rock oil" (mid-14c. in Anglo-French), from Medieval Latin petroleum, from Latin petra "rock" + oleum "oil." 따라서 예수는 베드로에게 이름자 풀이를 하고 있음을 알 수 있다.

7.5 영한번역: 동화와 경영원리

다음은 우리에게도 잘 알려진 서양동화 "신데렐라" 이야기를 21세기 인간관계와 경영원리라는 차원에서 재해석한 책이 나왔다. 캐리 브루서드(Cary Broussard)라는 여성이 자신의 인생역정을 반영하는 책을 내었고, 한국의 여성 경영인이 이를 번역하여 화제가 된 책이다. 여성이 사회에 진출하는 것은 이제 흔한 일이 되었지만 최고경영자의 위치로 오르기에는 아직도 여러 가지 난관이 있다. 그 난관과 문제점은 외부에도 있고 자신의 내부에도 있다. 저자는 직장여성이 헤쳐 나가야 할 난관을 염두에 두고 열 가지 동화를 통하여 메시지를 독자에게 전달한다. 원본 제목은 *From Cinderella to CEO* (2005)이며, 번역본 제목은 『신데렐라 성공법칙』(2006)이다.

여기에서 다룰 동화는 "신데렐라"인데 저자는 이 동화를 21세기 방식으로 재해석한다. 우리는 일에서든 결혼에서든 갑자기 성공한 여자를 '신데렐라'라고 부른다. 그리고 약간의 시기심을 느낀다. 아마도 예쁜 탓에 그리 되었다고 치부한다. 저자는 그렇지 않다고 말한다. 신데렐라는 가만히 앉아서 왕자를 기다리는 연약하거나 수동적인 여자가 아니며 미모만을 무기로 삼는 젊은 아가씨도 아니다. 이 책에서 "신데렐라"에 나오는 왕의 대연회는 21세기 회사 최고경영자가 주최하는 최고급호텔의 대연회로 대체된다. 회사성

장방안 원고응모대회를 앞두고 있는데, 근무부서 부장과 한 통속인 여자선배 두 명은 신입여사원에게 온갖 업무를 떠맡기고 대회 참가준비를 위해 일찍 나가버린 상황이 설정된다. 계모가 시킨 무수한 집안일을 마친 후 궁전에서 열리는 파티에 참석하는 신데렐라처럼, 신입여사원은 회사 상급자들이 떠맡긴 모든 일을 다 마친 후, 멘토의 도움으로 새로운 도전을 시작한다. 저자는 이 동화에서 멘토의 중요성을 강조한다.

‖ ST-part 1 ‖

Twenty-First Century Cinderella[7)]

Once upon a time, a bright and ambitious ㉠<u>young woman</u> went to work as ㉡<u>an administrative assistant for a large corporation.</u> Although it was ㉢<u>an entry-level job,</u> ㉣<u>the VP who hired her</u> promised that ㉤ <u>she would have an opportunity to advance</u> ㉥<u>in due course.</u> But soon it became clear that the VP ㉦<u>left everything to</u> an <u>evil</u> department manager ㉧<u>, who</u> ㉨<u>favored</u> two other administrative assistants whom she had hired. The bright young woman was given the most tedious tasks to perform and spent so much time in the copy machine room that ㉩<u>the toner was always rubbing off on her clothes</u> and ㉪<u>getting stuck under her fingernails.</u> And so they called her ㉫Cinderella. (㉬

From Cinderella to CEO, 19)

21세기 신데렐라[8)]

옛날 옛날에 똑똑하고 야심에 찬 ⓐ젊은 아가씨가 ⓑ대기업의 사무직원으로 일하고 있었어요. ⓒ말단사원이었지만 ⓓ그녀를 고용한 부사장은 ⓔ정식 경로로 ⓕ승진할 기회를 주겠다고 약속했죠. 그런데 부사장은 못된 부장에게 ⓖ모든 것을 일임하고 있었답니다. 부장은 자신이 직접 고용한 두 명의 직원을 ⓗ총애했어요. 그래서인지 똑똑하고 야심 찬 젊은 아가씨에게는 가장 시시한 일만 주어졌죠. 젊은 아가씨는 많은 시간을 복사실에서 보내는 바람에 ⓘ옷에는 늘 토너가 묻어 있고, 손톱 밑에는 ⓙ검은 잉크 때가 박혀버렸답니다. ⓚ가엾게도 말이죠. 그래서 사람들은 그녀를 ⓛ'신데렐라'라고 불렀어요. (ⓜ『신데렐라 성공법칙』, 47)

연습1

- ST를 거시적 관점에서 분석하시오.

- 필자의 의도: ＿＿＿＿＿＿＿＿＿＿＿＿＿＿＿＿＿＿＿

- 독자층: ＿＿＿＿＿＿＿＿＿＿＿＿＿＿＿＿＿＿＿＿＿

- 텍스트의 종류: ＿＿＿＿＿＿＿＿＿＿＿＿＿＿＿＿＿＿

- 텍스트의 발행 장소와 시간: ＿＿＿＿＿＿＿＿＿＿＿

- 문체 및 언어의 특징: ＿＿＿＿＿＿＿＿＿＿＿＿＿＿＿

• Glossary 정리

_____

_____

_____

_____

_____

_____

_____

_____

_____

_____

연습3

• ST와 TT를 비교분석 및 비평하시오.

㉠ⓐ a young woman을 직역하면 '젊은 여자'인데 연어개념으로 '젊은 아가씨'로 번역한 것은 잘된 번역이다.

㉡ⓑ ㉡an administrative assistant for a large corporation에서는 두 가지를 살펴본다. 하나는 an administrative assistant가 '사무직원'으로 번역된 부분과 for a large corporation이 '대기업의'로 번역되었는데 for가 '의'로 바뀌었다. an administrative assistant 직역을 하면 <행정상의 + 보조/ 조수>인데 묶어서 '사무직원'으로 번역되었다. 큰 문제는 없으나 '낮은 직급의' 사무직원으로 근무하게 되었다는

의미를 지닌다. for a large corporation은 <위하여+대기업>인데 '대기업의'로 바뀐 것은 잘된 번역이다. 직역을 하면 <대기업을 위한 사무직원>인데 '의'를 생략하고 최종적으로 <대기업 사무직원>으로 번역하면 더 좋다.

ⓒⓒ
_____

_____

_____

ⓓⓓ 왜 VP(Vice President)인가? 한국에서는 찾아보기 힘든 상황이다. 사장이 사원을 뽑든지 권한이 위임되어있다면 부장급이 사원을 선발할 것이다. 글의 저자가 미국인이라는 것을 엿볼 수 있는데, 미국기업에서는 부사장이 사장의 보조자가 아니라 '본부장'으로서 독립적인 권한과 업무를 담당한다. 자구번역으로는 '부사장'이지만 업무상으로는 '본부장'이 더 정확한 번역이 될 수 있다.

ⓜⓕ
_____

_____

_____

ⓗⓔ in due course가 '정식 경로로'를 의미하는가? 그러면 이 사무직원은 비공식 경로로 채용된 것인가? 아니다. in due course는 사전에 나온 의미로 보아도 '때가 도래하면' '언젠가'인데 자연스

러운 한국어라면 '때가 되면' 정도로 번역하면 될 것이다. 따라서 '정식 경로로'는 사소한 문제이지만 오역에 가깝다.

ⓢⓖ
_____
_____
_____
_____

ⓞ-
_____
_____

ⓩⓗ
_____
_____

ⓒⓘ
_____
_____
_____
_____

ⓚⓙ
_____
_____
_____

ⓔ① "신데렐라" 동화에는 신데렐라 이름의 유래에 관한 설명이 있다. 서로 비교해보시오

* 마리아 타타르의 영어번역본

(Tatar, Maria. *The Annotated Classic Fairy Tales*. Norton, 2002, 30-31)

Whenever she finished her chores, she would go over to a corner by the chimney and sit down among the cinders and ashes. And so everyone started calling her Cindertail. But the younger of the two sisters, who was not quite as vicious as the older girl, began calling her Cinderella.

* 토머스 보드킨의 영어번역본

(Bodkin, Thomas. *The Fairy Tales of Charles Perrault*. George and Harrap, 1922, 79-80)

When she had done her work, she used to go into the chimney-corner, and sit down among cinders and ashes, which made her commonly be called Cinder-breech but the youngest, who was not so rude and uncivil as the eldest, called her Cinderilla.

* 크리스토퍼 베츠의 영어번역본

(Betts, Christopher. *The Complete Fairy Tales, Charles Perrault*. OUP, 2009, 130)

When she had done all her work, she would go to a corner of the fireplace, and sit among the cinders on the hearth, so that she was commonly known, in the household, as Cinderbum. The younger stepsister, though, who was not as rude as the elder one, called her Cinderella.

● 위 세 가지 영어본의 어휘, 문체, 문장구조 등의 차이점을 논하시오.

_____

_____

_____

_____

_____

_____

ⓟⓜ 제목의 번역에 대하여: _____

_____

_____

_____

연습4

● the most tedious tasks to perform 은 가장 시시한 일로 번역되었는데 이야기의 전개에서 매우 중요한 표현이다. 실제 동화에서는 무엇으로 표현되어 있을까? 원래 이 동화는 프랑스 동화이므로 영어본은 번역본이다. 여기에서는 영어번역본을 살펴본다.

- 마리아 타타르 (2002, 30)

She ordered the girl to carry out all the menial household chores.

- 토머스 보드킨 (1922, 79)

She employed her in the meanest work of the house;

- 크리스토퍼 베츠 (2009, 130)

The worst of the household chores were given to her stepdaughter:

연습5

● 페로의 프랑스 본을 번역한 3가지 영어본의 어휘, 문체, 문장구조
등을 비교하라.

_____

_____

_____

_____

_____

_____

‖ ST-part 2 ‖

One day the CEO of the corporation sent an e-mail to <u>all employees,</u>
<u>inviting</u> them to a grand meeting to be held in the ballroom of a lavish
hotel. The CEO invited <u>everyone</u> to <u>enter a contest by writing a speech</u>
<u>on</u> how the company could experience double-digit growth <u>in the next</u>
decade. <u>The winner</u> was to present the speech at the meeting.(From
Cinderella to CEO, 19)

‖ TT-part 2‖

하루는 그 회사의 CEO가 <u>최고급 호텔</u>에서 열리는 대연회에 전임직원을 초청하는 이메일을 보냈답니다. CEO는 '회사가 <u>앞으로 10년 동안 두 자리대 성장을 지속할 수 있는 방안</u>에 대한 <u>연설문 원고</u>를 응모하는 대회를 연다며 전 직원이 참가하도록 독려했죠. 우승자는 그 연회에서 연설을 하게 된다고도 덧붙였어요. (『신데렐라 성공법칙』, 47)

연습6

• 밑줄 친 부분을 중심으로 ST와 TT를 분석 및 비평하시오.

_____

_____

_____

_____

_____

_____

_____ —

_____

‖ ST-part 3‖

The day of the grand meeting, ①<u>Cinderella was planning to look for a new outfit at a sample sale during her lunch hour.</u> ②<u>But the department manager dropped a bombshell on her desk</u> just before noon. "Take these notes and organize them into a formal report," she ordered.

"And have it on my desk by tomorrow morning ③or you'll pay in your performance review!" ④Poor Cinderella had to work through lunchtime, and stay in the office after five, trying to compile the report. ⑤But the data was so convoluted that she couldn't make sense of it. Finally, she dropped her head on her desk, weeping in despair. (From Cinderella to CEO, 19-20)

연습7

● 번역의 원리에 따라서 밑줄 친 부분을 한국어로 번역하시오.

①
_____

_____

②
_____

_____

③
_____

_____

④
_____

_____

⑤
_____

_____

‖ ST-part 4 ‖

Just then an elegant woman carrying a garment bag entered the office. "⑥I've been watching the way you keep on plugging when the going gets tough," she told Cinderella, "And I've decided that you deserve my support. ⑦I'm going to be your fairy godmentor, so to speak. ⑧I was the first woman to be named to the board of this corporation and ⑨I still wield a lot of influence." "I only want to go to the company meeting, and ⑩have my submission chosen on its own merit," Cinderella said. "⑪But now I'll never have time..." "Think like a CEO. Concentrate on finding solutions," said the godmentor. "⑫The security guard moonlights as a livery car driver and he's waiting outside to take you." (From Cinderella to CEO, 19-20)

연습8

- 번역의 원리에 따라서 밑줄 친 부분을 한국어로 번역하시오.

⑥
_____

_____

⑦
_____

_____

⑧
_____

_____

⑨ _____

_____

⑩ _____

_____

⑪ _____

_____

⑫ _____

_____

연습9

● 마리아 타타르는 영어번역본(Tatar, Maria. *The Annotated Classic Fairy Tales.* Norton, 2002, 28)의 주석에서 '유리 구두'의 번역과 오역가능성에 대한 설명하고 있다. 다음을 번역하시오.

the little glass slipper. For many years scholars debated the issue of whether the slipper was made of *voir* (an obsolete word for "fur") or *verre* ("glass"). Folklorists have now discredited the view that the slipper was made of fur and endorse the notion that the slipper has a magical quality to it and is made of glass.

_____

_____

_____

1) 하워드 진. 『하워드 진 살아있는 미국역사』. 김영진 역. 서울: 추수밭, 2008, 12-13.
2) Zinn, Howard. *A Young People's History of the United States*. New York: Seven Stories Press, 2007, xi-xii.
3) http://www.bskorea.or.kr/about/bibcome/bibcome_set04.aspx
4) http://news.donga.com/List/Series_70030000000134/3/70030000000134/20071004/8495938/1
5) Marty, Martin E. *Martin Luther: A Life* Penguin Lives. New York: Penguin Books, 2008, 5..
6) http://www.bskorea.or.kr/about/inquiry/inquiry.aspx
7) Broussard, Cary Jehl. *From Cinderella to CEO*. Hoboken, NJ: John Wiley & Sons, Inc., 2005, 19-20.
8) 브루사드, 캐리. 『신데렐라 성공법칙』(2006). 박은주 번역. 김영사, 2006, 47-49.

8장. 한영번역 프로젝트

8.1 관광안내 번역과 표기

한영번역은 한국어로 작성된 ST를 영어로 바꾸어 TT를 생산해 내는 작업을 말한다. 외국인이 한국을 방문하게 되면 가장 먼저 만나는 것이 교통 표지판이고 다음으로는 관광안내 용어와 음식 메뉴 표기일 것이다. 여기에는 로마자표기법과 약간의 번역이 포함된다. 관광객 입장에서는 방향지시, 화장실, 휴식처, 음식점 등 부대시설에 관한 표지가 잘 되어있어야 쾌적한 관광을 즐길 수 있다. 또한 음식을 먹으러 음식점에 가서 음식 관련 표현을 보게 된다. 이를 위하여 한국관광공사는 지침이 되는 자료집을 발간하고 있다. 한국관광공사가 발행한 2011년판 『외국어 관광안내표기 용례집』과 2010년판 『외국인관광객을 위한 음식메뉴 및 접객회화집』을 활용하여 관광안내표지 문안작성과 음식 관련 표현을 살펴보고자 한다. 이를 학습해두는 것은 번역가로서 뿐만 아니라 직접 안내 및 통역을 할 경우에도 유용할 것이다.

2011년 판 『외국어 관광안내표기 용례집』은 2006년도 『외국어 관광안내표기 용례집』 자료와 2007년 한 해 동안 지자체 및 각종 관광 관련 기관, 음식점 등으로부터 요청받은 감수 결과물 중 관광 안내표기 용어에 해당하는 부분을 총 정리하여 전문가들의 감수를 거쳐 발간한 것이다. 주 내용은 관광용어(영어, 일본어, 중국어), 기타 관광안내용어 및 기타부록으로 국어의 로마자 표기법(문화체육관광부), 도로표지 제작/ 설치 및 관리지침(국토해양부 발행) 등을 수록하여 참고자료로 활용할 수 있도록 한 것이다. 전국 시·도의 유명 관광지명을 로마자표기 및 번역한 자료는 일단 제외하고 여기에서는 일반적으로 사용하는 관광안내 주요 용어1)를 학습해본다.

한글명칭	영어(English)	2012 개정
계단주의	W_____ Your Step!	Warning: Stairs
공중전화	Te_____phone	Public Phone
관광유람선 타는 곳	Cruise Boat Ter_____	Pleasure Boat Quay
관람시간	Hours of Oper_____/ Hours	Opening Hours
관리사무소	Man_____ment Office	
기념품 판매장	So_____nir Shop	
나가는 곳	Ex_____	
남자 화장실	M_____'s Restroom	
들어가는 곳	Ent_____e	
뛰지 마세요.	Do N_____ Run	
만남의 장소	Mee_____ Point	
맞이방	W_____ing Room	
매점	Conv_____nce Store	
매표소	T_____et Office	
머리조심 하세요.	Wa_____ Your Head	
명승지	Sc_____ Area	Scenic Point
문화재	Cultural He_____age	Cultural Properties

물품보관함	C_____n Locker	Locker
미끄럼 주의	Sl_____ery	Caution: Slippery Surface
미아보호소	Miss_____ Child Center	Missing Children Center
버스 정류장	Bus St_____	
범례(凡例)	Leg_____d	
별미음식	D_____cacy	
분실물보관소	Lost & F_____nd	
비상구	Emer_____cy Exit	
비상대피로	EMERGENCY EXIT R_____TE	Emergency Route
비상대피안내도	EMERGENCY EXIT M_____	
비상발생시 붉은 화살표에 따라 대피하시기 바랍니다.	IN AN EMERGENCY, FOLLOW THE RED ARROWS TO THE N_____EST EXIT	In case of emergency, follow the red arrows.
세면장	Washing Fa_____ties	Washroom
소화기	Fire Ext_____sher	
손님 계신 곳(현 위치)	You A_____ Here	
손대지 마세요.	Do Not T_____ch	
수유방	Nurs_____y	Lactation Room
승마	Horse R_____ing	
식당	Rest_____ant	
식수대	Drinking F_____tain	Water Fountain
실내주차장	Cov_____ed Parking	Indoor Parking Lot
실외주차장	Out_____r Parking	Outdoor Parking Lot
쓰레기(휴지)통	Tr_____h Can	
알림판	Info_____tion	Notice Board
약국	P_____macy	
어린이 놀이방	Child_____'s Playroom	Daycare Center
여자 화장실	Wo_____n's Restroom	
여행사	Travel A_____cy	

연결통로 (광장과 역 사내부의 연결통로)	Br_____zeway	Passageway
영수증	Rec_____pt	
의무실	First A____d	
인터넷 이용방	Internet A_____ss Room	Internet Cafe
입구	Ent_____nce	
자동판매기	V_____ding Machine	
장애인용 화장실	Dis_____ity Access Restroom	Handicapped Restroom
전시관	E_____bition Hall	
전시실	Exhi_____ion Room	
전통혼례	Traditional W_____ing	
접견실	Re_____tion Area	Reception Room
정기공연안내	Regularly Sche____ed Performances	Regular Performance Information
정자	Pavi_____n	
주요관광지	Tourist Att_____tions	Key Attractions
주차권	Parking Ti____et	Parking Stub
주차장	P_____king	Parking Lot
지하철 갈아타는 곳	Trans_____r	Subway: Transfer
지하철 타는 곳	S_____way/ Underground(?)	Subway Boarding
출구	E___it	
출입금지	No E_____ry	Do Not Enter
출입문	_____trance / _____it	Entrance
택시 정류장	Taxi St_____d	
특산물	Spec_____ty Products	Specialty Product
홍보실	Public Rel____ons Department	Information Center
홍보영상실	Video Proj_____tion Room	
화장실	R_____trooms / Washrooms	Restroom

화재발생시 엘리베이터 사용금지	DO NOT USE ELEVA____RS IN CASE OF FIRE	
화재 시 벽에 부착된 휴대용 비상조명과 물수건을 준비하여 최대한 낮은 자세로 피난 안내도를 따라 피난합니다.	IN CASE OF FIRE, TAKE AN EMER ____CY FLASHLIGHT, COVER YOUR M____TH WITH A W___T CLOTH, CR____CH LOW TO THE GROUND, AND FOLLOW THE RED ARROWS ON THE EMERGENCY E__T MAP TO THE NEAREST EXIT	
환전소	Cu_____cy Exchange	
휴게실	L_____nge	
휴대전화 사용금지	C_____lar Phone Use Prohibited	No Cell Phone
휴대전화 충전소	Cellular Phone Ch_____ing Station	
흡연(구역)	Sm_____ing Area	

● 다음은 좀 더 난이도가 높은 관광안내 표지이다. 밑줄 친 곳에 알맞은 영어철자를 3개씩 쓰시오.

동전교환기	Coin E_____ange	
민원봉사실	Civil Af_____rs Office P_____ic Service Division	Civil Affairs Office
방송실	Broad_____ting Studio	
산업단지	Industrial Comp_____	
생가	Bi_____place	
자전거대여소	Bicycle Re_____l Shop	
점심제공	Lunch Inc_____ed	
첫차	F_____t Bus / F_____t Train	
해상국립공원	National M_____e Park	Maritime National Park
흡연석	Smoking S_____ion	
PC방	Int_____et Cafe	

8.2 음식이름 번역과 표기

다음으로 학습할 내용은 2010년 판 『외국인관광객을 위한 음식 메뉴 및 접객회화집』에서 선정한 것이다. 동 자료집은 외국인관광객의 식당 이용 시, 안내 편의를 제고하고자 외래객 접객회화 120건, 음식 메뉴 이름 1,500 건 등이 수록되어 있다.

1) 주요음식 영어표현집[2)]

한국어	로마자	영어
간고등어구이	*gan godeungeo gui*	Grilled Salted Ma_____rel
간장게장	*ganjang gejang*	Soy Sauce Ma_____ated Crab
갈비구이	*galbi gui*	Marinated and Grilled Beef Ribs
고기만두	*gogi mandu*	Meat Mandu (Dumplings Thick Beef
곰국	*gomguk*	Bone Soup
곱창구이	*gopchang gui*	Grilled Beef Tr___pe
공깃밥	*gonggibap*	Steamed Rice
과일화채	*gwail hwachae*	Fruit P___nch
광어초밥	*gwangeo chobap*	Flatfish Sushi
광어회	*gwangeo hoe*	Raw Fl___tfish
국산차	*guksan cha*	Traditional Tea
국수사리	*guksu sari*	Extra Noodles
국수전골	*guksu jeongol*	Noodles Hot P__t
군고구마	*gun goguma*	Roast__d Sweet Potato
김치김밥	*kimchi gimbap*	Dri__d Seaweed Rolls with Kimchi
김치냄비우동	*kimchi naembi udon*	Kimchi Udon in a Hot Pot
김치덮밥	*kimchi deopbap*	Stir-fried Kimchi with Rice
김치만두우동	*kimchi mandu udon*	Kimchi Udon with Mandu
김치__개	*kimchi jjigae*	Kimchi Stew
김치찌개백반	*kimchi jjigae baekban*	Set Menu with Kimchi Stew
꼬리곰탕	*kkori gomtang*	Thick Ox - tail Soup

꼬치___묵	kkochi eomuk	Fish Cake Skewer
꽁치구이정식	kkongchi gui jeongsik	Set Menu with Grilled Saury
나물 비빔밥	namul bibimbap	Seasoned Greens Bibimbap
낙지볶음	nakji bokkeum	Stir-fried Octopus
남원추어탕	Namwon chueotang	L___ch Soup
___면	naengmyeon	Chilled Buckwheat Noodles
냉커피	naeng coffee	Iced Coffee
냉콩국수	naeng kongguksu	Noodles in Chilled Bean Br___th
녹차라떼	nokcha latte	Green Tea Latte
단팥죽	danpat juk	Red Bean Po___idge
닭갈비	dak galbi	Sp___cy Grilled Chicken
닭백숙	dak-baeksuk	Whole Chicken Soup
닭죽	dak juk	Rice Porridge with Chicken
돈가스	dongaseu	Pork Cutl_t
돌솥비빔밥	dolsot-bibimbap	Si_ling Stone Pot Bibimbap
돼지갈비	dwaeji galbi	Pork Ribs
돼지갈비구이	dwaeji-galbi-gui	Gr_lled Spareribs
돼지고기찌개	dwaejigogi jjigae	Pork Stew
돼지족발	dwaeji jokbal	Steamed Pigs' Trotters
된장찌개	doenjang jjigae	Soybean Paste Stew
두부전골	dubu jeongol	Tof__ Hot Pot
등심구이	deungsim gui	Grilled Beef Sirloin
따___국밥	ttaro gukbap	Rice and Ox Bone Soup
떡갈비	tteokgalbi	Grilled Short Rib P___tties
떡국	tteokguk	Sliced Rice Cake Soup
떡볶이	topokki	Stir-fr___d Rice Cake
뚝배기된장찌개	ttukbaegi doenjang jjigae	Soybean Paste St_w in an Earth-
___	--	enware Pot
막걸리	makgeolli	Traditional Korean Rice Liquor
매생이국	masaengi guk	Seaweed Fulvescens Soup
매실주	maesilju	Asian Apricot Liquor
매운탕	maeuntang	Spicy Fish Soup
멍게비빔밥	meongge bibimbap	Sea Squirt Bibimbap

메밀냉면	*memil naengmyeon*	Chi_____ed Buckwheat Noodles
모둠생선회	*modum saengseon hoe*	Assorted Raw Fish
문어오징어	*muneo ojingeo*	Octopus and Squid
배추김치	*baechu-kimchi*	Kimchi
백반정식	*baekban jeongsik*	Set Menu with Rice and Side Dishes
––	--	--
보리밥	*boribap*	Barley Rice
보쌈	*bossam*	Napa Wraps with Pork
부추전	*buchu jeon*	L___ek Pancake
불고기덮밥	*bulgogi-deopbap*	Bulgogi with Rice
붕장어구이	*bungjangeo gui*	Grilled Sea Eel
비빔밥	*bibimbap*	Bibimbap (Rice Mixed with
––	--	Vegetables and Beef)
빈대떡	*bindaetteok*	Mung Bean Pancake
사골우거지탕	*sagol ugeojitang*	Cabbage and Short Beef Rib Soup
사____다	*saida*	Sprite
산채돌솥비빔밥	*sanchae dolsot bibimbap*	Sizzling Stone Pot Mountain Vege-
––	--	table Bibimbap
산채비빔밥	*sanchae bibimbap*	Mountain Vegetable Bibimbap
삶은 계란(달걀)	*salmeun gyeran (dalgyal)*	Boiled Egg
삼겹살구이	*samgyeopsal gui*	Grilled Pork B__lly
삼계탕	*samgyetang*	Ginseng Chicken Soup
생과일 쥬스	*saenggwail juice*	Fresh Juice
생맥주	*saengmaekju*	Draft Beer
생선가스	*saengseon gaseu*	Fish Cutlet
생선구이	*saengseon gui*	Grilled Fish
생선매운탕	*saengseon maeuntang*	Spicy Fish Soup
생선초밥	*saengseon chobap*	Sushi
세꼬시	*sekkosi*	Unboned Raw Fish
소머리국밥	*someori gukbap*	Ox Head Soup with Rice
소불고기	*so bulgogi*	Beef Bulgogi
송편	*songpyeon*	Half-moon Shape Rice Cake
쇠고기국밥	*soegogi gukbap*	Beef Soup with Rice

쇠고기덮밥	*soegogi deopbap*	Stir-fried Beef with Rice
수입맥주-하이네켄	*Heineken*	Imported Beer - Heineken
순대국밥	*sundae gukbap*	Korean Sausage Soup with Rice
순두부백반	*sundubu baekban*	Set Menu with Soft Tofu
숯불불고기	*sutbul bulgogi*	Charcoal Grilled Bulgogi
시래기된장국	*siraegi doenjangguk*	Soybean P_ste Soup with Dried
——	--	R_dish Greens
쌈밥정식	*ssambap jeongsik*	Set Menu with Rice and Leaf Wr_ps
——	--	
안동찜닭	*Andong jjimdak*	Andong-st_le Spicy Braised
——	——	Chicken with Vegetables
양념통닭	*yangnyeom tongdak*	Fried Chicken in Sweet and Chili Sauce
얼큰항아리수제비	*eolkeun hangari sujebi*	Spicy Sujebi (Korean Pasta Soup) in a Pot
왕만두	*wang mandu*	King Mandu (Dumplings)
우거지해장국	*ugeoji haejangguk*	Cabbage Hangover Soup
월남쌈	*wollam ssam*	Vietnamese Spring Roll
유자차	*yujacha*	_itron Tea
인삼차	*insamcha*	Ginseng Tea
자장면	*jajangmyeon*	Noodles with Bl_ck Soybean Sauce
전통식혜	*jeontong sikhye*	Traditional Rice P_nch
제육볶음	*jeyuk bokkeum*	Stir-fried Pork
죽	*juk*	Porridge
찹쌀떡	*chapssal tteok*	Sweet Rice Cake
청국장찌개	*cheonggukjang jjigae*	Rich Soybean Paste Stew
총각김치	*chonggak kimchi*	Whole Radish Kimchi
치킨가스	*chicken gaseu*	Chicken Cutlet
콩나물국밥	*kongnamul gukbap*	Bean Sprout Soup with Rice
콩나물해장국	*kongnamul haejangguk*	Bean Sprout Hang_ver Soup
탕수육	*tangsuyuk*	Sweet and S_ur Pork
팥빙수	*patbingsu*	Sh_ved Ice with Sweetened Red Beans and Other Toppings
피꼬막무침	*pikkomak muchim*	Seasoned Ark Clams

한방오리백숙	*hanbang ori baeksuk*	Duck Soup with Me__icinal Herbs
한식	*hansik*	Korean Dish__s
한우등심	*hanu deungsim*	Korean Beef S__rloin
한정식	*hanjeongsik*	Traditional __orean Set Menus/ Korean
--	--	Table d'H__te
홍삼차	*hongsam cha*	Red Ginseng Tea
홍어회	*hongeo hoe*	Raw Sk__te
흑돼지바비큐	*heukdwaeji barbecue*	Barbecued Black Pork
LA갈비구이	*LA galbi gui*	____rean-style Ribs
LA갈비찜	*LA galbi jjim*	Korean-style Br__ised Short Ribs

2) 음식관련 주요 영어표현집

한국어	로마자	영어
(2~3)인 세트	*(i~sam) in set*	Set For (2 or 3) Persons
(A) 정식	*(A) jeongsik*	Set Menu (A)
디너세트 (A)	*dinner set (A)*	Dinner Set (A)
디너코스 (A)	*dinner course (A)*	Dinner Course (A)
런치세트 (A)	*lunch set (A)*	Lunch Set (A)
런치코스 (A)	*lunch course (A)*	Lunch Course (A)
세트메뉴 A	*set menu A*	Set Menu A
세트메뉴 B	*set menu B*	Set Menu B
세트메뉴 C	*set menu C*	Set Menu C
세트메뉴 D	*set menu D*	Set Menu D
코스 A	*course A*	Course A
코스 B	*course B*	Course B
코스 C	*course C*	Course C
코스 D	*course D*	Course D
고기류	*gogi ryu*	Meat
관자류	*gwanja ryu*	Scallops
구이류	*gui ryu*	Grilled Dishes
냉채류	*naengchae ryu*	Cold Platters
단품메뉴	*danpum menu*	Single Dish
닭고기류	*dakgogi ryu*	Chicken
돼지고기류	*dwaejigogi ryu*	Pork

두부류	dubu ryu	Tofu
라이스	rice	Rice
레드와인	red wine	Red Wine
만두류	mandu ryu	Mandu (Dumplings)
맥주	maekju	Beer
면류	myeon ryu	Noodles
바__큐	barbecue	Barbeque
밥류	bap ryu	Rice
빵	ppang	Bread
사이드메뉴	side menu	S__de Dishes
상어지느러미류	sangeo jineureomi ryu	Shark's __in
새우류	saeu ryu	Shr___p
샌드위치	sandwich	Sandwich
샐러드	salad	Salad
생선류	saengseon ryu	Fish
세트메뉴	set menu	Set Menu
쇠고기류	sogogi ryu	Beef
수프류	soup ryu	Soup
식사류	siksa ryu	Entrees
안주류	anju ryu	Snack
야채두부류	yachae dubu ryu	Vegetables and T__fu
야채류	yachae ryu	Vegetable___
어린이메뉴	eorini menu	Kid___' Menu
와인	wine	Wine
음료	eumnyo	Bever__ge
일품요리	ilpum yori	Gourm__t Dishes
전복류	jeonbok ryu	Ab__lones
__채	jeonchae	A___etizer
점심메뉴	jeomsim menu	Lunch
점심특선	jeomsim teukseon	Lunch Special
주류	ju ryu	Alcoholic Beverage
주류 및 음료	ju ryu mit eumnyo	Beverage
코스메뉴	course menu	Course
코스요리	course yori	Course
탕류	tang ryu	Soup
특선메뉴	teukseon menu	Special Menu
파스타	pasta	P__sta

피자	*pizza*	Pi___a
해산물	*haesanmul*	Seafood
해삼류	*haesam ryu*	Sea Cucumber Dishes
해삼전복류	*haesam jeonbok ryu*	Sea Cucumber and Ab__lones
화이트와인	*white wine*	White Wine
후식	*husik*	Dessert
대	*dae*	Large
중	*jung*	Medium
소	*so*	Small
특대	*teukdae*	Special
가격은 1人기준	*gagyeogeun il in gijun*	Price per Person
(2)인 기준	*(i) in gijun*	For (2) Persons
(5~6)인 기준	*(o~yuk) in gijun*	For (5 or 6) Persons
(2)인이상 주문가능	*(i)in isang jumun ganeung*	For More than (2) Persons
오전(10)시까지	*ojeon (yeolsi) kkaji*	Until (10) AM
오전(10)시이후	*ojeon (yeolsi) ihu*	After (10) AM
오후(3)시까지	*ohu (sesi) kkaji*	Until (3) PM
오후(3)시이후	*ohu (sesi) ihu*	After (3) PM
추천요리	*chucheon yori*	Recommend__tion
계절별미	*gyejeol byeolmi*	S____sonal Delicacies
1대 (갈비 세는 단위)	*il dae*	One Prime Rib
1마리	*il mari*	Wh__le
1벌	*il beol*	1 Set
1병	*il byeong*	1 Bottle
1상	*il sang*	1 T__ble
1인분	*il inbun*	F__r 1 Person
1접시	*il jeopsi*	One Pl__te
1EA	*il EA*	1EA
1kg	*il kilogram*	1kg
200g	*ibaek gram*	200g
공기밥 포함	*gonggibap poham*	Includes B__wl of Steamed Rice
소인	*soin*	K__ds
시가	*siga*	Market Price
부가가치세 별도	*bugagachise byeoldo*	VAT e__cluded.
조식	*josik*	Breakfast
점심메뉴	*jeomsim menu*	Lunch
점심특선	*jeomsim teukseon*	Lunch Special

중식만 가능	jungsingman ganeung	O___y during Lunch (Mon.~Sat.)
---	----	Lunch M__nu Only
주말.공휴일조식	jumal gonghyuil josik	Breakfast (Weekends&Holidays)
주말점심.저녁	jumal jeomsim jeonyeok	Lunch and Dinner (Week__nds)
평일점심.저녁	pyeongil jeomsim jeonyeok	Lunch and Dinner (Weekday__)
평일조식	pyeongil josik	Breakfast (Weekdays)
조리시간 25분	jori sigan isibobun	Cooking Time 25 Minutes
포장판매	pojang panmae	Take-a__ay Available
한정수량	hanjeong suryang	Limit__d Quantity
후식	husik	Dessert
간단식사	gandan siksa	Sn__ck
과일	gwail	Fruit__
도시락	dosirak	Lunch Box
미국식 아침식사	miguksik achim siksa	American Breakfast
백반	baekban	Set Menu
상__림	sangcharim	Table Setting
아침식사	achim siksa	Br____kfast
어린이메뉴	eorini menu	Kid__' Menu
오___의 추천요리	oneurui chucheon yori	Today's Recommendation
음료	eumnyo	Bever__ge
전___음료	jeontong eumnyo	Traditional Beverage
점심메뉴	jeomsim menu	Lunch
조식	josik	Breakfast
조식부페	josik buffet	Breakfast Bu____et
즉석구이	jeukseok gui	Table-top Grill
탄산음료	tansan eumnyo	C__rbonated Drinks
특별메뉴	teukbyeol menu	Special Menu
특별요리	teukbyeol yori	Special Dish
한식뷔페	hansik buffet	Korean-style Buffet
한정식	hanjeongsik	Traditional ___orean Set Menus
---	--	(Korean T__ble d'Hote)
후식	husik	Dessert

3) 1)과 2)의 한-영번역의 밑줄 친 부분에서 직역이 아닌 것들이 나타난다. 품사변화나 의미변화, 전혀 다른 단어의 채택 등은 어떤 번역전략의 결과인지 비교문체론으로 설명하시오.

1) _____

2) _____

3) _____

4) _____

5) _____

6) _____

7) _____

8) _____

9) _____

10) _____

8.3 짧은 번역작업의 실제

다음에 나오는 번역예문은 실제로 의뢰와 번역 또는 교열 등의 작업이 이루어졌던 사례이다. 우리들 주변에는 이와 같이 영어번역에 대한 의뢰와 수요가 존재한다.

8.3.1 ××보건환경연구원 직책표기 문의

직책표기(원장, 부장, 소장, 과장, 담당)사항 문의 드립니다.

한글표기	검토안	추천안
원장(院長)	chief	
(보건환경)부장(部長)	director general	
(가축위생사업)소장(所長)	director general	
(총무)과장(課長)	director	
(미생물)과장(科長)	director	
(총무)담당 (擔當)	assistant director	

일반적으로 원장이 Director인데 Chief Director 또는 Director General로 쓸수 있으며, 회사 부장은 Department Manager이며, 과장은 Section Chief / Head이다. 한국에서는 직책에 민감하고, 좀 인플레이션이 되는 경향이 있다. 따라서 한국에서는 과장을 Assistant Manager 또는 Manager라고 부르기도 한다.

8.3.2 시체검안서(ST) 번역

원부대조필 인

사 망 진 단 서

(시 체 검 안 서)

1	성 명			2 성별 (남) 여	3 주민등록번호	
4	실제생년월일			*1972* 년 *12*월 *26* 일	5 직업 *선원*	
6	본 적					
7	주 소			*바리아드 보안근시 밧사르 396001*		
8	발병일시			년 월 일 자 분		
9	사 망 일 시			*2008* 년 *9* 월 *21* 일 *18~19*시 *00* 분경		
10	사 망 장 소	주소		강해 항해중인 MV "DARYA RANI" 선내		
		장소	① 주택내 ② 의료기관 ③ 시설기관(양로원, 고아원등) ④ D.O.A ⑤산업장 ⑥공로(도로, 차도) ⑦ 기타(구체적으로 기술)			
11	사 망 의 종 류		① 명사 ② 의인사 ㉮ 교통사고 ㉯ 불의의 중독 ㉰ 불의의 추락 ③ 기타 및 불상 ㉱ 불의의 익사 ㉲자살 ㉳ 타살 ㉴기타사고사			
12	사 망 의 원 인 **(나)(다)에는 (가)와 직접 의학적 인과 관계가 명확한것만을 기입한다.**	(가)직접사인	익사 (溺死)			발병부터
		(나)중간 선행사인				사망까지
		(다)선행사인				의 기 간
		Ⅱ Ⅰ과 관계없는 기타의 신체상황				
		수술의 주요소견				수술 년 월 일 년월일
		해부의 주요소견				
13	의 인 사 의 추 가 사 항	사고발생일시	년 월 일 시 분			
		사고종류	① 교통사고 ② 불의의 중독 ③ 불의의 추락 ④ 불의의 익사 ⑤ 자살(방법기술) 강에추락 전후좌측 크밸 라시 ⑥ 타살 ⑦기타(구체적으로 기술)			
		사고발생 장소 및 상 황	주소			
			장소	① 주택내 ② 공공건물 ③ 산업장 ④ 공로(도로, 차도) ⑤ 휴양지 ⑥ 시설기관(양로원, 고아원등) ⑦ 기타(구체적으로 기술)		⑧ 잘모름
			상황	가. 근무중 나. 근무이외의 시간		

위와 같이 진단(검안) 함

발행일 2008 년 9 월 21 일

의료기관 :
주소 및 명칭 : 부산시 연제구   동 1339-2   의 원
전화 및 FAX : 전화 865-××××
면허번호 제 8836호   의사 성명 :

※주의-사망신고는 1월이내에 관할구청, 시청, 읍, 면, 동사무소에 신고하여야 합니다.

<TT Sample 학습하기>

APPLICATION FOR AMENDMENT OF DEATH CERTIFICATE

See instructions and list of suggested evidence on reverse side. [Please enclose a photocopy of applicant's photo identification when submitting this form.]

For Office Use Only: Certificate #_____

State of _____)

County of _____)

1. Please list information as it currently appears on the death certificate you want to amend:

Name of deceased_____

Place of death_____ Date of death_____

2. List items to be corrected:

Item No.	As Now Listed on Record	Correct Information
_____	_____	_____
_____	_____	_____
_____	_____	_____
_____	_____	_____
_____	_____	_____

3. I hereby swear that the information listed above is true and correct to the best of my knowledge.

Signature_____
(Next of kin or funeral director)

Relationship_____

Address_____

City _____ State_____ Zip_____

State of _____

County of _____

The foregoing instrument was acknowledged by me this ____ day of _____ 200___ by _____

_____
(Notary Signature)

4. Fees Required.

$11.00 to correct the record...= $11.00

Number of certified copies of amended record _____ x $11.00 each =

Total Enclosed..._____

PLEASE ENCLOSE STAMPED, SELF-ADDRESSED, BUSINESS-SIZE ENVELOPE

FOR VITAL RECORDS USE ONLY.
Evidence Accepted: Code_____

1._____ 3._____

2._____ 4._____

Date Amended_____

By Whom Amended_____

<TT Sample 학습하기>

Certificate of Death

Certificate No 25366

1. NAME OF DECEASED (Print) — First Name: **EDDIE** — Middle Name — Last Name: **SCHNEIDER** — Social Security No.

PERSONAL PARTICULARS (To be filled in by Medical Examiner.)	MEDICAL CERTIFICATE OF DEATH (To be filled in by Medical Examiner. See over.)

2. USUAL RESIDENCE: (a) State **N.Y.**

16. PLACE OF DEATH:

(a) NEW YORK CITY: (b) Borough **Brooklyn**

(b) County (c) Town or City **Brooklyn**, **Queens**

(e) Name of Hospital or Institution **Flatbush Avenue &** (If not in hospital or institution, give street and number.)

(d) No. **32-50 - 93d Street, Jackson Heights** Ave. (If in rural area, give location)

(d) If elsewhere than in hospital or own residence, specify character of place of death, as: hotel, office, store, street, tankah, etc. **Deep Creek**

(e) Length of residence or stay in City of New York immediately prior to death **Life**

3. SINGLE, MARRIED, WIDOWED, OR DIVORCED (write the word) **Married**

17. DATE AND HOUR OF DEATH (Month) **December** (Day) **23d** (Year) 19**40** (Hour) **P**.M.

4. WIFE of **Gretchen** HUSBAND

18. SEX **Male** — 19. Color or Race **White** — 20. Approximate Age **29**

5. DATE OF BIRTH OF DECEDENT (Month) **October** (Day) **20th** (Year) **1911**

21. I hereby certify (a) that in accordance with Sections 878-2.0 and 878-3.0 of the Administrative Code for the City of New York, I went to, and took charge of the dead body at **Kings County Morgue**

6. AGE **29** yrs. mos. das. hrs. or min. (If LESS than 1 day)

this **24th** day of **December** , 19**40**

7. A Trade, profession, or particular kind of work, as spinner, sawyer, bookkeeper, etc. **Aeroplane Pilot**

B Industry or business in which work was done, as silk mill, sawmill, bank, etc.

(b) that I examined the body and investigated the circumstances of this death, and

I further certify from the investigation, (complete autopsy)* (partial autopsy)* (incision)* and examination, (c) that, in my opinion, death occurred on the date and at the hour stated above and resulted from (natural causes)* (accident)* (suicide)* (homicide)* (undetermined circumstances, pending further investigation)*, and (d) that the causes of death were.

8. BIRTHPLACE OF DECEDENT (State or country) **U. S.** — 9. How long in U. S. (if of foreign birth)

Crushed Chest & Abdomen:

10. IF DECEASED WAS VETERAN, NAME WAR

Hemothorax & Hemoperitoneum:-

11. NAME OF FATHER OF DECEDENT **Emil**

in aeroplane crash.

12. BIRTHPLACE OF FATHER (State or country) **Germany**

13. MAIDEN NAME OF MOTHER OF DECEDENT **Inga Petersen**

14. BIRTHPLACE OF MOTHER (State or country) **Norway**

15. SIGNATURE OF INFORMANT **Gretchen Schneider**

M. E. Case No. **4418**

Signed

RELATIONSHIP TO DECEASED **WIFE**

*(Cross out terms that do not apply.)

ADDRESS **32-50-93d St. Jackson Hgts.**

22. PLACE OF BURIAL OR CREMATION **Fairview Cem. N.J.**

DATE OF BURIAL OR CREMATION **Dec 27 - 1940**

23. FUNERAL DIRECTOR **New York Funeral Service** ADDRESS **148 E. 74 St**

PERMIT NUMBER **2383**

BUREAU OF RECORDS — DEPARTMENT OF HEALTH — CITY OF NEW YORK

Certificate of Death

1	NAME OF DECEASED	xxx Ganpatbhai xxx	2	SEX	M, F	3	RESIDENT REGISTRATION NUMBER	
4	ACTUAL DATE OF BIRTH	*(Month)* *(Day)* *(Year)* Dec. 26th, 19xx				5	OCCUPATION	Sailor
6	PERMANENT ADDRESS							
7	USUAL RESIDENCE	xxx Machhiwad, Mahadev Street, Valsad, Gujrat Pin 396001, xxx						
8	DATE OF DISEASE ATTACK	↗↗↗↗↗↗↗↗↗↗↗↗↗↗↗↗↗↗↗↗↗↗ ↗↗↗↗↗↗						
9	DATE OF DEATH	Approx. 18:00~19:00, September 21st, 20xx						
10	PLACE OF DEATH	ADDRESS	In the MV "DARYA RANI" Crossing Taiwan Strait					
		PLACE	① Residence ② Hospital ③ Facility ④ D.O.A. ⑤ **Workplace** ⑥ Public Road ⑦ Others					
11	MANNER OF DEATH	① DISEASE ② **EXTERNAL CAUSE** ③ OTHERS	㉮ Traffic Accident ㉯ Unexpected Poisoning ㉰ Unexpected Fall ㉱ Unexpected Drowning ㉲ Suicide ㉳ Homicide ㉴ **Other Accidents**					
12	CAUSE(S) OF DEATH * (나) and (다) should be	I	(가) IMMEDIATE CAUSE	**Patent fracture of cervical spine and internal hemorrhage the thoracic cavity**	DURATION FROM DISEASE			

	medically cause-effect related with (가).	II	(나) INTERMEDIATE PRECEDENT CAUSE OF DEATH		ATTACK TO DEATH
			(다) PRECEDENT CAUSE OF DEATH		
			OTHER PHYSICAL PHENOMENA EXTRINSIC TO I		
		OPERATION OPINIONS		DATE OF OPERATION	
		ANATOMY OPINIONS			
13	ADDITIONS TO EXTERNAL CAUSE(S) OF DEATH	DATE OF ACCIDENT OCCURRING			
		MANNER OF ACCIDENT	① Traffic Accident ② Unexpected Poisoning ③ Unexpected Fall ④ Unexpected Drowning ⑤ Suicide _____ ⑥ Homicide ⑦ Other Accidents		
		PLACE & CIRCUM-STANCES OF ACCIDENT OCCURRED	ADDRESS		
			PLACE	① Residence ② Public Building ③ Workplace ④ Public Road ⑤ Resort ⑥ Facility ⑦ Others _____ ⑧ Could Not Be Determined	
			CIRCUM-STANCES	가. On Duty 나. Off Duty	

I hereby certify that I examined the body and investigated the circumstances of this death and, to the best of my knowledge, death occurred due to the cause(s) and manner stated.

Date of Issuance: Sep. 26, 20××

Medical Organization: ×××× **Clinic (xx의원)** ×××-2 ××××-dong
Yeonjae-gu Busan City *Sealed*____
Phone and Fax: 865-××××
License Number: 8836 Physician's Name: ××× (×××) *Sealed*___

* Note: Death shall be reported within one month to competent offices including
District Office, City Hall, Eup-office, Myeon-office or Dong-office.

연습

- 한영번역의 두 텍스트(ST-TT)를 비교하면서 주요용어를 정리해 보
  시오.

  <Glossary>

8.3.3 기술도입계약서 한영번역

技 術 導 入 契 約 書

× × × × 株式會社
× × × × 機械有限公司

××××주식회사(이하 "갑"이라 함)와 ××××기계유한공사(이하 "을"
이라 함)는 다음같이 기술도입계약을 체결하고 상호 성실히 이행하
기로 한다.

제 1 조 (계약의 목적)

이 계약은 "갑"이 보유하고 있는 "탄성사의 권취장치 및 권취방
법에 관한 각종 기술 및 노하우" 및 "연선장치를 위한 각종 기술
및 노하우"(이하 "기술정보"라 함)를 "을"이 도입함에 필요한 제반
사항을 규정하는 것을 목적으로 한다.

Technology Transfer Agreement

×××× CO., LTD.

×××× MACHINERY CO., LTD.

THIS AGREEMENT is made and entered into on September 1, 20xx
by and between xxxx CO., LTD. (hereinafter referred to as "Licensor")
and xxxx MACHINERY CO., LTD. (hereinafter referred to as
"Licensee"), and shall be fulfilled sincerely by each party.

Article 1 (Purpose)

The purpose of this Agreement is to stipulate various matters that relate to transfer, from Licensor to Licensee, of "every kind of technology and know-how regarding winding apparatus and winding method of yarn" and "every kind of technology and know-how regarding stranding machine."

연습

- 한영번역의 두 텍스트(ST-TT)를 비교하면서 주요용어를 정리해 보시오.

  \<Glossary\>

8.3.4 ××건설회사 정관 한영번역

『한국민족문화대백과』에 따르면 정관(定款; Articles of Incorporation)이라 함은 "회사 또는 법인의 자주적 법규를 일컫는다. 실질적으로는 단체 또는 법인의 조직·활동을 정한 근본규칙을 뜻하고, 형식적으로는 그 근본규칙을 기재한 서면을 의미한다. … 주식회사의 이사가 정관에 위반한 행위를 한 때에는 회사에 대하여 손해배상책임을 진다." 이는 회사를 설립하기 위하여 필수적으로 정부에 제출해야 하는 서류이기도 하다. 어느 건설회사가 외국에서 건설 사업을 하기 위하여 영어로 작성된 정관이 필요하여 의뢰한 것이다. 그 중 주주 정기총회 관련 부분이다. 회사의 주주총회 내용은 대동소이하다. 따라서 한번 터득해 두면 여러모로 유용하다.

Chapter 3 General Meeting

Article 19: Convocation

① An Ordinary General Meeting of Shareholders of the Corporation shall be convened within three (3) months after the end of each business year, and Extraordinary General Meetings of Shareholders shall be convened as necessary.

② A General Meeting of Shareholders shall be convened by the Representative Director by the resolution of the Board of Directors.

③ In the absence of the Representative Director, the deputy shall convene the Meeting according to the rule.

- 위 내용을 역번역 하시오.

_____

_____

_____

_____

_____

_____

_____

_____

_____

_____

_____

Article 20: Chairperson

The Representative Director takes the chair at the Meeting. In the absence of the Representative Director, one of the other directors, in accordance with a precedence fixed beforehand by the Board of Directors, shall be the chairperson.

● 위 내용을 역번역 하시오.

_____

_____

_____

_____

_____

_____

Article 21: Resolution

Unless otherwise stipulated by law or the Articles of Incorporation, resolutions of a General Meeting of Shareholders shall be adopted by the affirmative majority vote of the shareholders in attendance and the number of more than a quarter of issued shares.

But the adoption of special resolution regarding the amendment of the Articles of Incorporation shall require the affirmative vote of two-thirds (2/3) of the shareholders in attendance at the Meeting, and more than one-third of issued shares.

연습3

● 위 내용을 역번역 하시오.

_____

_____

_____

_____

_____

_____

_____

_____

Article 22: Voting Rights

① Each shareholder shall have one(1) vote for each share he owns.

② A shareholder may exercise his vote by proxy. In such case, the proxy holder shall present documentation evidencing his authority to the Corporation at each General Meeting of Shareholders at which he exercises proxy rights.

연습4

- 위 내용을 역번역 하시오.

_____

_____

_____

_____

_____

_____

Article 23: Minutes

The substance of the proceedings at a General Meeting of Shareholders and the results thereof shall be recorded in minutes of the Meeting which shall bear the signatures or names and seals of the Chairperson and Directors in attendance. Certified copies thereof shall be preserved and provided at the head office.

연습5

• 위 내용을 역번역 하시오.

연습6

• 위 문서를 초벌 번역한 번역요원이 쓴 후기이다. 참고가 될 터이니 잘 읽어보기 바란다.

정관(Articles of Incorporation) 번역후기 보고서

번역 수업을 받는 이후로 생긴 작은 습관이 있다면 예전엔 번역이라는 말을 종종 쓰곤 했는데, 지금은 책 읽는 일은 '해석 한다'라는 표현을 쓴다. 그만큼 실제 번역이 그저 한국어 텍스트로 옮기는 것

이 전부가 아닌 것을 배워가고 있기 때문이다. 그런데 이번에 실제 번역이라는 것을 해보고 나서 나쁜 점이 있다면 나의 부족함을 너무 절실하게 느꼈다는 것이고, 좋은 점이 있다면 나의 부족함을 느꼈고 그로 인해 더 열심히 배우고자하는 열정을 부여했다는 것이다.

번역을 하는 과정동안 겪은 문제점

1. 배경, 전문지식의 전무(全無)

한글 텍스트를 몇 번이고 읽었지만 전문지식이 없는 상태에서는 도저히 감이 오지 않고 이해되지 않았다. 그래서 갈피를 잡기도, 단어를 선택하는 것조차 막막하고 힘들었다.

① Total Number of Shares to be Issued Vs Total Number of Capital Stock

이 둘의 차이를 짐작할 수 있겠는가? 처음 정관을 받았을 때 같은 표현이 실수로 중복된 줄 알았었다.

② 주권불소지 제도가 무엇인지 감이 오는가?

본 회사는 주권 불소지 제도를 채택하지 않는다.

Shareholders without share certificate can vote in a general meeting(×)

처음에는 주권을 소지하지 않아도 투표를 할 수 있다는 말인 줄 알았다.

The practice of shareholders-without-share-certificate shall not be adopted.(○)

하지만 실제로는 주권이 없으면 투표할 수 없다는 말이다.

2. 영국식 영어와 미국식 영어의 차이?

말할 때 발음으로 영국식과 미국식이 나눠진다고 생각하면 오산이다.

Articles of Association(영국식) Vs Articles of Incorporation(미국식)

실은, 아직 이 둘의 미묘한 언어적 차이가 느껴지지는 않는다.

3. 단어선택의 어려움

(한영사전을 너무 믿어서는 안 된다. 문법, 구문적 오류 등이 발생할 수 있다.)

①이사회의 결의: 이사회가 결정한다는 의미이다. 처음에는 voting of board of directors 썼었다. 정답: Resolution

②유고시에: at the time of an accident of(×)→in the absence of(○)

③공고방법: Announcement→Publication→Method of Public Notices(○)

④사업(활동): Business→Activity→제거(○)

Ex) Engineering construction Activity(×) → Engineering and Construction(○)

※설령 사전에 없는 표현이라도 풀어서 지어내려고 하면 안 된다. 가능한 SIMPLE하게~!

4. 복수표현

①Stock: 상황에 따라서 Stock 과 Stocks 가 주식이지만 다르게 써야함. ②목적: Purpose(X)→Purposes(0)

가장 기억에 남고 힘들었던 부분

(예문을 찾을 수가 없어서 많은 부분을 작문해서인지 아님 몇 시간 동안 이 부분만 매달려서인지 유독 기억에 생생하다.) - 최종 본에서 발췌

Article 13: Stock Transfer and Others

Article 14: Register of the Right of Pledge and Indication of Trust

Property

Article 15: Reissue of Stocks

정말 많은 시간을 들였고 계속 자료를 찾고, 고치고 또 고치고 공부하면서 번역을 하는 동안은 솔직히 내 자신에 대한 실망감에 상심도 했고 괜히 맡았다는 후회도 하고 힘들었었다. 그러나 빠듯한 시간 내에서도 재촉하지 않고, 기다려 주시고, 스스로 찾고 배울 수 있도록 도와주시고, 자료도 주시고, 가르쳐 주신 교수님께 감사드린다. <김OO>

8.3.5 산업기술문서 한영번역 과제: 엔진코팅제

최첨단나노 엔진코팅제

NANO1L S-POWER는 에스지오㈜가 심혈을 기울여 개발한 최첨단 나노소재 엔진 첨가제 입니다. 고출력을 요구하는 상용차 엔진에 부작용 없이 안전하고 탁월한 성능을 발휘하는 제품으로 고급제품의 공급을 바라는 소비자 기대를 충족시키는 **최첨단나노 엔진 코팅제** 입니다.

제품의 특성
- 차량 연비 개선(8% 이상)
- 엔진 수명 연장
- 부식 및 산화감소
- 마찰 감소에 의한 소음, 진동 감소
- 엔진온도 감소에 의한 열화감소
- 마모방지 및 엔진 보호성능

적용 개소
- 승용차, 승합차, 트럭, 버스
- 가솔린, 디젤, LPG

효과
- 엔진내부에 나노입자가 미세한 부분까지 침투하여 연비향상에 탁월
- 내마모성 및 내구성 우수
- 지금까지의 첨가제와는 차원이 다른 마찰저감 첨가제
- Nano Technology기반으로한 신소재 고체 윤활유

- Glossary 정리

_____

_____

_____

_____

_____

_____

_____

_____

_____

_____

_____

_____

_____

- 한영번역작업 파트 1

최첨단나노 엔진코팅제

NANOIL S - POWER는 에스지오㈜가 심혈을 기울여 개발한 최첨단 나노소재 엔진 첨가제 입니다. 고출력을 요구하는 상용차 엔진에 부작용 없이 안전하고 탁월한 성능을 발휘하는 제품으로 고급제품의 공급을 바라는 소비자 기대를 충족시키는 최첨단 나노 엔진 코팅제입니다.

_____

_____

_____

_____

_____

_____

- 한영번역작업 파트 2

제품의 특성

- 차량 연비 개선(8% 이상)
- 마찰 감소에 의한 소음, 진동 감소
- 엔진 수명 연장
- 엔진온도 감소에 의한 열화감소
- 부식 및 산화 감소
- 마모방지 및 엔진 보호성능

적용 개소

- 승용차, 승합차, 트럭, 버스
- 가솔린, 디젤, LPG

- 한영번역작업 파트 3

효과

- 엔진내부에 나노입자가 미세한 부분까지 침투하여 연비향상에 탁월
- 내마모성 및 내구성 우수
- 지금까지의 첨가제와는 차원이 다른 마찰저감 첨가제
- Nano Technology 기반으로 한 신소재 고체 윤활유

7.3.6 게스트하우스 안내문 한영번역: 외국인용 숙소

• 아래의 2. Check-in and Check-out는 한글 버전의 입·퇴실 방법
  을 영문으로 번역한 내용이다. 한글로 쓰인 내용에 맞게 한영
  번역하여 완성하시오.

2. 입퇴실 방법
  □ 입퇴실 시간

구분	입 실	퇴 실	비고
시간	당일 14:00~16:00	익일 ~12:00	

  □ 퇴실절차
    • 단기 입주자: 퇴실 전 1층 관리자에게 객실 비품상태
      확인 후, 객실 열쇠 및 출입 카드키 반납
    • 장기 입주자
      ① 소속 부서에 퇴실 신청 및 신청서 작성 후 시설관리
         팀 제출
      ② 시설관리팀 담당직원 방문하여 객실 내부 시설물
         파손여부 확인
         (시설 훼손 시 배상하여야 함 - 복구 단가표 참조)
      ③ 보증금 정산: 관리비 등 공제 후, 퇴실신청서에 기
         재된 계좌로 환불
      ④ 열쇠반납: 1층 관리자에게 열쇠 반납

• Glossary 정리

_____

_____

_____

_____

_____

_____

_____

2. Check-in and Check-out

□ Check-in/ Check-out Time

	Check In	Check_____	Remarks
Time	14:00~16:00	Before 12:00 Next day	

□ Checkout Procedure

• Short Term Stay: After checking the condition of room and furnished items, return the room key and card key.

• Long Term Residents

① Request _____ to one's department and submit _____ to the _____ team.

② Maintenance team will check the _____ of

room and furnished items.

(Repair costs shall be _____ in case of any damage in the room and furniture -- Refer to the _____ price table below.)

③ Deposit Refund: After deducting housing and other fees, the deposit shall be refunded to the account

___

_____ ed in the checkout form.

④ Key Return: The key shall be returned to the

___

_____ staff on the first floor.

연습2

4. 시설 사용방법

□ 쓰레기 배출방법

- 일반 쓰레기 : 쓰레기 종량제 봉투를 구입하여 지정된 장소의 수거함에 배출
(울산광역시 남구청에서 매일 수거, 주말/공휴일 제외)

- 음식물 쓰레기 : 배출용기에 배출전용 칩을 꽂아 지정 장소에 배출 (울산광역시 남구청에서 매주 화, 목, 토요일 오전에 수거)

- 재활용품 : 캔, 빈병, 종이류 등 분리하여 지정 장소 분리 배출

일반쓰레기 (종량제봉투)	음식물 쓰레기 배출용기	음식물 쓰레기 배출 전용 칩

• 쓰레기 배출장소

<Glossary 정리>

_____

_____

_____

_____

_____

_____

_____

_____

_____

_____

4. Instructions for Using Facilities

☐ Waste Dis_____

• Waste: Purchase and use standardized _____bags

and then dispose them at the designated location.

(Namgu _____ office picks them

_____ everyday except weekends and holidays.)

•Food Waste: Attach the food waste _____ on a container and dispose it at the d e s i g n a t e d location.

(Namgu district office picks it up on _____ Tuesday, Thursday and Saturday morning.)

•Recycle: Se_____ can, glass bottle and paper. And dispose them at the designated place.

Waste (Standardized Plastic Bag)	F_____ Waste Container	Food Waste Tag

•Garbage D_____al Place

8.3.7 논문초록 한영번역: 자원봉사자의 태도

기업자원봉사자의 특성과 자원봉사활동 만족도가
장애인에 대한 태도에 미치는 영향

본 연구는 기성세대이자 부모로서, 직장동료로서, 이웃으로서 장애인의 사회통합에 많은 영향을 미치는, 기업자원봉사자들의 장애인에 대한 태도에 영향을 미치는 요인들을 살펴보고자, ××지역에 소재하는 6개 기업의 기업자원봉사자 247명을 대상으로 그들의 특성과 자원봉사활동 만족도가 장애인에 대한 태도에 미치는 영향을 살펴보았다.

그 결과, 기업자원봉사자의 일반적 특성 중에서는 성별, 연령, 학력수준, 근무기간이, 자원봉사활동 특성 중에서는 자발적인 참여 동기, 장애인 관련 교육 경험이 있는 경우, 자원봉사대상과 기관에 대한 지식을 강조하는 경우가, 그리고 자원봉사활동 만족도는 전체적으로 장애인에 대한 태도에 영향을 미치는 것으로 나타났다.

연습1

- Glossary 정리

- 의뢰인과 토의내용

주요용어 통일요망

기업자원봉사자(corporate volunteers)
장애인에 대한 태도(attitudes for the disabled / attitudes on the disabled)
사회통합(social integration)
자원봉사활동 만족도(satisfaction with volunteering activities)

문장에 대한 설명입니다.

* 첫 번째 문단
"기성세대이자 부모로서, 직장동료로서, 이웃으로서 장애인의 사회통합에 많은 영향을 미치는" 과 "기업자원봉사자" 또는 "기업자원봉사자들의 장애인에 대한 태도"는 동격입니다.

* 두 번째 문단에서는 다음과 같은 3가지가 연결되어 있습니다.
1, 일반적 특성 중에서는 성별, 연령, 학력수준, 근무기간이,
2, 자원봉사활동 특성 중에서는 자발적인 참여 동기, 장애인 관련 교육 경험이 있는 경우, 자원봉사대상과 기관에 대한 지식을 강조하는 경우가,
3, 그리고 자원봉사활동 만족도는 전체적으로

연습2

- 다음 밑줄 친 부분에 알맞은 단어를 써넣으시오.

Influences of Characteristics of Corporate Volunteers and their Volunteer Work Satisfaction _____ Attitudes for the Disabled

The pur_____ of this research was _____ examine the factors influencing on the attitudes for the dis_____ed by the corporate volunteers as parents as well as the older generation, colleagues at work, and neighbours. To con_____ the research, 247 cor_____ volunteers from 6 firms located in xx city were re_____d on a voluntary basis and studied how their characteristics and satisfaction with volunteering activities influence on the _____s for the disabled.

The _____ _____ _____ _____ showed that the general characteristics of corporate volunteers such as gen_____, age, educational back_____ and work term, the volunteering activity characteristics such as motives for voluntary participation, the disability-related educational experience and an emphasis on knowledge of the _____s in need and related organization, and the satisfaction level of volunteering work, _____ the whole, exer____ed significant in_____s on volunteers' attitudes for the _____d.

8.3.8 전통공예품 홍보문 한영번역

‖ ST ‖

‘ㄱㄴㄷ’ 도장은 전문작가가 직접 돌에 새긴 수제도장입니다. 따라서 모방이나 위조가 어렵고 자신만의 다양한 개성을 부각시킬 수 있습니다. 저희 ‘ㄱㄴㄷ’은 믿음의 상징으로 한국 고대로부터 발전되어 온 전각문화를 연구하고, 수제도장의 실용적 가치와 예술적 가치를 표현하며, 세상에 하나뿐인 도장을 만들고 있습니다.

‖ TT ‖

'ABC' Seal is hand-made seals which are directly carved into a stone, by professional artist. So, it is very difficult to imitate or forge. Also, they can highlight the various personalities of your own. Our 'ABC', as a symbol of faith, studies the culture of engraving, having been developing from ancient times; express the practical and artistic values; and makes one and only seal in the world.

연습

- 오역, 과다번역, 과소번역, 강조점의 변화를 중심으로 위 번역문에 대해 비평하시오.

8.4 한영번역: 문화재

8.4.1 문화재 번역 1: 경복궁 안내문

한국문화에 대한 번역작업을 한다고 한다면 무슨 능력이 필요할까? 우선 한국어 지식과 한국문화에 대한 이해력이다. 또한 영어 어휘력, 영어문법지식, 영어문장력과 미국문화에 대한 이해능력이 필요하다. 미국인을 위하여 한국문화에 대한 한국어텍스트를 영어로 번역한다면, 미국인의 문화를 이해하고 있어야 한다. 목표어 독자인 미국인들이 이해할 수 있는 어휘, 문장뿐만 아니라, 미국인들이 미국 문화와 유럽 문화를 어떤 어휘와 표현을 통하여 이해하고 있는지를 알아야 하기 때문이다. 어휘와 문법이 따로 가는 것 같지만, 의미단위로 번역할 경우에는 두 가지가 자연스럽게 융합되어 나타난다. 어휘는 여러 가지 뜻을 가지고 있으므로 독자적으로 완전한 의미를 갖춘다고 하기 보다는, 여러 가지 문맥 속에서 다른 어휘와 문법적으로 연결되면서 자신의 의미를 획득한다. 따라서 한국문화를 미국인에게 소개한다고 가정하면, 한국어텍스트의 의미를 미국언어와 문화 속에 연결되도록 하는 것이 가장 좋은 의사소통방법인 것이다. 우리는 이를 문화텍스트의 한영 번역이라고 부른다.

외국인이 한국 역사와 문화전통을 알고자 한다면, 과거 왕들이 거처했던 경복궁을 안내하는 것이 좋은 방법이라고 추천할 수 있다. 2012년 국정감사 평가를 놓고 <머니투데이> (2012.10.5)에서 기사화한 내용에 따르면 '경복궁의 영어안내판이 엉터리'라는 것이다.

경복궁 내 안내판 9곳에서 크고 작은 영문오류가 있는 것으로 나타났다. 또 개별 안내판의 경우 한글, 영어, 일어, 중국어를 모두 표기하려다 보니 한글을 제외한 나머지 언어는 글씨가 너무 작아 판독이 어려운 현실이다. …

지방문화재의 경우는 영어안내판의 문제가 더 심각한 것으로 드러났다. 김 의원은 대표적인 몇 곳의 현장조사를 시행한 결과, 행주산성 및 자유의 다리 경우 잘못된 표현이 너무 많아 완전히 뜯어 고쳐야 되는 것으로 확인됐다고 지적했다.

김○○의원은 "지방문화재의 경우는 지자체가 공인되지 않은 기관이나 인물들에게 용역 줘서 영문번역을 하다 보니 오류가 많았던 것 같다"며 "우리나라 외국어 안내 수준이 국격과 관련 있는 만큼 사안의 중요성을 고려하여 국가차원의 전문 번역센터를 만드는 방안을 강구해 볼 것"을 촉구했다.[3]

이것은 경복궁의 영어안내판 오류에 관한 기사이면서, 왜 번역오류가 많이 나오는 지에 대한 진단이기도 하다. 전문가도 제대로 번역하자면 긴 시간을 고심하여 어렵게 번역물을 만들어 내는데, 번역 업계에서는 비용이 싸다는 이유로 비전문 번역가를 무분별하게 투입하고 있다. 근본적인 원인을 찾자면, FTA 문서 번역오류 사건에서 볼 수 있듯이 번역에 예산투입을 꺼리는 해당분야의 최고책임자의 잘못된 인식이 그 원인이다.

그렇다면 관광안내문은 어떻게 쓰여야 할까? 관광 안내문이 어떻게 한영번역이 되는지는 번역을 공부하는 사람들에게는 큰 관심거리이다. 강주영은 자신의 논문 「관광 안내표지판의 한영번역에 나타난 번역 특성 연구」(동국대학교 대학원, 2010, 6-7)에서 '관광 안내표지판 번역의 3 원칙'을 제시하고 있다.

> 1) 한자어나 전문용어를 사용할 가능성이 높다. 그러나 독자는 일반관광객이므로 너무 전문적이면 안 된다.
> 2) 독자는 문화재에 대한 전문가가 아니므로 기본적이고 일반적인 정보를 담아야 한다.
> 3) 외국어 관광표기 용례집, 관광용어 및 음식메뉴 외국어표기, 로마자표기법을 준수하도록 한다.

경복궁의 안내문 분석에 사용된 문안은 문화재청에서 e - book형태로 발간한 두 개의 문서이다.4)

‖ ST ‖

ⓐ 경복궁의 명칭

경복궁은 조선 왕조가 ⓑ세워지고 3년이 지난 후 ⓒ완공되었다. 완공된 지 며칠 후에 ⓓ개국공신 정도전은 태조의 명에 따라 ⓔ경복궁이라는 궁궐 이름을 비롯해 ⓕ강녕전, 연생전, 경성전, 사정전, 근정전 등 ⓖ주요 전각의 이름을 지었다. ⓗ경복궁(景福宮)이라는 이름에는 '새 왕조가 큰 복을 누려 번영할 것'이라는 의미가 담겨 있다.

‖ TT ‖

㉠ Naming of Gyeongbokgung

Gyeongbokgung ㉡was completed just three years after ㉢the founding of the Joseon Dynasty. A few days after its completion, Jeong Do-jeon, ㉣one of the Dynastic Foundation Merit Subjects, ㉤ assigned names to important buildings including ㉥Gangnyeonjeon, Sajeongjeon, and Geunjeongjeon. ㉦Most important of all, he gave the palace its name: ㉧-1'Gyeongbok' means that 'The new dynasty will be greatly blessed and prosperous,' ㉧-2and 'gung'means 'palace.'

연습1

• ST - TT를 대조하며 번역과정을 설명한다. 빈칸을 채우시오.

ⓐ ㉠ ST는 '명칭'이라는 명사이지만 TT에서는 '이름붙이기'라는 동명사를 사용하였다.

ⓑ ⓒ 우선 한국어 텍스트를 영어 구조로 바꾸어 생각한다: 즉 <경복궁은 완공 되었다+조선왕조가 세워지고 3년후>.

ⓒ ⓛ _____

ⓓ ⓡ ST의 '개국공신'은 TT에서는 one of them 방식으로 처리되고 있다.

ⓔ ⓢ ST의 '경복궁'은 뒤에 나오는 '경복궁'과 연결시키기 위하여 뒤로 처리하였다.

ⓕ ⓗ _____

ⓖ ⓜ ST의 '이름을 짓다'는 '명칭을 부여하다'로 바뀌었다.

ⓗ ⓞ-1 ⓞ-2 ST의 설명이 TT에서 분석적으로 설명되어있다.

‖ ST1-1 ‖

ⓐ한양의 중심이었던 조선 왕조 제일의 법궁

ⓑ경복궁은 1395년에 창건한 조선 왕조 제일의 법궁(法宮, 임금이 사는 궁궐)이다. ⓒ북으로 백악산(지금의 북악산)을 기대어 자리 잡았고, ⓓ정문인 광화문 앞으로 넓은 육조거리(지금의 세종로)가 펼쳐진 한양(서울)의 중심이었다. ⓔ이후 확장과 중건을 거듭하다가 ⓕ 1592년에 임진왜란으로 인해 전소되고 말았다.

‖ TT1-1 ‖

ⓛMain palace: center of power, politics, economy, and culture ⓛGyeongbokgung (Palace Greatly Blessed by Heaven) was built in 1395, ⓒthree years after the Joseon Dynasty was founded, ⓡand it served as the main palace for more than five hundred years. ㉤With Mount Bugaksan to its rear and the Street of Six Ministries (today' Sejongno) outside Gwanghwamun Gate, the main entrance to the palace, ㉥Gyeongbokgung stood in the heart of the capital city. ㉦It was steadily expanded over nearly three hundred years ㉧before being reduced to ashes during the Japanese invasion of 1592.

연습2

• ST와 TT 사이에 직역으로 보자면 생략과 삽입이 여러 번 나타난다. 예를 들어 설명하고 그 이유를 써보시오.

_____

_____

_____

_____

_____

_____

‖ ST1-2 ‖

그 후 경복궁은 270여 년간 복구되지 못하고 방치되다가 1867년에 이르러서야 흥선대원군의 주도로 중건되었다. 중건한 경복궁은 500여 동의 건물들이 미로같이 빼곡히 들어선 웅장한 모습이었다. 궁궐 안에는 왕과 관리들이 정무를 보던 외전과 관청들, 왕족과 궁인들의 생활을 위한 <u>내전</u>과 건물들, <u>휴식을 위한 정원 시설들</u>을 조성했다. 또한 왕비의 중궁, 세자의 동궁, ⓐ<u>고종이 세운 건청궁</u> 등 크고 작은 궁들이 복잡하게 들어선 궁궐 복합체이기도 했다.

‖ TT1-2 ‖

For the next 276 years the palace grounds ㉠<u>were left derelict</u> until finally being rebuilt in 1867 under the leadership of Prince Regent Heungseon Daewongun. ㉡<u>The restoration was completed on a grand scale</u>, with 500 buildings crowded together in a labyrinthine arrangement. Within the palace walls were <u>the Outer Court (oejeon), offices for the king and state officials, and the Inner Court (naejeon), which included living quarters for the royal family</u> ㉢<u>as well as gardens for leisure and play.</u> ㉣On its extensive premises were other palaces, large and small, including Queen's residence (Junggung) and the ㉤<u>Crown prince's</u> residence (Donggung).

연습3

- 번역의 원리와 방법의 관점에서 다음 질문에 답하시오.

ⓐ를 번역하지 않은 정당한 이유가 있다면?

_____

㉠의 번역이 적절치 않다면 그 이유는?

_____

ⓛ의 번역은 정확한가?

_____

ⓒ 부분은 앞의 어느 부분과 병치되는가? 궁궐 안에는 몇 개의 구
획이 있는가?

_____

ⓡ 의 전체문장은 필자의 의도 관점에서 ST의 의도와 일치하는가?

_____

ⓜ에서 대소문자는 필수적인가?

_____

‖ ST1-3 ‖

그러나 국권의 상징이었던 경복궁은 일제강점기 때 계획적으로
훼손되었다. 1911년에 경복궁 부지의 소유권은 조선총독부로 넘어
갔으며, 1915년에는 조선물산공진회를 개최한다는 명목으로 주요
전각 몇 채를 제외하고 90% 이상의 전각이 헐렸다. 조선물산공진회
를 계기로 일제는 경복궁을 본격적으로 파괴했고, 조선총독부 청사
를 지어 궁궐 자체를 가려 버렸다. 다행히 1990년부터 본격적인 복원
사업을 추진해 옛 조선총독부 건물을 철거하고 흥례문 일원을 복원
했으며, 2010년에는 광화문이 원형복원되었다.

‖ TT1-3 ‖

As Gyeongbokgung was the symbol of national sovereignty, it was
demolished during the Japanese occupation. In 1911, ownership of
land at the palace was transferred to the Japanese Government-General.
In 1915, on the pretext of holding an exhibition, more than 90 percent

of the palace buildings were torn down. Following the exhibition <u>the Japanese leveled</u> whatever still remained. <u>The Japanese also built their colonial headquarters</u>, the Government-General building, directly in front of Gyeongbokgung. Restoration of Gyeongbokgung to its former glory <u>has been</u> ongoing since 1990. <u>The colonial</u> Government-General building was removed, and Heungnyemun Gate was restored to its original state. <u>The inner Court and Crown prince's residence were completed.</u>

- ST와 TT의 밑줄 친 부분을 언급하면서 위 글을 '관광안내표지판 번역의 3 원칙'으로 논하시오.

우리는 지금까지 경복궁에 대하여 문화재청이 발간한 책자(Text 1)를 중심으로 살펴보았다. 이제는 재미동포로 추정되는 이가 쓴 여행자를 위한 가이드북(Text 2)에서 발췌한 경복궁 소개 글을 영어로 읽으면서 문화재청의 소개 글과 비교해보기로 한다.

Gyeongbokgung

Of the five grand palaces built during the Joseon Dynasty, this was the largest and most important one. Two years after King Taejo took power in 1394, he ordered the construction of this palace. It is said to have had 500 buildings when it was first built and it served as the home of Joseon kings for the next 200 years. During the Japanese Invasion (1592−98), the palace was burned, not by the invaders, but by disgruntled palace workers who wanted to destroy records of their employment as servants. The palace was later restored in 1865 under the leadership of Heungseon Daewongun during the reign of King Gojong. Using the original foundation stones, over 300 structures were completed by 1872, but at a great cost to the Korean people. Sadly, King Gojong only used the palace for 23 years after its reconstruction — he fled to Russia when his wife, Queen Min (see p. 97), was murdered on the palace grounds. A year later the king moved into Deoksugung.

During the Japanese colonial period, all but 10 structures were demolished and only a fraction of its structures remain, including Gyeonghoeru Pavilion (which is on the ₩1,0000 note), Geunjeongjeon (the imperial throne room), and Hwangwonjeong Pond. The main gate to the palace, the Gwangwhamun, is currently under renovation and should be completed in 2009.

Gyeongbokgung was fully restored in 1867, but parts of it were again torn down by the Japanese when they reasserted their dominance in Korea in 1895. In fact, they built a huge Western-style capital building directly in front of the palace in 1923. (같은 책, 54)

*출처: Cecilia Hae-Jin Lee, *Frommer's South Korea*. 1st Edition. Hoboken, NJ: Wiley Publishing, Inc., 2008, 95.

연습5

- 두 개의 소개글(Text 1: 문화재청 자료, Text 2: Frommer's)을 읽고 뉴마크의 거시적 분석관점에서 차이점을 비교하시오.

1.a 필자의 의도

_____

_____

1.b 텍스트 유형

_____

_____

1.c 독자층

_____

_____

1.d 출판 장소와 시간

_____

_____

1.e 언어적 특징과 문체

_____

_____

_____

• 참고자료: Text 2에 대한 홍보성 비평

Here's what the critics say about Frommer's:

"Amazingly easy to use. Very portable, very complete."

—*Booklist*

"Detailed, accurate, and easy-to-read information for all price ranges."

—*Glamour Magazine*

"Hotel information is close to encyclopedic."

—*Des Moines Sunday Register*

"Frommer's Guides have a way of giving you a real feel for a place."

—*Knight Ridder Newspapers*

8.4.2 문화재 번역 2: 국보 285호 반구대 암각화

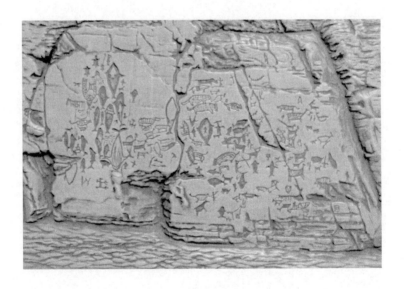

The Bangudae Petroglyph in Ulsan, Korea: studies on weathering damage and risk prognosis

B. Fitzner & K. Heinrichs & D. La Bouchardiere

Introduction

Petroglyphs are known as the world's oldest examples of rock sculpture. They are of high archaeological value and they represent very important cultural heritage. The Bangudae Petroglyph in the area of Ulsan Metropolitan City in the southeastern part of the Republic of Korea is considered to be a prominent masterpiece of prehistoric rock carving. The petroglyph—about 10 m wide and 3 m high—was carved in a period between the end of the Neolithic Age and the Bronze Age. In 1971 the Bangudae Petroglyph was rediscovered, and in 1995 it was designated Korean National Treasure (No. 285). The petroglyph shows about 200 carvings including land animals, sea animals and hunting scenes (Figs. 1, 2, 3, 4). The carving techniques are classified into Myeonjjogi—chiselling out completely the inside of the object, and Seonjjogi—chiselling just outlines. The petroglyph was carved on a cliff, which is composed of sedimentary rocks— sandstone, siltstone, sandy shale—of the Silla Series/Cretaceous. The bedding planes incline with 12.5in direction of NW. The cliff is affected by a considerable number of structural discontinuities. The petroglyph is protected against rain by protruding rocks above it.

The Bangudae Petroglyph is situated at the Daegok River, a tributary of the Taehwa River (Fig. 5). In the period between 1962 and 1965, the Sayeon dam was built on the Daegok River establishing a water resource for Ulsan Metropolitan City. Since the construction of the dam, the Bangudae Petroglyph is submerged for about 8 months/ year—from early spring to autumn—by the Sayeon reservoir (Fig. 6). The consequent danger of increasing stone deterioration and, thus, irretrievable loss of most important cultural heritage, has resulted in intensive efforts to prevent damage and to protect the petroglyph for future generations.

연습1

● 위 글을 거시적 관점에서 분석하시오.

1.a 필자의 의도

1.b 텍스트 유형

1.c 독자층

1.d 출판 장소와 시간

1.e 언어적 특징과 문체

‖ ST 1-1 ‖

1) 입지

대곡리 반구대 암각화는 울산의 중심하천인 태화강의 지류, 대곡
천 중류의 암벽에 있다. 이 유적 일대는 1965년 사연댐이 만들어지
면서 대곡리에 자리 잡은 큰마실, 건넌들, 서당마실, 지통마실 등
여러 마을과 함께 수몰되었다. 반구대 암각화 유적이 자리 잡은 대
곡리는 본래 경주 외남면 대곡리와 언양현 중북면 대곡리로 나뉘어
있었다. 이후, 일제에 의한 행정구역 개편과정에서 1914년 언양면
대곡리로 통합되어 현재에 이르고 있다. 반구대 일대는 1965년 대
곡천 하류에 사연댐이 만들어지면서 지리상의 큰 변화를 겪게 되는
데, 현재 반구대 주변에 남은 일부 마을과 유적을 제외한 상당수의
마을과 기존의 크고 작은 교통로가 물에 잠기게 된 것이다.

‖ TT 1-1 ‖

1) Location

Bangudae Petroglyph in Daegokri is situated at mid - Daegok Stream,
a tributary of Taewha River which is the main river of Ulsan. Since
the construction of Sayeon Dam, the relics area was submerged along
with such villages as Keunmasil, Geonneondeul, Seodangmsil,
Jitongmasil and others in 1965. Daegokri with the relics was originally
divided into Dagok-ri of Oenam-myeon in Gyeongju City and Daegokri
of Jungbuk-myeon in Eonyang County. Since then, both of them were
integrated into Daegokri of Eonyang-myeon in 1914 as a result of

reorganizing administrative districts in Japanese Occupation Period. The Bangudae area went through a significant geographical change due to the construction of Sayeon Dam in the lower reaches of Daegok Stream in 1965. As a result, a considerable number of villages and traffic routes, except for Bangudae and some parts of current remaining villages along the relics, were submerged underwater.

연습2

- ST와 TT를 대조하면서 <한-영 Glossary>를 작성하시오.

‖ ST 1-2 ‖

대곡리에서 가장 큰 마을이던 큰마실, 건너각단 또는 건넌들이
라 불렸던 신리(新里)마을, 서당이 있던 곳으로 알려진 서당마실,
종이 만들던 동네라는 뜻을 지닌 지통마을 등이 물에 잠겼고, 이들
마을에서 현재의 반구초등학교 사이를 이어주던 건너각단과 암각
화 유적 사이의 계곡 길도 더 이상 통행이 불가능하게 되었다.
1970년 수몰 상태에서 발견, 보고된 암각화 유적은 이후 큰 가뭄이
있는 해의 일부 기간을 제외하면 연중 물에 잠겨 있다. 1995년 국
보285호로 지정된 이후에도 유적을 둘러싼 이와 같은 환경조건은
크게 바뀌지 않고 있다.

‖ TT 1-2 ‖

Many villages such as Keunmasil, the biggest village in Daegokri,
Sinri Villages called Geonneogakdan or Geonneondeul, Seodangmaeul
with a village school, and Jitongmaeul for paper-making were now in
under water. As to the roads, Geonneogakdan, connecting the villages
to Bangu Elementary School, and the valley route along the relics are
no longer used. Petroglyph relics, discovered and reported in the
submerged condition, have been under water all the year round except
for partial period of severe drought ever since. in submerged condition
is under water all the year round except partial period of severe drought
ever since. This kind of environmental conditions is not likely to change
even after its designation as the 285th National Treasure in 1995.

● ST와 TT를 대조하면서 구 단위로 <한-영 Glossary>를 작성하시오.

_____

_____

_____

_____

_____

_____

_____

_____

_____

_____

_____

_____

_____

‖ ST 2 ‖

반구대 암각화는 사행성 하천인 대곡천 곁을 따라 수백m에 걸쳐 펼쳐진 수십m 높이의 암벽 가운데 한 곳의 아래쪽에 새겨졌다. 유적 앞을 흐르는 대곡천을 따라 2km 가량 거슬러 올라간 곳에 또 한 곳의 대규모 암각화 유적인 국보147호 천전리 서석이 있다. 두 암각화 유적 사이의 크고 작은 암벽 곳곳에 사람에 의한 것으로 보이는 바위새김의 흔적이 남아 있으나, 아직 전면적인 조사와 보고가 이루어진 상태는 아니다. 울산지역의 중심부가 전반적으로 평지 사이로 얕은 구릉이 발달한 지형 조건을 지니고 있음을 고려하면, 수km에 걸쳐 깊은 골짜기가 발달한 이 일대가 자아내는 분위기는 독특한 면을 지닌다고 할 수 있다. 이 곳이 암각화 제작장소로 선정된 것은 이 지역이 지니고 있는 이와 같은 특이한 지형조건 및 분위기와 관련이 깊은 듯하다.

‖ TT 2 ‖

Bangudae Petroglyph was carved in the lower part of several scores of meters high cliff that unfolds hundreds of meters long, along the winding Daegok Stream. Going up along the Stream about two kilometers, we can find the standing Lettered Stone of Cheonjeonri, another spot for massive scale petroglyph, the 147th National Treasure. Small or big rock faces between two petroglyph relics contain traces of rock engravings by humans, though they are not totally investigated and reported yet. Considering that the central region of Ulsan, on the whole, has geographical conditions of low hills between flat lands, kilometers of valleys can be said to arouse some distinctive atmosphere. Being selected as a production site, this area seems to be closely related with its unique topographical condition and atmosphere.

• ST와 TT를 대조하면서 구 단위로 <영-한 Glossary>를 작성하시오.

_____

_____

_____

_____

_____

_____

_____

_____

‖ ST 3 ‖

평균높이 70 미터에 이르는 계곡 오른쪽 절벽은 돌 병풍을 이어
놓은 듯한 정경을 보여준다. 암각화가 가장 많이 새겨진 주(主)암
면의 위 부분이 앞으로 튀어나오고 주암면에 이어진 암벽이 90°방
향으로 강변방향으로 꺾여 나와 주암면 부분은 석양 무렵을 제외
하고는 하루 종일 햇볕이 들지 않는다. 때문에 한낮에도 음각그림
이 선명하게 드러나지는 않는다. 주암면의 아래 부분의 암반은 약
간 경사지면서 넓게 펼쳐졌다. 또한 강 건너편은 완만한 경사를
이룬 산기슭의 비교적 넓은 하안대지(河岸垈地)로 이루어져 있어
봄의 갈수기에는 다수의 사람이 모이거나 기거할 수 있다.

①The right side of the valley cliff with seventy meters of average height, stretches like a screen made of stone. ②The upper part above the main rock face of most carvings is protruding and its connecting cliff curves to the riverside in a 90˚ angle. ③Therefore, the main rock face is in the shade all day long but at the sunset. ④As a consequence engravings are not exposed clearly even during the midday. ⑤The bedrock under main rock face is slightly slanted and widely stretched out. ⑥Since the opposite side of the river, moreover, is a gradual riverside at the foot of a mountain, a large number of people can gather together or reside during the dry season in spring.

연습5

- TT3을 직역중심으로 역번역 하시오.

• <역번역 TT3>과 <ST3>을 비교하시오. 무엇이 같고 다른 지를 문장 단위로 설명하시오.

_____

_____

_____

_____

_____

_____

_____

_____

8.5 한영번역: 한국역사

8.5.1 현대사 번역과 역번역 방법

이제는 한영프로젝트를 위하여 한국역사와 문화에 관한 영어도 서를 활용하기로 한다. 한영번역은 원칙적으로 한국어 텍스트를 이해하고 영어텍스트로 만드는 작업이다. 좀 학술적이거나 난이도 높은 한영번역이라면 대개 한자투성이의 용어들이 나타날 것이다.

한영번역은 크게 1) 한국역사와 문화에 관한 문서번역 2) 소설과 시 중심의 한국문학작품 번역 3) 무역-경영-계약 문서번역 4) 산업 기술문서 번역 등이 있다. 이 분야는 실무번역을 하는 번역사에게 매우 중요한 부분이다. 영한번역보다 1.5배에서 2배 이상 수입을 올릴 수 있는 분야이기도 하다. 영한번역은 국어와 국문학을 전공하고 영어연수를 다녀온 이들도 가능하여 경쟁이 치열하지만, 한영번역은 영어와 영문학을 전공하고도 고도의 영어실력이 있는 번역가만이 참여할 수 있는 분야이므로 일종의 블루오션이라고 할 수 있다. 많은 경우에 한국인 출신으로 외국에서 전문분야(경영학, 경제학, 공학 등)로 유학을 다녀온 분들이 참여하는 경향이 있다.

이번 작업은 다소 독특한 훈련을 하는 경우이다. 한국의 역사 중 '한국전쟁의 참화와 파괴를 딛고 일어선 한국사회와 한국인의 저력'에 관한 텍스트라고 가정해보자. 이때 번역가는 한국어텍스트를 보면서 곧바로 영어번역작업에 들어갈 수가 없다. 곧바로 한영번역을 시작하면 백전백패 당한다. 다음과 같은 예비 작업이 필요하다.

1) 의뢰받은 텍스트의 개요를 파악한다.
2) RISS, KISS 등 학술데이터베이스를 방문하여 해당분야(예, 한국역사) 관련 한국어논문을 통하여 충분히 주요개념을 숙지한다.
3) 한국역사에 관한 외국출판물을 구하여 통독하면서 영어로 해당 분야의 기본 용어와 표현을 숙지한다.
4) 주요 용어에 관한 소사전을 구하든지, 아니면 주요용어를 한-영, 영-한으로 정리하여 작업용 용어집을 자신이 만들어야 한다.

중요한 것은 한영번역을 하는 경우, 한국어 텍스트를 통독한 후에, 반드시 해당분야의 해당토픽에 관한 좋은 영어 글을 먼저 읽어야 한다. 좋은 글이란 도서, 자료집, 논문 등일 것이고, 인터넷에서 구한다면 믿을 만한 도메인(edu, org, gov)의 글을 선택하여 읽어야 한다. 논문을 구하고자 한다면, 각 대학과 주요기관이 구독하는 RISS에서 무료로 해당논문을 다운로드해야 한다. 해당 분야 한국 논문을 먼저 읽은 후 개념이 이해가 되면, 영어로 쓰인 한국역사 책, 논문, 자료 등을 빠른 시간 내에 입수해야 한다.

일종의 예비 작업으로 영어로 쓰인 한국역사 책을 입수하였다고 하자. 다음으로 의뢰받은 텍스트와 관련부분을 통독 후 정독한다. 우선 목차에서 큰 개념을 파악한다. 여기서 다룰 책은 Michael J. Seth의 *A History of Korea: From Antiquity to the Present*[5]이다. 추가로 활용할 책은 Kim Jinwung의 *A History of Korea*[6]이다. 한영 작업을 위하여 번역학의 '역번역'(back translation)기법을 활용하기로 한다. '역번역'이란 '학습자로 하여금 목표언어(TL)로 된 독해지문을 자신의 모국어로 번역한 후, 이를 다시 목표어로 옮기게 하는 번역전략'이다. 한국인 번역가가 한국어 텍스트를 영어 텍스트로 한영번역해야 하는 경우, 유의미한 결과를 가져오는 매우 효율적인 방법이다.

13 South Korea: From Poverty to Prosperity, 1953 to 1997
The Syngman Rhee Years, 1953-1960
The Democratic Experiment, 1960-1961
The Military Coup
Economic Transformation

우선 좋은 영어텍스트의 영한번역작업에 들어간다. 이렇게 하는 이유는 '한국어식 영어'를 피하기 위함이다. 앞으로 번역가가 쓸 영어텍스트를 위하여 영어식 표현을 익히는 것이고 모르는 용어의 한-영 대응어를 찾는 작업이다. 한국인이 한영번역을 하려면 직접 한국어에서 영어로 바꾸는 것보다 좋은 영어텍스트를 영한

번역한 후 이를 다시 역번역으로 접근하는 것이다. 일단 필자가 영한으로 번역해본다.

13 South Korea: From Poverty to Prosperity, 1953 to 1997

→ 13 남한: 가난에서 번영까지 → 가난에서 번영으로

The Syngman Rhee Years, 1953-1960

→ 이승만 시대

The Democratic Experiment, 1960-1961

→ 민주적 실험 → 민주화 실험

The Military Coup

→ 군대의 쿠데타 → 군사 쿠데타

Economic Transformation

→ 경제 변형 → 경제체제변환

Economic Growth under Park Chung Hee

→ 박정희 정권 하의 경제성장

Chaebols

→ 재벌들 → 재벌

Transformation of the Countryside

→ 국가의 변형 → 농촌의 대전환

Economic Development in the 1980s

→ 1980년대의 경제발전

Explaining South Korea's Economic Miracle

→ 남한의 경제기적을 설명하기 → 남한 경제기적 설명

Education

→ 교육

Korea in Global Perspective: Educational Development

→ 글로벌 시각 속 한국: 교육의 발전 → 교육발전

Korea in Global Perspective: Economic Development

→ 글로벌 시각 속 한국: 경제적 발전 → 경제발전

14 South Korea: Creating a Democratic Society, 1953 to 1997

→ 14 남한: 민주사회 창조하기 → **민주사회의 형성**

Military Authoritarianism

→ 군사독재

The Yushin Era, 1971-1979

→ 유신시대

Seoul Spring, 1979-1980

→ 서울 봄 → 서울의 봄

The Fifth Republic

→ 제5 공화국

1987: A Political Turning Point

→ 정치적 전환점 → 정치의 전환점

Transition to Democracy

→ 민주주의로의 이전 → 민주주의로의 전환

Understanding the Democratic Turn

→ 민주적 돌림 이해하기 → 민주적 전환 이해하기

Student Activism

→ 학생 행동주의 → 학생운동

Organized Labor

→ 조직화된 노동 → 노동(운동)의 조직화

Social and Cultural Transition

→ 사회적 문화적 전환

Korea in Global Perspective: Democratization

→ 글로벌 시각속 한국: 민주화

연습2

- 위 영한번역에서 밑줄 친 부분은 왜 직역에서 변경되었는지를 설명하시오.

한국역사에 관한 한영번역작업을 위한 예비 작업으로 외국역사 전문가가 쓴 영어본 한국역사책을 바탕으로 핵심개념을 영한 번역하였다. 번역작업의 다음 단계는 한국어 개념을 중심으로 영어 개념을 엑셀로 정리해두면 자주 쓰이는 용어를 한영 번역한 셈이 된다. 이 용어집이 번역가의 밑천이 된다. 번역가는 모든 주요용어를 직접 만들어 내는 골치 아픈 일을 할 필요가 없다는 뜻이다. 현재 해당분야 외국인 전문가들 사이에 사용되고 있는 용어를 정리하여 번역가는 사용하면 된다. 여기에서 짚고 넘어갈 일은 책을 저술한 전문가 이외의 일반 외국인들은 한국역사텍스트를 한영번역 할 수가 없다. 왜냐하면 가상의 한국어 텍스트를 이해하지 못하기 때문이다. 결국 외국인 교수가 할 수 있는 일은 한국인출신 한영번역가가 작업해 놓은 것을 수정 및 감수를 하는 일이다. 실제 번역작업에서 대개 외국인은 한국역사에 대한 개념을 모르기 때문에, 영어텍스트에 나오는 사소한 오류 즉 관사, 수, 시제 등 극히 일부만을 수정하는 경향이 있다.

위와 같이 용어집을 직접 만들 수도 있고 이미 용어집이 있으면 그것을 활용하면 좋다. 그렇기에 번역가는 평소에 많은 사전을 구비하고 용어집을 준비해두어야 한다. 또한 다양한 주제에 관하여 한국어와 영어 텍스트를 읽는 습관을 지녀야 한다. 평소에 일종의 extensive reading이 필요하다는 뜻이다. 다음은 한국어 용어를 영어 개념으로 설명하고 있는 용어집을 활용하여 역사어휘를 학습해보기로 한다. 필요한 어휘를 번역가가 직접 모두 영어로 바꾸려고 한다면 정말 많은 시간이 들 것이다. 따라서 기존에 만들어진 주요 개념과 어휘를 미리 학습해두는 것은 아주 좋은 습관이다. 외국인에게 우리 역사와 문화를 알리는 일도 번역가가 할 일이므로 '사람'과 '직업' '문화'와 관련된 어휘를 중심으로 학습해보기로 한다.

연습3 ────────────────────────────

● 의미와 설명에 맞게 로마자표기를 완성하시오. (abc 순서)

(예)

aj___*eo*____ ____n	local officials, also called *seori*
b_____jeong	outcaste group
b_____	cooked rice
bo_____saram	"ordinary person"
chae__*beo*_____l	corporate conglomerate in South Korea
ch_____p	commoner or slave concubine (also called a secondary wife)
chilgeo_____ak	seven evils, legitimate grounds for divorcing a wife
chul_____in	"one who left the household and became a stranger"; a term for daughter who left her natal home after her marriage
gae_____ju	wholesale merchants in Joseon, also called *yeeogak*
_____chi (kim_____)	pickled cabbages or other vegetables in garlic and fermented fish or shrimp seasoned with chili peppers
gis_____ (_____aeng)	female entertainers
geo____seon "turtle ship,"	early Korean iron-clad warship
gong_____ri	factory boy
go_____uni	factory girl
go_____	offerings to household gods
gu_____dae	'save our company group'

g_____t	Korean shamanist ceremony
g_____geo	civil service examinations
g_____sin	spirits
g_____	informal loan associations
Hall_____ (hanryu)	"Korea Wave"; the fad for Korean popular culture in Asia during the late 1990s and 2000s
han_____l	the indigenous Korean alphabet (lit. "Korean writing"
han_____n	Chinese characters, also called *hanja*
hun_____eum	"correct sounds for the instruction of the people," another term for the indigenous Korean alphabet (*hangeul*)
hwan____p	sixtieth birthday celebration
h_____ban	rural yangban
hya_____yo	state-sponsored local schools
h_____o	Confucian principle of filial piety
je_____	rites to ancestors
jin_____ol	true bone or true-bone, hereditary elite of Silla
jip_____jeon	Hall of Worthies
J_____sin	Earth God
jo_____bo	books kept by lineages where births, marriages, and deaths were recorded
jon_____mal	Korean speech style for addressing superiors
j_____in	"middle men"; a sub-elite class of technical specialists in Joseon
min_____	folk paintings
mip_____sok	"laudable customs and conduct"
mu__an	military officials
mu____ng	shaman

mu____an	civil officials
mun____ng	descent groups
myo____e	graveside commemorations to ancestors
namjon____bi	"revere men, despise women"
nosuk____	unemployed, homeless workers
p_____ri	distinctive Korean form of folk tales presented by a singer accompanied by a drummer
Sae____eul	new village
San____n	the Mountain Spirit
sa_____chae	the section of the house for men
sij____	"a short, suggestive poem" consisting of three lines, each with fifteen syllables
Seo_____k	"Western Learning," Korean term for Christianity
s____ja	sons born to a *cheop* (see above)
seo____ng	village schools
Seong_____ng	a local guardian god
Seongj____	House Lord, one of the Korean household gods
ssi_____m	Korean-style wrestling
Wae_____	term for Japanese pirates
ya_____in	"good people," not slaves or outcastes
y_____bul	recitation of the name of Buddha
Yus_____n	"revitalization"
y____t	a popular game played with wooden sticks

8.5.2 현대사 번역과 거시적 분석

위 용어들을 ㄱㄴㄷ순으로 한국어-영어로 정리하면 하나의 한국역사 번역을 위한 용어집이 만들어진다. 이제는 한국현대사를 영어로 번역하는 연습을 할 것이다. ST(한국어 텍스트)는 강만길 (2006)의『고쳐 쓴 한국현대사』이다. 번역과정의 순서대로 1) ST의 거시적 분석 2) ST의 어휘분석 3) ST의 문장구조 분석 등으로 진행될 것이다. 여기에서는 1)과 2)에 대한 연습을 한다.

‖ ST ‖

박정희정권에 뒤잇는 군사정권으로서 '정의사회 구현'을 내세우며 출발한 전두환정권은 올림픽을 유치하고, 중고등학생의 교복과 두발을 자유화하고, 6.25전쟁 후 계속되어오던 야간통행금지를 전면해제하고 체육부를 두고 프로야구를 출범시키면서 일종의 유화 분위기를 조성하려 했다. 그러나 '유신'체제의 유산을 물려받으면서 광주민중항쟁을 무력으로 진압하고 성립된 전두환 정권이 국민적 지지기반을 넓히기에는 큰 한계가 있었다. 또한 민주적 절차와 정통성에 의해 성립되지 못한 독재정권으로서 이른바 권력형 부정의 빈발을 막기도 어려웠다.[7]

연습1

● ST의 거시적 분석

1.a 필자의 의도

1.b 텍스트 유형

1.c 독자층

1.d 출판 장소와 시간 _____

_____

1.e 언어적 특징과 문체 _____

_____

_____

_____

- 영어 텍스트(Target Text)로 번역 첫 작업: <Glossary> 작성시,
  Michael J. Seth의 책 목차와 해당페이지에서 자료를 수집할 수
  있을 것이다. 그 외에 다른 한국역사도서들도 활용한다.

박정희 정권_____

군사정권____The Military Coup_____

정의사회 구현_____

올림픽을 유치하다_____

교복과 두발을 자유화하다_____

6.25전쟁____Korean War_____

야간통행금지_____

전면해제하다_____

체육부____Ministry of_____

유화분위기를 조성하다_____

유산을 물려받다_____

광주민중항쟁____Gwangju_____

무력으로 진압하다_____

국민적 지지기반_____

지지기반을 넓히다_____

민주적 절차와 정통성_____

독재정권_____

권력형 부정의 빈발_____

~을 막기도 어려웠다_____

8.5.3 현대사 번역과 자료수집

Michael Seth의 해당 부분(414-15)을 읽으면서 한영번역에 필요한 자료를 수집하시오.

‖ TT1-a ‖

The discontent with the new administration was due to more than Chun's unpopularity and lack of charisma. South Korean society had changed in the two decades between Park' military coup and Chun's consolidation of power. It was now more educated and affluent; there was a large middle class and a general feeling that while Korea was making great economic progress it was still politically backward. Most middle-class Koreans wanted a say in how their country was run. The quick resumption of military rule in 1980 came to many as a disappointment, much more so than in 1961, when the military seizure of power was actually welcomed as a relief from chaos and corruption. Many South Koreans were tired of military rule. While many Koreans accepted the argument that the dangerous security problem with North Korea called for order, stability, and a strong military, they did not interpret this to mean military rule. There was also a feeling that if South Korea wanted to join the ranks of advanced countries such as Japan, the United States, and Western Europe, it had to move beyond the politics of military coups and strongmen to more representational government, more political freedom, and orderly process.

Chun, despite his unpopularity, received some credit for the economic recovery that began in 1981. While much of this recovery was due to the drop in oil prices and strong economic growth in the key export markets of the United States and Japan, his administration did manage the economy competently. The decision in 1981 by the Olympic Committee to award the 1988 games to Seoul gave another boost to the regime. Chun also attempted to give a veneer of liberalism to his rule. The midnight-to-four curfew that had been in place for decades as a security measure in all but the inland province of North Chung cheong was lifted in January 1982. Other measures included easing travel restrictions and ending the requirement that school children wear militaristic-style uniforms and keep their hair short. People on the street no longer had to stand at attention when the national anthem was played at 5 p.m. But in reality South Korea remained an authoritarian state. Arrests and closed trials of dissidents were common; the press was censored; editors, reporters, and broadcasters were given official "guidance" and the judiciary was subservient to the administration. The ruling Democratic Justice Party held a solid majority in the National Assembly due to the use of proportional seating. The party benefitted from a steady flow of financial donations from business interests. Deprived of its leadership, the opposition was rather tame.

● 필요정보 및 수집된 자료정리하기

- Kim Jinwung의 해당 부분(475-76)을 읽으면서 한영번역에 필요한 자료를 수집하시오.

‖ TT-1-b ‖

Although Park was dead, the Yushin Constitution and the government machinery he had created remained intact. Although a South Korean consensus
favored an early revision of the constitution and a return to a full democratic
order, the military leaders who had trained under Park preferred to return to
military-backed authoritarianism. In the absence of a formal mechanism to
choose Park's successor, it seemed quite likely that his heir would emerge from
among the military leaders.
In a sudden turn of events, Major General Chun Doo-hwan, head of the Military Security Command, was given the responsibility for investigating Park's assassination, which afforded him the opportunity to seize power. He began by dismantling Park's power base by purging the Park government elite. He then proceeded to build his own power base. On 12 December 1979 Chun forcibly deposed the existing military authorities by arresting General Chong Sung-hwa, the ROK Army chief of staff and martial law commander, and the commanders loyal to him. His justification for this mutinous action

was that Chong was suspected of having been involved in Park's assassination. On 14 December, two days after his midnight takeover of the military, Chun engineered sweeping changes in the ROK Army, moving his seniors aside and replacing them in sensitive posts with his classmates of the Korean Military Academy and his close friends. For instance, his close friend and successor as president, Roh Tae-woo, became the commanding general of the Capital Security Command. Now Chun could assert complete control over the South Korean armed forces. During the early months of 1980, while Chun increasingly consolidated his power, aspirations for democracy rapidly gathered momentum among the population. A period that came to be known as the "Seoul Spring," named after Czechoslovakia's "Prague Spring" of 1968, came. The term expressed the public demand for political liberalization and the democratic mood of the day. In the spring of 1980 students took to the streets calling for an end to martial law, abolishment of the Yushin Constitution, and moving toward representative government.

Student demonstration reached a climax in mid-May 1980. On 14 May, with the center of Seoul crowded with demonstrators, the army deployed troops and armored vehicles to guard key buildings. The next day more than 100,000 students swarmed the plaza in front of the Seoul Railway Station, demanding the withdrawal of martial law. On 17 May Chun extended martial law throughout the country, abruptly ending the short-lived democracy movement. At the same time Chun removed all major political leaders and dissident activists from political life. Kim Dae-jung was taken into custody again, Kim Young-sam was placed under house arrest, and Park Chung-hee's former key lieutenants such as Kim Jong-pil and Yi Hu-rak, who had been denounced as corrupt fortune seekers, were also apprehended. The "Seoul Spring" quickly ended, casting the shadow of yet another authoritarian rule.[8]

- 강만길의 ST에 대한 여러분의 TT-2(영어 텍스트) 작성하기

1) http://kto.visitkorea.or.kr/kor/biz/fl/dictionary.kto
2) http://kto.visitkorea.or.kr/kor/biz/fl/dictionary.kto
3) http://www.mt.co.kr/view/mtview.php?type=1&no=2012100510342233763&outlink=1
4) gyeongbokgung_kor201307.pdf, gyeongbokgung_eng201307.pdf
5) Seth, Michael J. 『A History of Korea: From Antiquity to the Present 』Lanham, MD: Rowman & Littlefield Publishers, Inc. 2011.
6) Kim Jinwung. 『A History of Korea』. Bloomington and Indianapolis: Indiana University Press, 2012.
7) 강만길. 『고쳐 쓴 한국현대사』. 창작과비평사, 2006, 314-315.
8) Kim Jinwung. 『A History of Korea』. Bloomington and Indianapolis: Indiana University Press, 2012, 475-76

찾아보기